国家科学技术学术著作出版基金资助出版

"十四五"时期国家重点出版物出版专项规划项目·重大出版工程规划

中国工程院重大咨询项目成果文库

秦巴山脉区域绿色循环发展战略研究丛书（第二辑）

秦巴山脉区域绿色循环发展战略研究
（林业发展卷）

尹伟伦　渠　美　著

科 学 出 版 社

北 京

内 容 简 介

本书为中国工程院"秦巴山脉区域绿色循环发展战略研究（二期）"子项目成果。研究区域涉及河南、湖北、重庆、陕西、四川、甘肃五省一市，共 125 个县（市、区），基于 2017~2018 年调研，本书全面介绍了秦巴山脉林业资源及产业情况，深入分析了秦巴山脉绿色林业发展典型经验和存在的主要问题，并提出针对性建议。

本书适合林业、生态、资源以及区域可持续发展等方向的科研、技术人员和管理工作者阅读，也可供高等院校相关专业师生参考。

图书在版编目（CIP）数据

秦巴山脉区域绿色循环发展战略研究. 第二辑. 林业发展卷 / 尹伟伦，渠美著. -- 北京：科学出版社，2025. 3. -- （中国工程院重大咨询项目成果文库）. -- ISBN 978-7-03-081418-0

Ⅰ.F127

中国国家版本馆 CIP 数据核字第 2025VG8371 号

责任编辑：陈会迎 / 责任校对：贾娜娜
责任印制：张　伟 / 封面设计：无极书装

科学出版社 出版

北京东黄城根北街 16 号
邮政编码：100717
http://www.sciencep.com

北京建宏印刷有限公司印刷
科学出版社发行　各地新华书店经销

*

2025 年 3 月第 一 版　开本：720 × 1000　1/16
2025 年 3 月第一次印刷　印张：10 3/4
字数：215 000

定价：168.00 元

（如有印装质量问题，我社负责调换）

"秦巴山脉区域绿色循环发展战略研究丛书"编委会名单

顾问（按姓氏拼音排序）

何季麟　邱冠周　任南琪　王　浩　王一德　王玉普　徐匡迪
杨志峰　殷瑞钰　周　济　左铁镛

主编

徐德龙　刘　旭

编委会成员（按姓氏拼音排序）

段宝岩　樊代明　傅志寰　侯立安　胡文瑞　金　涌　李　伟
李德仁　李佩成　刘　旭　刘炯天　陆大道　罗平亚　潘云鹤
彭苏萍　钱　锋　钱旭红　邱定蕃　舒德干　宋　健　孙永福
王基铭　王玉忠　吴丰昌　吴良镛　吴志强　谢和平　辛国斌
徐德龙　徐南平　薛群基　尹伟伦　张　炜　张国伟　张军扩
张寿荣　赵宪庚　钟志华

"秦巴山脉区域绿色循环发展战略研究（林业发展卷）"课题组成员名单

尹伟伦　　北京林业大学　教授　　中国工程院院士

赵　忠　　西北农林科技大学　教授

魏安智　　西北农林科技大学　教授

渠　美　　西北农林科技大学　研究员

翟明普　　北京林业大学　教授

夏新莉　　北京林业大学　教授

刘　超　　北京林业大学　助理研究员

刘　震　　河南农业大学　教授

闫东峰　　河南农业大学　教授

王丽娜　　河南省林业局科技处　副处长

党坤良　　西北农林科技大学　教授

侯　琳　　西北农林科技大学　副研究员

张钢民　　北京林业大学　教授

刘琪璟　　北京林业大学　教授

李玉杰　　国家林业和草原局产业发展规划院　高级工程师

丛 书 序

秦巴山脉地处我国陆地版图中心，是国家重点生物多样性生态功能区，被誉为中国的中央水库、生态绿肺和生物基因库，是中华民族的重要发祥地和中华文明的摇篮。秦巴山脉及周边城市地区在国家层面具有生态屏障、文化象征、经济平衡、总体安全等多方面的战略价值，是承东启西、连接南北的重要区域。认识秦巴、保护秦巴、振兴秦巴，坚持"绿水青山就是金山银山"，协同做好绿色发展这篇大文章，对于确保国家生态安全，推进高质量创新发展，以中国式现代化实现中华民族伟大复兴，具有重大意义。

2015 年，中国工程院启动了"秦巴山脉区域绿色循环发展战略研究"重大研究与咨询项目，项目成果得到了良好的社会反响，促成了"秦巴论坛"等区域协同平台的设立，出版了"秦巴山脉区域绿色循环发展战略研究"系列丛书。为进一步深化对秦巴山脉区域的生态保护与绿色转型研究，2017 年中国工程院启动了"秦巴山脉区域绿色循环发展战略研究（二期）"重大研究与咨询项目，项目前期由徐德龙院士任组长，后期由我接替组长。项目围绕秦巴山脉生态保护和价值转化、国家公园与自然保护地体系构建、山区快速交通体系、绿色农业发展、绿色林业发展、水资源保护与水经济可持续发展、传统产业转型、新兴产业培育、智慧人居体系建构、区域协同发展等方面提出了战略路径和对策建议。项目提交院士建议 2 份，形成研究报告 12 份，在《光明日报》等报纸和《中国工程科技》等学术期刊发表了项目核心理念文章及各课题相关学术研究成果。2019 年 10 月，项目支撑中国工程院成功举办了"第 302 场中国工程科技论坛——第二届秦巴论坛"。

本丛书是"秦巴山脉区域绿色循环发展战略研究（二期）"重大研究与咨询项目成果的整体凝练，是众多院士和多部门多学科专家教授、企业工程技术人员及政府管理者辛勤劳动和共同努力的结果，在此向他们表示衷心的感谢，特别感谢项目顾问组的指导。

希望本丛书的出版，能够为实现秦巴山脉区域生态保护与高质量发展目标提供借鉴，能够为生态保护相关领域的学者提供参考，能够为新阶段、新征程从事生态环境管理工作的相关人员提供支撑。

刘旭

目　录

第 1 章

秦巴山脉生态系统的本底功能

1.1　秦巴山脉概况

秦指秦岭山脉，巴指巴山山脉。秦巴山脉指长江最大支流——汉水上游的秦岭大巴山及其毗邻地区，地跨甘肃、四川、陕西、重庆、河南、湖北五省一市，含 20 个设区市、甘肃省甘南藏族自治州和湖北省神农架林区，125 个县（市、区）（表 1-1），主体在陕南地区。

表 1-1　秦巴山脉各片区情况

省（直辖市）	设区市（自治州、林区）	县（市、区）数量/个	具体县（市、区）
陕西省	西安市	6	灞桥区、临潼区、长安区、鄠邑区、蓝田县、周至县
	宝鸡市	6	渭滨区、陈仓区、岐山县、太白县、眉县、凤县
	渭南市	4	临渭区、华阴市、潼关县、华州区
	商洛市	7	商州区、洛南县、丹凤县、商南县、山阳县、镇安县、柞水县
	汉中市	11	南郑区、城固县、洋县、西乡县、勉县、宁强县、略阳县、镇巴县、留坝县、佛坪县、汉台区
	安康市	10	汉滨区、汉阴县、石泉县、宁陕县、紫阳县、岚皋县、平利县、镇坪县、旬阳市、白河县
河南省	洛阳市	5	洛宁县、宜阳县、嵩县、汝阳县、栾川县
	平顶山市	2	鲁山县、叶县
	南阳市	7	卧龙区、南召县、镇平县、方城县、内乡县、淅川县、西峡县
	三门峡市	3	灵宝市、陕州区、卢氏县

续表

省（直辖市）	设区市（自治州、林区）	县（市、区）数量/个	具体县（市、区）
湖北省	十堰市	8	丹江口市、茅箭区、张湾区、郧阳区、郧西县、竹山县、竹溪县、房县
	襄阳市	7	老河口市、襄州区、襄城区、樊城区、保康县、南漳县、谷城县
	神农架林区	—	—
甘肃省	陇南市	9	武都区、成县、徽县、两当县、宕昌县、文县、西和县、礼县、康县
	天水市	2	秦州区、麦积区
	定西市	3	岷县、漳县、渭源县
	甘南藏族自治州	4	迭部县、卓尼县、临潭县、舟曲县
四川省	达州市	5	万源市、通川区、达川区、宣汉县、开江县
	巴中市	5	巴州区、恩阳区、平昌县、南江县、通江县
	广元市	7	利州区、昭化区、朝天区、旺苍县、青川县、剑阁县、苍溪县
	绵阳市	4	江油市、平武县、北川羌族自治县、梓潼县
	南充市	4	阆中市、仪陇县、南部县、营山县
重庆市	—	6	云阳县、开州区、奉节县、巫山县、巫溪县、城口县
合计	22	125	—

秦巴山脉地处我国北亚热带海洋性气候向暖温带大陆性季风气候过渡区，属北亚热带向暖温带过渡的山地气候，南北两侧气候差异较大，气温和降水量由南到北呈递减趋势，区内年均温度 12～16 ℃，年降水量 800～1700 mm（徐德龙等，2020），区域内季风气候特征尤为突出，受地形、海拔和森林植被的影响显著，具有典型的山地森林小气候特征。经历了较长的演变历史，其地貌主要被划分为山地地貌和沟谷地貌。其中山地地貌以流水侵蚀、剥蚀的中起伏中山和夷平面为主；沟谷地貌涵盖了沟谷、阶地、瀑布以及崩塌地貌。区内土壤主要有山地黄棕壤、山地棕壤、山地暗棕壤以及亚高山草甸土四种类型。山地黄棕壤指常绿落叶阔叶混交林植被下发育的土壤，发育良好且土层厚实；山地棕壤主要是落叶阔叶或针阔混交林下发育的土壤类型，面积较大且具有较高的土壤肥力；山地暗棕壤是针叶林下发育的土壤类型，该土壤具有较高的自然肥力特征，地表森林植被是以巴山冷杉和太白红杉为主的针叶林，地表覆盖厚且地被物丰富；亚高山草甸土是高

山灌丛草甸和亚高山草甸植被类型下发育的土壤类型，该土壤类腐殖质层较厚，但土层较薄且石砾含量较高。

植被类型多样且地带特征明显。秦岭主体的优势植被类型是暖温带落叶阔叶林，秦岭以南的大巴山区为北亚热带常绿落叶阔叶混交林，该区域是中国生物多样性热点地区之一，是中国最重要的特有物种分布区，分布有金丝猴、朱鹮、大熊猫、羚牛等 120 余种国家级保护动物和珍稀植物，对维护中国生物多样性和特有性具有重要意义。区域水资源丰富，丹江、汉江、嘉陵江以及汉江最大支流堵河等均发源于此（侯立安等，2020），是我国南水北调中线工程的水源地，被誉为我国的"中央水库"（周庆华等，2020）。

秦岭主体林木类型以暖温带落叶阔叶林为优势植被，秦岭以南的大巴山区为北亚热带常绿落叶阔叶混交林，该区域森林资源丰富，林地总面积 2088.56 万 hm²、森林覆盖率 53%、活立木总蓄积量 83 076.27 万 m³（徐德龙等，2020）。植被主要有针叶林、阔叶林、灌丛和草甸四种类型。其中，针叶林有秦岭红杉林、巴山冷杉林、秦岭冷杉林、青杆林、油松林、华山松林和铁杉针阔混交林；阔叶林主要包括板栗林、栓皮栎林、枹栎林、锐齿槲栎林、红桦林、糙皮桦林、亮叶桦林、山杨林、冬瓜杨林、鹅耳枥林、雷公鹅耳枥林、华西枫杨＋七叶树＋鹅耳枥林、冬瓜杨＋北枳椇＋漆树林、五角枫＋红桦＋枫杨林、锐齿槲栎＋椆＋鹅耳枥林、刺叶栎＋锐齿槲栎林、箭竹林、秦岭箭竹林和巴山木竹林（刘新玉等，2017）。

2020 年 4 月 20 日，习近平总书记在陕西牛背梁国家级自然保护区视察时指出，"秦岭和合南北、泽被天下，是我国的中央水塔，是中华民族的祖脉和中华文化的重要象征"[①]，对秦巴山脉在我国经济社会可持续发展中的重要战略地位给予了高度概括。

1.2　秦巴山脉生态系统的基本特征

1.2.1　复杂多样的生态系统

秦巴山脉生态系统类型多样，主要划分为森林（含灌丛）、农田、城镇、草地、湿地等五大类，从占地面积来看，森林生态系统面积最大，其余依次为农田、城镇、草地和湿地。多样的生态系统类型，有利于维持生物多样性、涵养水源、保持水土。

---

① 《习近平 2020 年 4 月 20 日至 23 日在陕西考察时强调 扎实做好"六稳"工作落实"六保"任务 奋力谱写陕西新时代追赶超越新篇章》，https://www.xuexi.cn/lgpage/detail/index.html?id=4133246104955369373&item_id=4133246104955369373[2020-04-24]。

1.2.2　森林生态系统

森林生态系统是秦巴山脉生态系统的主要组成部分。秦巴山脉森林生态系统主要分布在北部的陕西省凤县、太白县、留坝县、周至县、佛坪县、宁陕县、山阳县；南部的陕西省镇巴县、紫阳县、岚皋县、平利县、柞水县、镇安县，重庆市城口县、巫溪县，四川省南江县、通江县、万源市；西部的甘肃省康县、文县，四川省平武县、青川县、北川羌族自治县；以及东部的陕西省丹凤县、商南县，河南省西峡县、栾川县，湖北省张湾区、竹山县、竹溪县、房县、保康县、南漳县、神农架林区。

森林生态系统通过截留降水、增加土壤入渗和减少地表径流等方式，有效涵养水源，森林的根系能够固定土壤，减少水土流失。秦巴山脉拥有北半球保存最完好的常绿落叶阔叶混交林代表性生态系统，秦巴山脉是我国森林碳汇的中央汇聚地和植物释氧的核心供给区。秦巴山脉的森林生态系统占其土地面积的 66%，是秦巴山脉占地面积最广的生态系统类型，森林面积广阔，达 2.089×10^7 hm²，占我国森林总面积的 10%，地区平均森林覆盖率达 57.3%（周语夏等，2020）。截至 2015 年，秦巴山脉森林碳汇总量约为 6.78 GTC，氧气产生量为 $1.063 049 \times 10^{12}$ t/a，分别占全国森林总量的 7.04% 和 8.66%（刘旭等，2016）。森林生态系统在秦巴山脉各类生态系统中占比排行第一，2015 年秦巴山脉林地总面积达 110 136.51 km²，其中占比最高的是落叶阔叶林，总面积为 40 350.25 km²，其次为落叶阔叶灌丛，总面积为 40 333.85 km²（董战峰等，2022）。

1.2.3　农田生态系统

农田生态系统为秦巴山脉提供了重要的粮食生产功能。大面积的耕地主要分布在海拔低于 2000 m 且坡度大于 25°的区域，适合粮食种植（余玉洋等，2020），这些区域的农田生态系统在保障区域粮食安全方面发挥着重要作用。农田在秦巴山脉各类生态系统中占比排行第二，农田主要类型为旱地，2015 年秦巴山脉农田总面积达 22 252.56 km²，其中旱地总面积为 19 767.07 km²，水田、园地面积分别为 2307.03 km² 与 178.46 km²（董战峰等，2022）。

1.2.4　城镇生态系统

2015 年，秦巴山脉城镇生态系统总面积为 1010.5 km²。其中，建设用地总面积为 896.53 km²，交通用地总面积为 86.55 km²（董战峰等，2022）。秦巴山脉的城镇主要分布在秦巴山脉南北两麓低海拔的河谷和平川等地区，大部分乡镇分布在海拔 1500 m 及以下。其中秦巴山脉北麓的宝鸡市渭滨区与陈仓区、西安市长安区与灞桥区、渭南市临渭区、汉中市汉台区以及安康市汉滨区等市辖区的城镇规模较大（吴左宾等，2020）。秦巴山脉西南麓绵阳的江油市、东南麓襄阳市樊城区与襄城区城镇规模较大。

1.2.5　草地生态系统

草地生态系统主要分为草甸与草丛生态系统，面积相对较少。截至 2015 年，秦巴山脉草地总面积为 6161.26 km²。在草地生态系统中，占比最高的是草丛，总面积达到 4768.25 km²，其次是草甸，总面积达 766.53 km²，再次是稀疏草地，总面积达 557.46 km²，草原面积较小，总面积 69.02 km²（董战峰等，2022）。

1.2.6　湿地生态系统

秦巴山脉湿地生态系统包括草本湿地、湖泊、水库（含坑塘）、河流、运河（含水渠）等。截至 2015 年，秦巴山脉湿地生态系统总面积为 1268.58 km²，其中河流是秦巴山脉湿地的主要类型，总面积达 788.43 km²，其次为水库（含坑塘），总面积达 467.56 km²，其他类型湿地面积较小（董战峰等，2022）。

1.3　秦巴山脉生态系统管理的基本背景

1.3.1　全球气候变化

秦巴山脉属于南暖温带及北亚热带，对中国甚至亚洲气候变化有着重要影响，在应对全球气候变化方面也具有不可忽视的重要地位。1950 年以来，在人为影响下气候变化提速，灾害性气候事件频发，对物种分布和丰富度产生显著不利影响，给生物多样性保护带来极大挑战。为此，秦巴山脉生态系统管理应为缓解我国的气候变化以及"双碳"目标的实现作出其应有的贡献。

1.3.2　中国生态文明建设与绿色发展

中国正在全面推进生态文明建设。生态文明就是尊重自然、顺应自然、保护自然，旨在实现人类与自然和谐共处、持续发展的现代文明形态。生态文明是以资源节约、环境友好、生态保育、格局合理为主要目标的发展哲学、发展理念与发展模式的集成。秦巴山脉的生态系统综合管理，应成为生态文明建设的核心内容之一。

中国正在全面树立绿色发展理念。绿色增长和绿色发展是国际潮流与趋势，同时也是中国新发展理念的重要组成部分。绿色发展就是以资源节约、环境友好、生态保育为主要特征的发展（理念、路径和模式），由绿色经济、绿色社会（绿色社区、绿色机关、绿色学校等）、绿色政治（绿色考核、保护自然等）、绿色文化（尊重自然、顺应自然、保护自然的文化）等共同构成。

1.3.3　中央领导高度关注秦巴山脉

2017 年 5 月 26 日，习近平总书记在主持十八届中共中央政治局第四十一次集体学习时指出："要坚持保护优先、自然恢复为主，深入实施山水林田湖一体化生态保护和修复。要重点实施青藏高原、黄土高原、云贵高原、秦巴山脉、祁连山脉、大小兴安岭和长白山、南岭山地地区、京津冀水源涵养区、内蒙古高原、河西走廊、塔里木河流域、滇桂黔喀斯特地区等关系国家生态安全区域的生态修复工程，筑牢国家生态安全屏障。"[①]2020 年 4 月，习近平赴陕西考察，亲自验收秦岭生态环境保护。他强调"秦岭和合南北、泽被天下，是我国的中央水塔，是中华民族的祖脉和中华文化的重要象征。保护好秦岭生态环境，对确保中华民族长盛不衰、实现'两个一百年'奋斗目标、实现可持续发展具有十分重大而深远的意义"，"把秦岭生态环境保护和修复工作摆上重要位置，履行好职责，当好秦岭生态卫士"。[②③]并对秦巴山脉出现的乱建、乱采等生态环境破坏现象多次批示。

1.3.4　建设秦巴山脉发展新格局

秦巴山脉是中国南北地理的自然分界线，是华夏文明的历史枢纽，是中国的"心肺"，是南水北调工程的重要水源涵养地，因此做好秦巴山脉的生态环境保护的意义十分重大。下一步，将以习近平生态文明思想[④]为指导，统筹考虑秦巴山脉

---

① 《让绿水青山造福人民泽被子孙——习近平总书记关于生态文明建设重要论述综述》，https://www.gov.cn/xinwen/2021-06/03/content_5615092.htm [2021-06-03]。

② 《习近平在陕西考察时强调：扎实做好"六稳"工作落实"六保"任务　奋力谱写陕西新时代追赶超越新篇章》，http://www.cppcc.gov.cn/zxww/2020/04/24/ARTI1587685575548103.shtml [2022-04-24]。

③ 《为子孙后代留下美丽家园——习近平总书记关心推动国土绿化纪实》，http://www.xinhuanet.com/2022-03/29/c_1128512785.htm [2022-03-29]。

④ 《学习宣传贯彻习近平生态文明思想》，http://theory.people.com.cn/n1/2018/0614/c40531-30057687.html [2018-06-14]。

生态环境系统的整体性、复杂性及其内在规律，充分吸收地球系统科学及生态学、地理学、环境科学等学科的理论知识，加强生态屏障建设评价体系研究，为制度化、法治化保护生态环境提供理论支撑；依托秦巴山脉丰富的地貌类型、地质现象、生物资源等，不断加强生态文明科普宣传教育工作，强化公民环境意识，树立新时代中国特色社会主义生态文明观；不定期地举办高层次国际科学考察活动，吸引更多资金和技术力量向秦巴区域集聚，构建秦巴山脉人与自然和谐发展的新格局。

1.4　秦巴山脉林业发展的战略意义

1.4.1　秦巴山脉林业发展的必要性

1. 贯彻落实党中央、国务院决策部署的需要

习近平在党的十九大报告中指出，中国特色社会主义进入新时代，这是我国发展新的历史方位[①]。并将"坚持人与自然和谐共生"作为新时代坚持和发展中国特色社会主义的基本方略之一[②]。习近平在党的十九大报告中指出，"建设生态文明是中华民族永续发展的千年大计。必须树立和践行绿水青山就是金山银山的理念，坚持节约资源和保护环境的基本国策，像对待生命一样对待生态环境，统筹山水林田湖草系统治理，实行最严格的生态环境保护制度，形成绿色发展方式和生活方式，坚定走生产发展、生活富裕、生态良好的文明发展道路，建设美丽中国，为人民创造良好生产生活环境，为全球生态安全作出贡献"[③]。这是响亮的时代强音，为秦巴山脉科学保护利用和强化系统管理提供了强大的思想、战略和政策支撑。

习近平强调，"森林关系国家生态安全""要着力提高森林质量，坚持保护优先、自然修复为主，坚持数量和质量并重、质量优先""要完善天然林保护制度，宜封则封、宜造则造，宜林则林、宜灌则灌、宜草则草，实施森林质量精准提升工程"[④]。党中央、国务院关于生态文明建设和林业改革发展先后出台了一系列重

① 《习近平指出，中国特色社会主义进入新时代是我国发展新的历史方位》，http://www.xinhuanet. com/politics/2017-10/18/c_1121819978.htm [2017-10-18]。

② 《人民日报：坚持人与自然和谐共生》，http://opinion.people.com.cn/n1/2018/0209/c1003-29814342. html [2018-02-09]。

③ 《习近平：决胜全面建成小康社会 夺取新时代中国特色社会主义伟大胜利——在中国共产党第十九次全国代表大会上的报告》，http://www.gov.cn/zhuanti/2017-10/27/content_5234876.htm[2017-10-27]。

④ 《习近平主持召开中央财经领导小组第十二次会议》，http://cpc.people.com.cn/n1/2016/0127/ c64094-28087356.html[2016-01-27]。

大决策部署，林业发展迎来了前所未有的大好机遇，秦巴山脉作为我国的中央水库和"国家绿肺"，拥有极其丰富的水、热、林、草等自然资源，发展秦巴山脉森林和林业产业，有助于落实生态文明制度、展现生态文明建设成果。

2. 维护国土生态安全的需要

秦巴山脉地跨五省一市，涉及多个流域，既是中华民族的重要发祥地和中华文明的摇篮，又是中国南水北调中线水源地和重要生态基因库，长期以来在区域乃至国土层面承担着生态安全保障的重任。但是，秦巴山脉森林覆盖率不高，迫切需要加快林业生态建设，开展国土绿化行动，提升森林质量，拓展生态空间，提高生态承载力，构筑绿色生态屏障。

3. 绿色发展的需要

在习近平生态文明思想的指导下，中国生态文明建设取得了一系列显著的成效。山、水、林、田、湖、草是一个生命共同体，各个组分通过能量流动和物质循环紧密联结在一起，任何一个组分或过程产生问题，都会影响其功能的发挥；山、水、林、田、湖、草又是人类赖以生存的重要自然资源，适度利用不仅会极大地改善和提升人类的生存条件，还可以为其他生物留有生存空间，实现生态可持续发展。加强生态发展范式研究，总结中国可持续发展的经验，在全球日益加剧的环境变化中提出中国的解决方案是学术界的责任；加强生态教育，开展"科学与人文对话"，让生态文明的理念深入人心，成为我们日常生活的指导思想，实现自然科学与人文社会科学的高度融合。

当前我国整体上绿色发展指数偏低，国家发展和改革委员会等四个部门联合印发的《绿色发展指标体系》明确将森林覆盖率、森林蓄积量、湿地保护率、可治理沙化土地治理率、陆域自然保护区面积等列为绿色发展指标。秦巴山脉绿色循环发展迫切要求林业承担起筑牢生态安全屏障、夯实生态根基，创造绿色财富、积累生态资本，引领绿色理念、繁荣生态文化的重大使命，努力创造人与自然和谐共生的人文财富，为建设美丽中国作出新贡献。

4. 全面建设社会主义现代化国家的需要

《中华人民共和国国民经济和社会发展第十四个五年规划和 2035 年远景目标纲要》特别提出建设美丽中国的目标，实现这个目标无论是对生态文明建设，还是对生态林业建设都具有重要意义。美丽中国不仅需要物质生活的提高，也需要生态环境的改善，需要碧水蓝天和绿水青山；人们的生活中需要有新鲜的空气、清洁的水源、安全的食品。所以，只有把生态文明、生态林业搞好了，才能真正建成人们向往的美丽中国，全面建设社会主义现代化国家的目标才能实现。全面建设社会主义现代化国家要求实现共同富裕，秦巴山脉曾是全国最大的集中连片贫困区之一，林业作为秦巴山脉核心产业，为巩固脱贫攻坚成果，助力乡村振兴提供重要支撑。因此，实现秦巴山脉共同富裕迫切要求实施生态保护增收和林业产业增收，把保护生态、提供优质生态产品、增加生态福祉作为出发点和落脚点，以促进农民增收、拓宽就业渠道、实现脱贫攻坚成果巩固。

1.4.2　秦巴山脉林业发展的意义

1. 林业发展是经济社会发展的基础

森林作为陆地生态的主体、自然生态系统的顶层、国家民族最大的生存资本，是人类生存的根基，关系生存安全、淡水安全、国土安全、物种安全、气候安全和国家外交大局。森林是人类发展不可缺少的自然资源，是水库、钱库、粮库，在为社会提供木材和竹材、木本粮油等大量林产品的同时，还具有调节气候、涵养水源、保持水土、改良土壤、减少污染、游憩保健以及保护生物多样性等极其重要的生态服务功能，在维护陆地生态系统的平衡中起着不可替代的作用。"绿水青山就是金山银山"，林业生态建设是全面建设社会主义现代化国家的重要内容，是生态文明建设的重要举措，是解决当前经济社会发展中环境制约的根本出路，是事关经济社会可持续发展的根本性问题。

2. 林业是生态建设的主体

生态文明建设需要生态林业的支撑。在人类社会经济高速发展的同时，对自然的破坏也达到了空前的程度，环境破坏、生态失衡等问题已经日益突出（隋智，2020）。如果这些问题解决不好，人类社会不仅将面临发展的问题，而且将面临更为严重的生存问题。生态林业建设作为生态文明建设的重要组成部分，不仅能减缓由人类活动造成的全球气候变暖，也能提升自然灾害防御能力。生态林业受损，人类生存也会遭到巨大影响。以热带雨林为例，其所起到的生态保护作用相当于一个水库，一旦遭到过度砍伐，所在地域涵养水源的功能就会丧失，出现大降雨就会直接进入河道和湖泊，形成对人类危害巨大的洪涝灾害。此外，森林是地球生命系统的基因库和能量库，是陆地生态系统最大的碳储库和调节中枢。陆地生态系统 90% 的碳存储于森林之中，森林每生产 1 t 干物质，可吸收 1.63 t 二氧化碳，释放 1.19 t 氧气，在调节生物圈、大气圈、水圈、岩石圈的动态平衡中具有重要作用，在生物世界与非生物世界之间的物质循环和能量交换中扮演着主要角色，对保持生态系统的整体功能起着中枢和杠杆作用。

3. 富民惠民的重要途径

林业发展作为富民惠民的重要途径，在增收致富方面具有鲜活的生命力，在加快生态保护和资源恢复、创造生态良好和有益健康的人居环境以及提高群众生活质量和幸福指数中具有关键作用。此外，平原农田防护林体系建设，能够起到防风固沙、涵养水源、调节气温等作用，有效改善农业生态环境，增强农业生产抵御干旱、风沙、干热风、冰雹和霜冻等自然灾害的能力，促进粮食高产稳产，为维护国家粮食安全提供重要的保障。

1.5 秦巴山脉生态系统管理面临的主要矛盾、挑战和目标

1.5.1 秦巴山脉生态系统管理面临的主要矛盾

1. 资源开发与生态保护的矛盾

秦巴山脉有着丰富的矿产资源，矿产资源开发往往见效快、致富快，但对生态环境的破坏较为严重。采矿会破坏森林、草地甚至农田生态系统，极易导致山体"斑秃"、滑坡以及地温异常等现象。为此，秦巴山脉生态系统综合管理面对的主要矛盾之一，就是如何处理好资源开发与生态保护的矛盾，特别是在二者不可调和时如何作出正确抉择。

2. 南水北调与生态保护的矛盾

南水北调会影响本地水文气象条件，对当地生态及环境保护提出较高的要求。也就是说，南水北调一方面会对当地提出较高的生态环境保护要求，而另一方面又会由于可用水量的减少而加大当地生态环境保护的难度。妥善处理好这一对矛盾，是秦巴山脉生态系统综合管理的核心任务之一。

3. 动物保护和植物保护的矛盾

秦巴山脉既是具有重要意义的植物基因库，又是具有国家乃至世界意义的大熊猫、金丝猴、朱鹮、羚牛等珍稀动物的主要栖息地。然而，随着动物种群的扩大，动物保护与植物保护的矛盾日益凸显，特别是羚牛种群的扩大已经造成树木的枯死。如何妥善处理好这一矛盾，也是秦巴山脉生态系统综合管理所必须认真对待的问题之一。

4. 生态补偿与生态移民的矛盾

生态补偿与生态移民，无疑都是缓和当地生态压力、促进生态保护的重要措施，各自发挥着积极的作用。然而，很大一部分的生态补偿以居民为对象，随着生态补偿标准的提高，恰恰会抑制生态移民的积极性，并因此而导致"生态返乡"现象，对本已得到恢复的生态造成再次破坏。

5. 增收致富与生态保育的矛盾

秦巴山脉存在贫困县与重要生态功能县高度重合的现象，截至 2018 年，秦巴山脉范围内分布有贫困人口 300 余万、55 个国家级贫困县，占全国贫困县总量的 10%（向旭等，2018）。随着国家脱贫攻坚战的深入推进，这些贫困县已经全部实现了脱贫。然而，秦巴山区的生态脆弱性与经济贫困高度耦合（曹诗颂等，2016），秦巴山区生态敏感、资源环境承载能力有限，经济社会发展水平低、相对贫困问题突出，山高沟深、交通可达性较差（明庆忠等，2023）。如何妥善处理好增收致富与生态保育的矛盾，能否实现生态保育与增收致富的"双赢"，直接关系到秦巴山脉生态系统综合管理的成败（张玉强和李祥，2017）。

1.5.2　秦巴山脉生态系统管理面临的主要挑战

1. 气候变化及其相应的挑战

气候变化已经并仍将对秦巴山脉生态系统产生重要影响，包括对植物生长条件、动物生存条件以及降水、农田等方面的影响。秦巴山脉生态系统综合管理必须积极应对气候变化，特别要为中国碳减排作出应有的重要贡献。

2. 工业化及产业发展的挑战

秦巴山脉仍处于工业化及产业转型发展的初期或中期，工业化和产业转型发展的要求仍是迫切的。然而，不可否认的是，秦巴山脉的工业化不可能，也不允许再走传统的道路，必须走产业绿色转型和结构升级基础上的新型工业化道路（徐德龙等，2016）。

3. 城镇化及人口聚集的挑战

秦巴山脉仍处于城镇化的中期甚至初期。然而，从发达国家和我国发达地区的发展历程来看，城镇化是必然的趋势。世界上不少国家和我国不少地区，由于所选择的城镇化道路与模式问题，出现了以拥挤、污染等为主要标志的"城市病"。秦巴山脉作为重要的生态功能区和水源涵养区，决不允许重蹈城镇化失败地区的覆辙，必须选择资源节约、环境友好、生态保育、空间合理的城镇化发展道路与模式。

4. 实现经济高质量发展的挑战

秦巴山脉实现经济高质量发展给生态系统综合管理带来了巨大的挑战。对于秦巴山脉来说，实现经济高质量发展是不可回避、必须达成的责任与目标，是广大人民群众的热切期盼。秦巴山脉实现经济高质量发展，必须以不牺牲生态环境，甚至以进一步改善生态环境为前提，这就要求必须兼顾地方利益与国家利益、当地人民群众利益与全国人民利益。

5. 推进生态文明建设的挑战

生态文明建设和绿色发展，在中国决不允许有盲区、有掉队。秦巴山脉作为重要的生态环境功能区，其生态文明建设和绿色发展是重要的发展方向及重点领域。然而，现阶段我国虽然在生态保护和修复方面积累了丰富经验，但对生态系统内在机理和规律认识不足、聚焦于单一生态要素或过程、配套管理措施不健全等（李君轶等，2021）。森林生态系统管理与社区发展、水资源安全与流域治理、生物多样性保护与生态廊道建设等关键问题，仍是秦巴山脉生态文明建设和绿色发展所面临的挑战，同样也是必须积极应对的。

1.5.3　秦巴山脉生态系统的目标

1. 水源涵养功能

秦巴山脉水资源丰富，河流众多，是汉江、丹江、嘉陵江以及黑河、石头河等重要河流的发源地，是关中城镇主要的水源供给区，是南水北调中线工程汉江丹江口水库重要的水源区，是我国中部地区生态安全的屏障。近年来，国家退耕还林工程、天然林资源保护工程、水源涵养工程等的实施使秦巴山脉森林覆盖率有了大幅上升，但是森林质量不高，水源涵养功能的发挥受到限制。因此，为保证水源的长久充足和安全，在生态功能区划中必须将秦巴山脉作为重要的水源涵养区，加强生态建设和保护，增强水源涵养功能。

2. 生物多样性保护功能

秦巴山脉是我国物种最为丰富的地区之一，是世界生物多样性的代表地区之一，是重要的生物物种资源库和基因库、动植物区系的过渡带。秦巴山脉素有"生物多样性宝库""动物王国"之称，其中有珙桐、独叶草、红豆杉、华山新麦草等9种国家一级保护植物，有大熊猫、朱鹮、金丝猴、羚牛等10种国家一级保护动物。秦巴山脉也是目前朱鹮最主要的分布区，是大熊猫分布的最东界和最北界。把生物多样性保护定位为秦巴山脉主导功能之一对我国经济社会可持续发展具有重大意义。

3. 水土保持功能

秦巴山脉水土侵蚀严重，面积分布广，是我国水土流失敏感区之一。秦巴山脉坡耕地较多，东部区域植被覆盖度低，采矿活动剧烈，土壤层较薄，岩层厚。集中的强降雨、频繁的暴雨易引发滑坡、泥石流等地质灾害，使大量的泥沙冲入河底，造成堵塞河道、抬升河底面等问题，增加灾害发生的概率。除此之外，许多重金属元素被冲入河流，易导致水体污染，严重威胁到水源安全，影响沿线人民生活用水质量和南水北调中线工程的实施。水土流失严重削弱了土壤的肥力，导致农业减产。水土流失还会加剧生态环境的退化，危及生态安全。秦巴山脉是我国中部地区生态、水体、社会、经济安全的保障，因此必须将土壤保持定位为秦巴山脉的主导功能之一，开展小流域综合治理，有计划地推进退耕还林工程、天然林资源保护工程等的实施，进一步提高森林、草地等自然植被覆盖度，增强土壤保持能力。

第2章

秦巴山脉林业资源概述

2.1 秦巴山脉林业发展历史回顾

2.1.1 近百年来秦巴山脉与林业相关的重大自然事件

20世纪20年代以来，秦巴山脉发生诸多自然事件，即地震、暴雨洪水和干旱。人类受生产、经济以及政策驱动，向自然索取资源，导致生态系统被破坏。了解该类事件的起因及影响对学术发展和实践指导具有深远的现实意义。

以汉中地区为例，据不完全统计，西汉至民国的2151年中，汉中地区曾发生水灾145次，平均每百年发生水灾7次。其中，西汉至北宋的1329年中，共发生水灾16次，平均每百年发生一次；南宋至民国的823年中，共发生水灾129次，平均每百年发生16次；民国时期的38年中，共发生水灾17次，平均每百年发生45次。新中国成立之后，平均每3.4年发生一次（梁中效，2002）。

由汉江水灾发生的频率，可以清晰地看出秦巴山区自然环境破坏日趋严重。可见，秦巴山脉水土流失、滑坡、泥石流等灾害频发问题由来已久（李瑞，2020）。切实推进秦巴山脉生态体系重建，解决此类灾害具有重大现实意义。第一，有利于学者评估不同灾害对秦巴山脉侵蚀环境与过程的影响；第二，有利于分析库坝淤积特征，建立和自然过程对应的警示标志；第三，可以提高该区域居民对生态环境可持续发展的意识；第四，有利于增进对秦巴山脉黄土高原环境与可持续性以及环境演变机理相关扰动恢复能力的认识；第五，对自然灾害事件预警指标体系的构建、加深多类型极端自然事件环境影响的认识均具有指导意义。

近百年与林业相关的重大自然及经济社会事件见表2-1。

表 2-1　近百年与林业相关的重大自然及经济社会事件

事件	时间	性质	表现
陕、甘、宁连年大旱	1929 年	自然事件	陕西、甘肃、宁夏等地自 1922 年以来连续干旱，以本年为最，也是黄河连续 11 年（1922～1932 年）枯水段中水量最枯的一年
洪水	1933 年	自然事件	8 月 5 日至 7 日，陕北地区大雨，清涧县 8 月 5 日至 8 日 4 天降雨 255 mm，绥德县 8 月 6 日 1 天降雨 71 mm。渭河、泾河、洛河、延河、清涧河、汾河普遍涨水，黄河 8 月 8 日暴涨，夹马口以下西至朝邑附近，东至山西蒲城县下，宽 20 余里（1 里＝500 m），平铺直流，顺势南下，韩城县龙门至芝川 80 余里田禾遭灾，合阳县沿黄夏阳川等村被淹。全省先后 40 余县发生洪水灾害，灾区群众达 20 余万人
陕甘宁边区生产与开发	20 世纪 30～40 年代	人类活动	1939 年 1 月陕甘宁边区政府对边区第一届参议会作的工作报告中指出"边区邻近战区，从山西、绥远以及冀、晋、豫各省流入边区之难民，前后为数在 3 万以上"，八年间（1937 至 1945 年）涌入陕甘宁边区难民人数约 26 万人（霍雅琴，2011），边区政府于 1943 年 3 月 1 日颁布《陕甘宁边区优待移民难民垦荒条例》，人民生产内容包括开荒、薪炭、工业等
"三年困难时期"	实际持续四年，1959～1962 年	自然事件	全国连续 3 年的大范围旱情，使农业生产大幅度下降，市场供应十分紧张，人民生活相当困难，人口非正常死亡急剧增加，仅 1960 年统计，全国总人口就减少 1000 万人。 1959～1962 年干旱：陕西连年干旱少雨，1959 年全省受旱面积达 145.58 万 hm^2；1960 年重旱区有米脂、绥德、定边，全省受旱面积 193.65 万 hm^2；1961 年，关中渭北大部分地区春旱严重，影响春播，6 月以后，关中、安康、商洛等地区发生百日大旱，夏秋减产，饥荒严重，"瓜菜代"遍及城乡。 1962 年 1 月至 6 月，普遍干旱，降水量陕北北部小于 50 mm，陕北南部及关中 50～100 mm，全省受灾面积达 174.56 万 hm^2
群众治理高潮时期	1958～1960 年	治理事件	1958 年 8 月，全国第三次水土保持会议召开，会议共进行了一个多月，先后参观了河南、陕西、甘肃等省水土保持先进地区，提出的水土保持方针是在依靠群众发展生产的基础上，做到治理与预防并重，治理与巩固结合，数量与质量并重，达到全面彻底保持水土，保证农田稳产高产；同时根据黄河流域治理经验，提出"山区园林化、坡地梯田化、沟壑川台化、耕地水利化"的最高标准，水土保持政策尤其侧重农业发展，建设高产稳产农田是主要要求之一，以梯田和坝地为主导的工程措施建设加快
家庭联产承包责任制	1978～1997 年	治理事件	1978～1997 年为耕地面积急剧增加期，改革开放后 20 年来，农村相继实行家庭联产承包责任制，土地重新回到农民手里，这一地区饿怕了的农民更"珍惜"每一寸土地，在任何一点可以耕种的沟沟岔岔的土地上都种上了粮食，耕地面积达到历史最高，达到 77.28 万 hm^2。确实这里的农民再不用为吃饱肚子犯愁了，而且在这块土地上首次出现了粮食供大于求，出现了粮食过剩和卖粮难的问题，可是这一地区的植被破坏也到了极限。植被所具有的巨大的拦蓄径流、保持水土、调节气候的功能被显著削弱，从而使水资源赖以涵养、蓄积的空间不断减少。 这一阶段，土地制度的改变极大地调动了农民的生产积极性。为了克服农民对土地经营的短期行为，在 1984 年便规定农民对土地的承包使用权 15 年不变，1993 年又规定农民对土地的承包使用期延长 30 年，但在实际操作过程中，土地调整变动时有发生，因而导致了农民对土地经营的短期性行为和掠夺式经营，造成植被破坏到了极限，水土流失极为严重

事件	时间	性质	表现
"三北"防护林工程	1979年	治理事件	中国政府为改善生态环境，于1979年决定把"三北"防护林工程列为国家经济建设的重要项目，工程规划期限为73年，分八期工程进行。"三北"防护林体系包括新疆、青海、甘肃、宁夏、内蒙古、陕西、山西、河北、辽宁、吉林、黑龙江、北京、天津等13个省区市，计划在保护好现有森林草原植被基础上，采取人工造林、飞机播种造林、封山封沙育林育草等方法，营造防风固沙林、水土保持林、农田防护林、牧场防护林以及薪炭林和经济林等，形成乔、灌、草植物相结合，林带、林网、片林相结合，多种林、多种树合理配置，农、林、牧协调发展的防护林体系
小流域综合治理阶段	1981～1990年	治理事件	在小流域综合治理阶段，提出"水土保持必须为生产建设方针服务"（王飞等，2009），具体要求是"治理与预防并重，除害与兴利结合；工程措施与植物措施并重，乔灌结合，草灌先行；坡沟兼治，因地制宜；以小流域为单元，统一规划，分期实施，综合治理，集中治理，连续治理"（夏悦等，2021）。1982年全国第四次水土保持工作会议要求在全国开展小流域综合治理。在这一阶段，1985年中共中央、国务院发布的《关于进一步活跃农村经济的十项政策》中指出"山区二十五度以上的坡耕地要有计划有步骤地退耕还林还牧，以发挥地利优势。口粮不足的地区，由国家销售或赊销"，明确提出"二十五度以上的坡耕地"的退耕标准
退耕还林和生态环境建设	1999年	治理事件	1999年，退耕还林（草）工程实施。1999年国务院通过《全国生态环境建设规划》，增加了水土保持的内涵，把水土保持作为建设生态环境的主要内容
集体林权制度改革	2008年	治理事件	2008年中共中央第八号文件出台，标志着集体林权制度改革作为一种政府行为已扩展到全国，主体改革已经基本完成，配套改革还在进行中。计划将用5年左右时间基本完成明晰产权、承包到户的改革任务
林业信息化建设	2009～2020年	治理事件	2009年2月，国家林业局正式颁发《全国林业信息化建设纲要（2008—2020年）》和《全国林业信息化建设技术指南（2008—2020年）》，逐步建立起功能齐备、互通共享、高效便捷、稳定安全的林业信息化体系，促进林业决策科学化、办公规范化、监督透明化和服务便捷化，提升林业信息化水平。要求各地各单位在林业信息化建设过程中，认真遵照执行，为发展现代林业、建设生态文明、促进科学发展提供有力保障
"互联网＋"林业行动计划	2016～2020年	治理事件	2016年，国家林业局正式印发《"互联网＋"林业行动计划——全国林业信息化"十三五"发展规划》，顺应全球信息化大势，以国家信息化战略为指引，以全面支撑引领林业现代化建设为目标，紧贴林业改革发展、资源保护、生态修复、产业发展等各项事业，大力推动"互联网＋"林业建设。计划到2020年，全国林业信息化率达到80%，其中国家级林业信息化率达到90%，省级林业信息化率达到80%，市级林业信息化率达到70%，县级林业信息化率达到60%
林业现代化建设	2017～2050年	治理事件	党的十九大站在新的历史方位，对决胜全面建成小康社会、开启全面建设社会主义现代化国家新征程作出了部署。林业现代化既是国家现代化的组成部分，也是国家现代化的重要支撑。根据党的十九大对我国社会主义现代化建设作出的战略安排，综合考虑当前林业发展水平和人民对良好生态的需求等因素，经过初步测算和论证，提出如下预期目标：到2020年，林业现代化水平明显提升；力争到2035年，初步实现林业现代化；力争到21世纪中叶，全面实现林业现代化，迈入林业发达国家行列（刘珉和胡鞍钢，2022）

续表

事件	时间	性质	表现
第四届秦巴山区（甘肃省）重大林业有害生物联防联治会议	2019 年	治理事件	7 月 31 日，第四届秦巴山区（甘肃省）重大林业有害生物联防联治会议在定西市渭源县召开。定西市、陇南市、天水市、甘南藏族自治州、白龙江林管局、小陇山林业实验局、白水江保护局林检（森防）局（站）、渭源县、漳县、岷县森防站主要负责人和业务骨干共 58 人参加了会议。会议特别邀请了省林检局、庆阳市、平凉市、白银市、张掖市林检（森防）站（局）、安定区、通渭县、陇西县、临洮县林检（森防）局（站）长、巉口林场、华家岭林业站分管领导列席会议。会议主要探讨了秦巴山区（甘肃省）重大林业有害生物联防联治工作，参会单位做了交流发言；甘南藏族自治州总结了第三届秦巴山区（甘肃省）联防联治工作；定西市汇报了第四届秦巴山区（甘肃省）联防联治工作；渭源县做了工作经验交流介绍；定西市向白龙江林管局交接了第五届秦巴山区（甘肃省）重大林业有害生物联防联治轮值主席牌；观摩了渭源县会川林场大栗鳃金龟子和五竹林场落叶松鞘蛾防治现场
习近平在陕西考察	2020 年	考察事件	4 月 20 日至 23 日，习近平在陕西省委书记胡和平和省长刘国中陪同下，先后来到商洛、安康、西安等地，深入自然保护区、贫困山区、社区、学校、企业等，了解秦岭生态环境保护、脱贫攻坚、复工复产等情况，就统筹推进新冠疫情防控和经济社会发展工作、打赢脱贫攻坚战进行调研，看望慰问干部群众。习近平强调，陕西生态环境保护，不仅关系自身发展质量和可持续发展，而且关系全国生态环境大局。要牢固树立绿水青山就是金山银山的理念，统筹山水林田湖草系统治理，优化国土空间开发格局，调整区域产业布局，发展清洁生产，推进绿色发展，打好蓝天、碧水、净土保卫战。要坚持不懈开展退耕还林还草，推进荒漠化、水土流失综合治理，推动黄河流域从过度干预、过度利用向自然修复、休养生息转变，改善流域生态环境质量[①]

2.1.2 秦巴山脉林业经营管理变化情况

1. 林业经营管理变化情况

1）20 世纪 50 年代至 70 年代中期

这一时期，林区内可采伐的森林资源丰富，加上经济社会对木材及其产品需求急剧增加，林区一切工作都是围绕着木材生产开展，处于一切工作以服务木材生产这个中心的特殊时期，林业工作的重点通常是为超国家木材计划生产目标而奋斗。由于林业一切工作都是围绕木材生产展开，因此，森林经营基本上处于从属地位，表现为：森林采伐方式上学习苏联森林采伐模式，实行的是森林大面积皆伐或等带间隔伐方

[①]《习近平在陕西考察时强调 扎实做好"六稳"工作落实"六保"任务 奋力谱写陕西新时代追赶超越新篇章》，https://www.gov.cn/xinwen/2020-04/23/content_5505476.htm [2020-04-23]。

式。为了确保可采后备森林资源接续，以林场定居、林场轮伐为手段，在森林经营措施上以天然更新为主。实践证明，这种森林采伐作业方式违背了森林采伐的自然规律，因为大面积皆伐或等带间隔伐林区都是单一树种的单层同龄林，通过这种作业方式只能对少数幼树进行保护，但是伐区地表没有破种进而种子难以接触土壤，严重影响了采伐迹地森林的更新。尤其要指出的是，这一时期基本没有人工造林，更没有安排天然幼中龄林的森林抚育，森林经营没有提上林区的工作议程。

2）20 世纪 70 年代中期至 90 年代中期

20 世纪 70 年代以后，林区可采森林资源危机和经济困局已初露端倪，表现在木材生产数量下降，林业企业发展受阻。国家有关部门开始反思并总结以往林区开发建设的经验教训，并试图寻找新的出路，特别是进入 20 世纪 80 年代后期，木材生产总量大幅度减少。为了解决森林资源危机，总结林区开发建设经验教训、寻找林区新的出路，促进林区经济社会发展，国家林业行政主管部门先后召开解决重点国有林区"两危"问题专题会议，会议虽然也提到了森林经营问题，并将其作为林区出现"两危"问题的原因之一，但没有作为重点国有林区出现"两危"问题的根本性原因，也没有提出强化森林经营的办法和措施。进入 20 世纪 90 年代以后，通过不断反思与总结，我国逐渐认识到林区出现的问题和长期忽视森林经营有着密切关系，林区森林经营管理逐步得到一定程度的重视。

3）20 世纪 90 年代中期至今

这一时期，从认识到实践是森林经营管理发生重要转折的时期，影响这一转折的主要有以下几方面原因：一是联合国可持续发展理论的提出，可持续发展理论对林业发展的影响表现在森林经营的指导思想上主要是森林经营既要满足当代人的需求，又不危及后代人的利益，在森林经营方向上主要是森林的可持续发展应包括森林生态的可持续发展、林业经济的可持续发展和促进社会的可持续发展；二是现代林业理论的提出，现代林业理论是以森林的多功能来满足人类多元需求的林业，是多目标的林业，是以人为本、全面协调、可持续发展的林业，现代林业理论既是当前推进国家林业工作的重要理论基础，也是推进森林资源经营与管理的重要理论基础；三是生态文明建设的提出，2003 年国家提出加强我国生态文明建设战略，这是推进我国经济社会可持续发展，实现人与自然和谐共处的基础。

2. 林区森林经营管理体制变化情况

1）1949～1981 年林区森林经营管理体制

改革开放以前，我国主要是以计划经济体制为核心，实行单一的管理体制。林区森林经营在计划经济体制下，实行的也是高度集中的计划管理模式，即在宏观综合平衡的基础上，用指令性计划、分项目和阶段、按行政层次层层分解，直接指挥基层林业生产活动。人民公社化时期，政府采取计划等手段直接对生产队的生产经营活动进行干预，严重干扰了他们的生产经营自主权。计划经济时期，地方乡村政府全面代理森林产权的各项职能，林农只是名义上森林资产所有者，仅作为雇佣者参加生产劳动。林业主管部门直接组织、指挥、协调、监督、控制集体林区的营林生产活动。这一阶段的森林资源管理体制严重束缚了林农的营林生产积极性，采伐方式大多为皆伐，使得森林资源遭到破坏。

2）1981～1992 年林区森林经营管理体制

在农村经济体制改革背景下，林业"三定"即稳定山林权属、划定自留山、确定林业生产责任制。伴随着农村经济体制改革的推进，林区森林经营的管理体制也相应地进行了变革。集体林业主要由乡、村两级社区组织经营，乡级社区组织经营改革较为彻底，集体林业经营从中分离出来，成立了乡镇集体林场，但是这些乡镇集体林场多数没有经营自主权。相比之下，村级组织经营改革很不彻底，农村家庭联产承包责任制的推行基本未触动村级组织经营，仍保持着政社合一的经营管理体制。林业"三定"时期，集体林业经营体制改革不彻底，集体林业经营职能部分地由管理组织承担，导致集体林业管理体制仍存在诸多弊端。

3）1992～2003 年林区森林经营管理体制

1992 年党的十四大提出"我国经济体制改革的目标是建立社会主义市场经济体制"[①]。1995 年党的十四届五中全会又提出了两个根本性转变："一是经济体制从传统的计划经济体制向社会主义市场经济体制转变，二是经济增长方式从粗放型向集约型转变"[②]。林业计划经济体制被打破，市场机制逐渐引入森林经营管理。为了适应市场机制的需求，林区森林经营管理体制相应进行了适当的调整，各个县、乡、村都在积极探索适合自己的森林经营组织形式，林农对林业生产关系也进行了自觉调整，这个阶段呈现出以股份合作制为主的多种林业经营形式。许多省份的林农在分户经营体制改革中选择林业股份合作制作为森林经营的主要组织形式，并且不断改进使其符合经济体制转变的基本要求。这个时期的改革明晰了林地使用权和林木所有权，允许承包者有一定处置权，提高了农户自主经营积极性，减少了集体经营和管理的成本。

3. 林区森林经营方案编制与执行变化情况

森林经营方案是森林经营管理工作的主要组成部分和核心内容，是建立高效、

---

① 《加快改革开放和现代化建设步伐，夺取有中国特色社会主义事业的更大胜利——在中国共产党第十四次全国代表大会上的报告》，https://fuwu.12371.cn/2012/09/26/ARTI1348641194361954.shtml[2012-09-26]。

② 《中国共产党第十四届中央委员会第五次全体会议公报》，https://www.gov.cn/test/2008-07/10/content_1041271.htm[2008-07-10]。

科学、有序森林资源管理体系的重要载体。科学编制和有效执行森林经营方案旨在加强森林科学经营，它既是落实林农经营自主权的重要保障，也是实现森林可持续经营的必要手段。

1）1949～1963 年森林经营方案的编制情况

1951 年，林垦部在黑龙江带岭林业实验局进行了全国第一次森林经理试点，并于 1954 年完成长白山林区 48 个施业区的森林经理施业案，这是中华人民共和国第一批森林施业案，此后编制颁发了《国有林森林经理规程》《合作林森林经理规程》等规程，在大、小兴安岭等重点国有林区和南方集体林区大面积开展森林经理试点和森林经理施业案编制。据统计，1961 年全国累计完成森林经理调查 1.06 亿 hm^2，编制森林施业案 1624 份，相当于国有林总面积的 70%～80%编制了比较完整的森林施业案（唐小平和欧阳君祥，2022）。

2）1963～1990 年森林经营方案的编制执行情况

随着国家对木材需要的不断增加，在对集体林森林经理认识不足的情形下，照搬国有林的办法对集体林区进行开发建设。集体林森林经理多以县和林区为单位，进行全面规划设计，提出总体设计方案，把森林资源和规划设计项目指标落实到区、乡、村和生产队、林班、小班。但是，由于集体林权不稳定，可能存在林权纠纷隐患，所编制的森林经营方案的各项规划设计指标，只能作为全县组织林业生产建设的参考，难以落实到山林经营单位。20 世纪 80 年代末，集体林区开展了新一轮森林经营方案的编制。从实际运作看，方案编制全过程由林业部门包办，林农缺乏参与编制的积极性，致使编制的经营方案不能反映林农的意愿，付诸实施时只有森林经营方案中确定培育目标的主伐年龄环节在办理林木采伐时得以执行，其余方案大多没有执行，没有发挥其指导森林经营单位保护、发展、合理利用森林资源的应有作用（陈绪敖，2011）。

3）1991～2000 年森林经营方案的编制执行情况

1991 年，由林业部资源司印发的《编制集体林经营方案原则规定（试行）》在全国施行（薛有祝，1994）。在这一规定的指导下，截至 1993 年，国营林业局、国营林场 85%以上完成了编制森林经营方案工作（薛有祝，1994）。然而，这一阶段的经营方案制度在实施中存在一些问题：第一，在运行机制和管理体制上，"两权"（森林资源的所有权和经营权、管理权和使用权）未能分离，形不成制约的机制，未实行彻底的林价制度，等等；第二，在经济方面，资金不足；第三，在编制原则方面，《国营林业局、国营林场编制森林经营方案原则规定（试行）》是在1986 年以前制定的，未脱离以往总体设计的框框，受计划经济影响大，一是内容、要求方面多而全，二是林产工业设计、基建设计、经费概算等，考虑需要多，对实际可能研究少（薛有祝，1994）。综合诸多问题，国家进一步进行了修订。1996 年，林业部组织颁布了《国有林森林经营方案编制技术原则规定》（唐小平和欧阳君祥，2022）。

4）2000 年至今森林经营方案的编制执行情况

近年来，我国集体林区尝试开展以乡村社区为单元的集体林森林经营方案的编制和实施活动，逐步提高了当地居民在自然资源管理过程中的民主决策意识和自我管理能力（田毅和牛秋平，2010）。自 1992 年联合国环境与发展大会召开以来，森林可持续经营得到了全球各国的广泛关注，日益成为我国森林经营的主导思想。为积极推进我国森林可持续经营，指导各地开展森林经营方案的编制和实施工作，2006 年国家林业局制定了《森林经营方案编制与实施纲要》，要求森林经营方案编制与实施要以科学发展观为指导，以森林可持续经营理论为依据，以培育健康、稳定、高效的森林生态系统为目标；要求达到一定规模的集体林组织、非公有制经营主体在当地林业主管部门指导下组织编制简明森林经营方案；森林经营方案内容一般包括森林资源与经营评价，森林经营方针与经营目标，森林功能区划、森林分类与经营类型，森林经营，非木质资源经营，森林健康与保护，森林经营基础设施建设与维护，投资估算与效益分析，森林经营的生态与社会影响评估，方案实施的保障措施等主要内容。2007 年 1 月国家林业局印发了《关于科学编制森林经营方案全面推进森林可持续经营工作的通知》，要求 2007 年各省级林业主管部门要确定 2～3 个不同类型的经营单位，组织开展森林可持续经营试验示范，并率先编制森林经营方案，为本区域其他单位的编制工作提供借鉴。2017 年国家林业局办公室印发了《东北内蒙古重点国有林区森林经营方案审核认定办法（试行）》，2018 年国家林业和草原局印发了《关于加快推进森林经营方案编制工作的通知》，对森林经营方案编制作出进一步指引。

2.2　秦巴山脉林业资源概况

2.2.1　秦巴山脉各省区市森林资源现状及综合评价

1. 陕西省森林资源现状及综合评价

1）资源现状

陕西省位于我国西北地区东部，身居内陆腹地。全省呈东西窄、南北长的形状，地形地貌复杂，气候类型多样，从南到北跨三个气候带，即陕北北部温带，陕北南部、关中和秦岭南坡（海拔 1000 m 以上）暖温带，北亚热带。2020 年，全省年平均降水量 693.5 mm，年降水量呈南多北少分布且由南向北递减，受山地地形影响比较显著。秦岭动植物资源丰富、种类繁多，素有"生物基因库"之称。

秦岭地区蕨类植物有 27 科，75 属，321 种（郑玉等，2021）。秦岭共有种子植物 3539 种，隶属于 154 科 950 属，其中特有种为 194 种（申艳军等，2024）。据统计，截至 2024 年，陕西省国家重点保护野生植物共 38 科 67 属 104 种（含种下等级），含石松类 1 科 1 属 3 种；裸子植物 2 科 6 属 6 种 2 变种；被子植物 35 科 60 属 85 种 1 亚种 10 变种；在保护植物中岭石蝴蝶、长柱玄参为陕西特有种。陕西省各级自然保护区、湿地公园、森林公园等共有 249 个，其中国家级、省级、市县级等各级自然保护区有 61 个（张小卉等，2024）。

根据第九次森林资源清查数据，全省土地总面积 2059.77 万 hm²，其中林地面积 1236.79 万 hm²，占土地总面积的 60.05%；森林面积 886.84 万 hm²，占林地面积的 71.70%；森林覆盖率 43.06%。在林地面积中，乔木林面积 707.10 万 hm²，占林地面积的 57.17%；竹林面积 2.24 万 hm²，占林地面积的 0.18%；疏林地面积 28.80 万 hm²，占林地面积的 2.33%；灌木林地面积 283.70 万 hm²，占林地面积的 22.94%；未成林造林地面积 24.95 万 hm²，占林地面积的 2.02%；迹地面积 0.32 万 hm²，占林地面积的 0.03%；宜林地面积 189.36 万 hm²，占林地面积的 15.31%。活立木总蓄积 51 023.42 万 m³，其中，森林蓄积 47 866.70 万 m³，占活立木总蓄积的 93.81%；疏林地蓄积 436.36 万 m³，占活立木总蓄积的 0.86%；散生木蓄积 1830.62 万 m³，占活立木总蓄积的 3.59%；四旁树蓄积 889.74 万 m³，占活立木总蓄积的 1.74%。

森林资源中，天然林面积 562.24 万 hm²，蓄积 43 453.48 万 m³，其中，乔木林面积 560.32 万 hm²，竹林面积 1.60 万 hm²，特殊灌木林地中经济林面积 0.32 万 hm²。人工林面积 246.57 万 hm²，蓄积 4413.22 万 m³，其中，乔木林面积 146.78 万 hm²，竹林面积 0.64 万 hm²，特殊灌木林地中经济林面积 99.15 万 hm²。

防护林在各林种中所占比重最大，面积 607.31 万 hm²，占森林面积的 68.48%，蓄积 34 853.59 万 m³，占森林总蓄积的 72.81%；特用林面积 47.33 万 hm²，占森林面积的 5.34%，蓄积 6204.18 万 m³，占森林总蓄积的 12.96%；用材林面积 92.41 万 hm²，占森林面积的 10.42%，蓄积 5667.57 万 m³，占森林总蓄积的 11.84%；薪炭林面积 22.72 万 hm²，占森林面积的 2.56%，蓄积 880.28 万 m³，占森林总蓄积的 1.84%；经济林面积 117.07 万 hm²，占森林面积的 13.20%，蓄积 261.08 万 m³，占森林总蓄积的 0.55%。

全省生态公益林地面积 985.40 万 hm²，占林地面积的 79.67%，其中国家级公益林地 622.40 万 hm²，占 63.16%，地方公益林地 363.00 万 hm²，占 36.84%；商品林地 251.39 万 hm²，占林地面积的 25.51%。乔木林每公顷蓄积 67.69 m³，每公顷株数 791 株，每公顷年均生长量 2.79 m³，平均郁闭度 0.61，平均胸径 13.8 cm。

2）综合评价

陕西省全面实施天然林资源保护、退耕还林、三北防护林、长江防护林、湿地保护以及自然保护区建设等重大生态建设工程，深入推进创建森林城市和乡村美化工作，加强森林抚育和经营，扎实推进"关中大地园林化、陕北高原大绿化、陕南山地森林化"的陕西林业"三化"战略，实现森林面积和蓄积的稳步增长，2000～2015 年绿色版图向北推进了 400 km（李媛媛等，2024），生态环境实现了由"总体恶化、局部好转"向"总体好转、局部良性循环"的转变。同时全省依托林业重点工程实施，转变林业生产方式，加大核桃、红枣、花椒、油茶等经济林产业的发展；依托国有林场、自然保护区、湿地荒漠等资源优势，开辟新的生态旅游景区，做活森林休闲旅游、湿地体验旅游和大漠风情旅游等市场，实现林业生态和经济效益的双丰收。

总体来看：一是森林资源总量稳步增长，森林覆盖率进一步提高。2009 年以来，陕西省依托林业工程建设，实施人工造林、封山育林等措施，使森林面积得到增加，森林资源基本保持稳步增长的发展态势。二是管护成效显现，乔木林质量逐渐提高。三是采伐消耗持续下降，天然林的采伐得到了有效控制。近年来陕西省充分利用森林资源，积极发展核桃、板栗以及林下资源开发和森林旅游等林业产业。四是用材林可采资源数量少，防护林采伐比例较大。采伐防护林反映出经济社会发展对木材需求与森林资源现实供给能力之间的矛盾依然突出，协调解决好木材供给与生态环境保护之间的矛盾依然迫切。五是枯损消耗增加，抚育力度仍需加大。林木年均枯损消耗 426.78 万 m^3，增加 97.65 万 m^3，增幅为 29.66%。乔木林枯损消耗量 402.35 万 m^3，增加 83.58 万 m^3。天然乔木林的枯损量 371.61 万 m^3，增加 63.11 万 m^3。人工乔木林的枯损量 30.74 万 m^3，增加 20.47 万 m^3。幼、中龄林和成熟林的枯损消耗量显著增加，说明推进森林抚育工作十分迫切。

2. 河南省森林资源现状及综合评价

1）资源现状

河南省位于我国中东部，黄河中下游，境内平原和盆地、山地、丘陵分别占总面积的 55.7%、26.6%、17.7%。2010 年河南水资源总量为 413.71 亿 m^3，人均用水量约 400 m^3、土地用水量 6000 m^3/hm^2，仅分别相当于全国平均水平的 1/5 和 1/6、世界平均水平的 1/25，属于严重缺水省份，且时空分布不均匀（尚海洋，2014）。全省大部分地处暖温带，南部跨亚热带，属北亚热带向暖温带过渡的大陆性季风气候，具有四季分明、雨热同期、复杂多样和气象灾害频繁的特点。2017 年，全省年平均气温 15.7 ℃，年均降水量 771.9 mm，年平均日照时数 1997.2 h，适宜多种农作物和动植物生长。全省共有自然保护区 30 个，面积 762 000 hm^2，其中国家级自然保护区 13 个。森林公园 118 个，其中国家级森林公园 31 个。

河南省总面积 16.7 万 km^2，占全国总面积的 1.73%。据河南省统计年鉴，截至 2020 年，全省森林面积 418.67 万 hm²，当年造林面积 21.12 万 hm²，其中人工造林面积 17.19 万 hm²，无林地和疏林地当年新封面积 1.50 万 hm²，森林覆盖率 25.07%；活立木蓄积量 26 564 万 m³，森林蓄积量 20 719 万 m³。

此外，河南省政府高度重视林业产业工作，林业产业快速发展，经济效益明显提升。产业结构不断优化，林业第一产业、第二产业、第三产业结构由 2010 年的 55∶37∶8 调整为 2015 年的 49∶39∶12。2017 年，用材林和工业原料林达到 65.07 万 hm²，年均向社会提供木材 568.2 万 m³，年木材储备和木材生产价值达 56.81 亿元。2017 年，河南省共生产各类非木质林产品 772.57 万 t，总价值 506.54 亿元，木材加工、非木质林产品加工等第二产业价值 758.4 亿元。经济林总面积达到 108.07 万 hm²，林木种苗花卉面积 18.46 万 hm²（种苗 5.53 万 hm²、花卉 12.93 万 hm²），年产值 218.92 亿元，花卉种植面积居全国第 3 位。林下经济发展势头强劲，林下种植养殖面积 63.48 万 hm²，年产值 259.67 亿元。全省森林旅游蓬勃发展，年林业旅游休闲康养人数 1.2 亿人次，产值达到 198.55 亿元，直接带动的其他产业产值 135.14 亿元。全省年销售收入 10 亿元以上林业产业化集群发展到 23 个，省级林业产业化重点龙头企业达到 355 家。

2）综合评价

以曾为深度贫困县的秦巴山脉河南片区的卢氏县和淅川县为例，卢氏县地处河南省西部，三门峡市西南方向，截至 2022 年，森林覆盖率达 70.35%，是国家主体功能区建设试点示范县。淅川县地处豫鄂陕三省七县市接合部，是南水北调中线工程核心水源区和渠首所在地、全国移民大县、西部大开发政策延伸县和河南省首批扩权县。当时为了摆脱贫困，卢氏县、淅川县主要将林业建设与脱贫相结合，推动林业生态工程向贫困乡镇、贫困村倾斜，引导贫困群众发展增收效益好的生态经济兼用林，使森林在发挥生态效益的同时实现经济价值。

总体来看，一是各地积极探索生态兴市（县）、林产富民的绿色发展道路，制订林业产业发展规划，培育壮大特色经济林等第一产业、提质增效林果加工等第二产业以及集约开发森林旅游等第三产业。二是充分发挥政策导向和财政资金杠杆作用。大力开展生态与产业兼顾的林业产业建设，注重吸引社会投资，实行政府主导下的政策性引导、扶持机制，发挥政府组织推动和宏观调控作用，提高资金使用效益。积极推进林业供给侧结构性改革，逐步调整经济林林种、优化树种结构，降低林业生产成本，应对市场需求补齐林产品短板（刘炯天，2016）。

2015 年至 2020 年淅川县财政兑现林业生态产业资金达 9000 多万元①。按照

①《淅川：积极探索林业发展投融资机制　吸引社会资本参与林业生态建设》，https://www.xichuan.gov.cn/xcxlyj/zwdt30/content_19938[2020-12-22]。

"政府主导、市场运作、社会参与"的原则，淅川县把重点区域的造林绿化全部推向市场，引进有实力的公司参与林业项目，由县林业局与公司、乡镇林站或造林大户签订造林合同，着力解决资金短缺、管理缺位、效益低下等问题。淅川县林业局组织技术人员免费为大户提供规划与技术指导等服务，调动全社会发展生态林业、民生林业的积极性。重点扶持和培育了一批带动力强的林业龙头企业，为农民提供了更多增收渠道。以核桃产业为例，农民除了每年每亩①地有 500 元地租收入外，还可以常年在核桃基地务工劳动，实现年人均增收 3000 元以上。

卢氏县出台了核桃发展奖补政策，采取财政补、部门投、产业发展基金、群众筹等办法支持群众发展核桃产业。河南远海中原物流产业发展基金管理有限公司将卢氏县优质的食用菌、中药材产业与远海中原物流产业发展基金的投资管理经验、募资能力及产业对接能力有机结合起来，开展以食用菌流通、物流、供应链为重点的多种产业基金的全方位合作。

3. 甘肃省森林资源现状及综合评价

1）资源现状

甘肃省位于我国西北部，处黄河中上游，呈狭长状，东西长 1655 km，南北最宽处约 530 km，最窄处不足 50 km。大部分位于中国地势二级阶梯上，土地总面积 42.59 万 km²。甘肃气候类型多样，从南向北包括了亚热带季风气候、温带季风气候、温带大陆性（干旱）气候和高原高寒气候等四大气候类型。年平均气温 0～15 ℃，大部分地区气候干燥，干旱、半干旱区占总面积的 75%。全省各地年降水量为 36.6～734.9 mm，降水分布从东南向西北递减，乌鞘岭以西降水明显减少，陇南山区和祁连山东段降水偏多（赵玉杰和申燕祥，2020）。具有显著的太阳辐射强、日照时数多、温差大、无霜期短、气候干旱、降水量偏少、大风多、风沙危害严重的气候垂直差异特征。据 2016 年甘肃省第九次森林资源清查结果，全省 2016 年调查土地总面积 4497.34 万 hm²，其中林地面积 1046.35 万 hm²，非林地 3450.99 万 hm²。

林地面积中，森林(有林地和国家特别规定的灌木林地之和)面积 509.73 万 hm²，森林覆盖率 11.33%。全省林地面积从 1975 年的 630.87 万 hm² 增加到 2016 年的 1046.35 万 hm²，增长 65.9%。从林地面积变化趋势来看，除了 1996 年略微减小外，其他时间均呈现递增趋势，1996～2011 年增幅较大。甘肃省疏林地面积一直较小，在 1975 年、1991 年、1996 年、2001 年疏林地面积分别为 32.92 万 hm²、40.06 万 hm²、21.58 万 hm²、20.28 万 hm²。将 1996 年至 2001 年减少的全部疏林地变为有林地计算，其贡献值约 6.8%～9.6%。因此在 1996 年后的有林地中不再

---

① 1 亩≈666.7 m²。

予以核减。全省有林地由 1975 年的 186.83 万 hm² 增加到 2016 年的 263.89 万 hm²，增加 41.2%。

森林面积（含国家特别规定灌木林）由 2006 年的 470.67 万 hm² 增加到 2016 年的 509.73 万 hm²，增长 8.3%。1996 年后全省森林面积大幅增长，是森林经营方略由以采伐利用为主转变为以生态保护为主以及林业重点工程大规模实施共同导致的结果。从 20 世纪 70 年代至 2016 年，全省森林蓄积总体呈大幅增长态势，活立木蓄积量由 1975 年的 19 566.29 万 m³ 增加到 2016 年的 28 386.88 万 m³，增长 45.1%。乔木林蓄积量由 1975 年的 18 554.06 万 m³ 增加到 2016 年的 25 188.89 万 m³，增长 35.8%。其中，活立木蓄积量在 1975～1996 年总体呈减少趋势，从 2001 年开始逐步增加。乔木林蓄积量在 1975～1991 年总体呈减少趋势，从 1996 年开始逐步增加。主要原因与上述森林面积的增长相同。乔木林每公顷蓄积量总体呈轻微下滑的态势，由 1975 年的 99.31 m³/hm² 微降到 2016 年的 95.45 m³/hm²，下降 3.9%。尤其是 20 世纪 90 年代至 2011 年与 20 世纪 90 年代前相比有所下降，2016 年与 2011 年相比略有回升。

2）综合评价

从 20 世纪 70 年代至今，甘肃省的林地和森林面积总体上呈波动式增加，1996 年以后有大幅增长。同林地面积相似，全省森林蓄积量总体呈大幅增长态势，但乔木林每公顷蓄积量总体呈轻微下滑的态势，主要是由于人工造林导致幼龄林面积增加较大。同时，也反映出全省林分质量不高。甘肃省乔木林以阔叶林、刺槐、栎类、桦木、云杉、冷杉、针阔混、其他硬阔类、杨树、山杏、油松、华山松、落叶松、柏木、其他软阔类、山杨、针叶混、榆树、核桃、枣等 20 个树种为主，树种组成已由针叶纯林向阔叶混交林和阔叶林演替。早期乔木林林龄结构中，幼龄林、中龄林以及近成过熟林比例为 28：44：28，但在 2001 年以后幼龄林面积持续增加，至 2016 年林龄结构比例变为 34：29：37。总体来看中龄林占比较小、幼龄林和近成过熟林占比较大，林组结构不佳。预计到 2025 年、2035 年和 2050 年森林面积将分别达到 570.13 万 hm²、639.15 万 hm² 和 742.68 万 hm²；森林覆盖率分别达到 12.68%、14.21% 和 16.51%；森林蓄积量（活立木）将分别达到 30 481.39 万 m³、35 559.82 万 m³ 和 44 845.19 万 m³；乔木林蓄积量将分别达到 96.58 m³/hm²、109.46 m³/hm² 和 121.42 m³/hm²。

4. 四川省森林资源现状及综合评价

1）资源现状

四川省位于中国西南地区内陆，东连重庆，南邻云南、贵州，西接西藏，北接陕西、甘肃、青海。四川省地貌东西差异大，地形复杂多样，位于中国大陆地势三大阶梯中的第一级青藏高原和第三级长江中下游平原的过渡地带，高低悬殊，地势呈西高东低的特点，由山地、丘陵、平原、盆地和高原构成。四川省分属三大气候，分别为四川盆地中亚热带湿润气候，川西南山地亚热带半湿润气候，川西北高山高原高寒气候。总面积 48.6 万 km²，辖 21 个地级行政区，其中 18 个地级市、3 个自治州。

据四川林业资源及效益监测 2016 年度报告，全省林地面积 2403.56 万 hm²，占全省辖区面积的 49.45%。其中森林面积 1750.79 万 hm²（有林地 1551.73 万 hm²，灌木林地 731.69 万 hm²），占林地面积的 72.8%，森林覆盖率 36.02%。活立木总蓄积 18.27 亿 m³，其中森林蓄积 17.33 亿 m³，占活立木总蓄积的 94.9%。在有林地面积中，乔木林面积 1487.88 万 hm²，蓄积 17.33 亿 m³，分别占有林地面积和蓄积的 95.9% 和 100%。全省天然林（地）面积 1609.83 万 hm²、人工林（地）面积 732.82 万 hm²，分别占林地总面积的 66.98% 和 30.49%；活立木蓄积中，天然林 14.44 亿 m³，人工林 3.83 亿万 m³，分别占活立木总蓄积的 79.04% 和 20.96%；乔木林蓄积中，天然林 13.80 亿 m³，人工林 3.53 亿 m³，分别占乔木林蓄积的 79.6% 和 20.4%；乔木林面积中，天然林 905.28 万 hm²，人工林 582.60 万 hm²，分别占乔木林面积的 60.84% 和 39.16%。全省公益林（地）资源总面积 1712.39 万 hm²，商品林（地）资源总面积 691.17 万 hm²，分别占林地总量的 71.2% 和 28.8%。公益林中，国家级公益林 1618.96 万 hm²，省级（地方）公益林 93.43 万 hm²，分别占公益林总量的 94.5% 和 5.5%。商品林中，用材林面积 598.95 万 hm²，薪炭林面积 62.92 万 hm²，经济林面积 29.30 万 hm²，分别占商品林面积的 86.7%、9.1% 和 4.2%。全省中龄林面积 472.31 万 hm²，蓄积 31 920.43 万 m³，各占乔木森林总面积和蓄积的 31.75% 和 18.41%；近熟林面积 258.01 万 hm²，蓄积 26 599.87 万 m³，各占 17.34% 和 15.34%；成熟林面积 303.57 万 hm²，蓄积 52 986.58 万 m³，各占 20.40% 和 30.57%；过熟林面积 224.67 万 hm²，蓄积 55 144.41 万 m³，各占 15.10% 和 31.82%；幼龄林面积 229.32 万 hm²，蓄积 6697.19 万 m³，各仅占 15.41% 和 3.86%。

2）综合评价

四川省森林资源存在以下几个方面的不足：一是资源质量不够高。森林资源质量不高、森林经营基础薄弱，重造轻管现象在集体和个体林中普遍存在。特别是作为森林经营重要措施的中幼林抚育和抚育间伐，还达不到森林科学经营的要求。抚育管护措施跟不上，导致林分整体质量不高的问题较突出。至 2015 年底，四川省人工林单位面积蓄积仅为 52.27 m³/hm²，远低于全国平均水平 75 m³/hm²，林地的生产潜力还没有得到充分发挥。二是森林结构不合理。在龄组结构方面，截至 2016 年，全省中幼林面积 701.63 万 hm²、蓄积 38 617.62 万 m³，面积占到了乔木林的 47.16%，但蓄积仅仅只占了 22.28%。在树种结构方面，四川省人工林以松、杉、柏、巨桉等为主，乡土阔叶树种和珍贵树种发展缓慢。桉树类和松树类人工纯林造林面积不断扩大，削弱了森林自身抗灾能力，一旦发生病虫害，极易蔓延成灾，给森林资源造成巨大损失。三是森林经营强度低。从经营主体来看，国有林场和有实力的营造林公司经营管理规范，良种良法造林、抚育、管护等森林经营活动能正常实施；而集体经济组织和广大林农经营的森林则比较粗放，很少开展正常的抚育、管护活动。从林种来看，除短轮伐期人工林和少量一般用材林能够开展正常的森林经营外，大多数一般用材林和公益林没有正常开展经营活动。同时，受经营周期、经营效益和基础设施条件等制约，林农经营森林积极性不高，工作未能正常开展。

为做好四川省森林经营工作，提出以下建议：一是强化组织领导，抓好规划和方案编制。强化组织领导，积极争取把森林可持续经营工作作为约束性指标纳入政府目标考核体系，科学制定评价标准和考核办法，推动目标责任落实。二是加大培育力度，全面提高森林质量。围绕森林资源培育目标，以实施"新一轮绿化全川"行动为契机，全面提高森林质量。三是不断强化森林资源保护。坚持保护优先，划定林地红线，坚决打击非法占用林地等涉林违法犯罪行为；完善天然林保护制度，建立有效的天然林管护体系。四是合理调整结构，构建健康稳定优质高效的森林生态系统。随着以松、杉等针叶林为主的人工林快速发展，树种单一化问题日趋突出，地带性森林植被呈减少趋势，健康稳定的森林生态系统受到威胁。应依据生态区位重要性和生态状况脆弱程度，合理调整树种结构，在生态区位重要和生态状况脆弱区，采取抽针补阔、间针育阔，以及对天然次生林进行封育、补植等措施，逐步增加乡土树种和混交林的培育比重，构建健康稳定优质高效的森林生态系统，提高森林生态系统的服务功能。

5. 湖北省森林资源现状及综合评价

1）资源现状

湖北省地处我国中部，长江中游，是南方集体林区重点省份，因湖泊众多而有"千湖之省"的称号；同时，三峡大坝、葛洲坝和丹江口水库等大型水利枢纽都建设在湖北省境内，水利工程浩大，其战略地位和生态地位极其重要。湖北省正好地处我国地势的第二级阶梯向第三级阶梯过渡地带，东西长约740 km，南北宽约470 km，土地总面积18.59万 km^2。地貌类型丰富多样，既有山地和丘陵，又有岗地和平原，其中山地占湖北省总面积的一半以上，且地势高低相差悬殊，海拔高达3 km，低至0 m。湖北省是我国森林资源较丰富的省份之一，植物资源种类繁多，包含4个植被型组、12个植被型、30个群系组、124个群系（乔秀娟等，2021）。湖北省多样的自然环境孕育着较为丰富的森林资源，其森林资源对于湖北省乃至长江流域经济、社会的可持续发展，生态环境的改善和保护具有极其重要的作用。

根据第九次全国森林资源清查湖北省森林资源清查结果，湖北省的土地总面积为 18.59 万 km^2（即 1859.00 万 hm^2），占全国国土总面积的 1.94%。在全省总面积中，林地面积为 876.09 万 hm^2，占比 47.13%，比第八次增加 3.09%；森林面积为 736.27 万 hm^2，占林地面积的 84.04%，比第八次增加 3.14%；森林覆盖率上升为 39.61%，比第八次增加 3.15%；活立木总蓄积为 39 579.82 万 m^3，比第八次增加 26.35%；其中森林蓄积为 36 507.91 万 m^3，占活立木总蓄积的 92.24%，比第八次增加 27.41%。

林地面积中，乔木林地 606.67 万 hm^2，灌木林地 162.55 万 hm^2，竹林地 17.92 万 hm^2，疏林地 3.20 万 hm^2，未成林造林地 15.67 万 hm^2，苗圃地 0.64 万 hm^2，迹地 16.64 万 hm^2，宜林地 52.80 万 hm^2。按土地权属划分，国有林地 66.86 万 hm^2，占林地总面积的 7.63%；集体林地 809.23 万 hm^2，占林地总面积的 92.37%。

森林面积中，按林种分，防护林 307.83 万 hm^2，特用林 28.80 万 hm^2，用材林 332.77 万 hm^2，薪炭林 5.44 万 hm^2，经济林 61.43 万 hm^2。活立木蓄积中，森林蓄积 36 507.91 万 m^3，疏林地蓄积 28.81 万 m^3，散生木蓄积 1282.35 万 m^3，四旁树蓄积 1760.75 万 m^3。

2）综合评价

随着社会经济快速发展，建设项目对林地需求旺盛，受经济利益驱使，地方违法占用林地案件呈逐年上升趋势，违法占用林地案件的类型主要表现为无任何林地审核审批手续就违法占用、少批多占、未批先占、临时使用林地到期不收回继续占用、应当办永久使用手续的违规办临时使用手续等。其中采石采矿非法毁林占地问题尤为突出，导致林地非法流失问题突出、毁林严重。森林资源经营具有较强的外部性特点，森林生产者或经营者的营造林活动为周围的居民和企业提供了生态与环境方面的效益，但其并不能直接从受益者那里得到相应的回报，在一定条件下不利于森林资源生产经营。森林生产者或经营者过度利用森林资源，如过量砍伐森林，引发水土流失、山洪暴发等后果带来的社会损失，这部分成本并未由其承担，其私人成本要小于社会成本，会进一步促使产生乱砍滥伐行为。由于森林资源经营具有外部性，因此资源供给不足和资源过度使用现象长期存在。

近些年，从中央、省到市、县，各级财政对林业的投入都有不同程度的增加，但是在整个财政支出中，林业投入所占比例越来越小。2005 年湖北林业支出占全省财政总支出的比重为 0.02%，2010～2014 年下降到 0.0064%。2020 年，湖北省林业生态保护恢复资金 77 794 万元，其中天然林保护工程补助 18 170 万元、退耕还林还草补助 29 906 万元、生态护林员补助 26 751 万元、国家公园补助 2967 万元，总共占到财政支出的 0.0092%，说明林业事业投入增长速度滞后于经济社会发展速度。同时，林业基层站所建设普遍滞后，人员编制和经费落实不够、装备简陋、执法条件较差，队伍素质参差不齐，与林业承担的生态建设和保护任务不相适应。

面对资源约束趋紧、环境污染严重、生态系统退化的严峻形势和不断增加的经济下行压力，政府部门应适应新环境，加快转变发展方式，调整产业结构，实现绿色发展、循环发展、低碳发展，这也是供给侧结构性改革的方向之一。森林是经济社会可持续发展的重要基础，是巨大的绿色经济体、资源循环体和碳库，作为森林资源的管理者，政府部门应在减少森林消耗的前提下，大力发展、补贴如木本粮油和特色经济林、森林旅游、林下经济、竹产业、花卉苗木、林业生物产业、野生动植物繁育利用、沙产业等适合湖北省情民情的绿色产业，推动"砍树经济"转向"种树经济""管树经济"，实现森林的经济效益、生态效益和社会效益多赢，推进正外部效应的产出。

6. 重庆市森林资源现状及综合评价

1) 资源现状

重庆市简称巴或渝，位于中国西南部，是确定最晚的直辖市，地处四川盆地的东部地区，位于长江上游，东面紧邻湖北和湖南，南面靠近贵州，西面依托四川，北面紧接陕西，占地面积为 8.24 万 km^2，北有大巴山，南有大娄山，东有巫山，东南有武陵山，总的地势是东南部、东北部高，中部和西部低，由南北向长江河谷逐级降低。重庆市坡地较多，有"山城"之称，主城区海拔高度多在 168～400 m。市内最高峰海拔 2796.8 m，为巫溪县东部边缘的界梁山主峰阴条岭。海拔最低为 73.1 m，为巫山县长江水面，全市海拔高差 2723.7 m。重庆市境内沟壑纵横、山高谷深，丘陵面积占 22%，山地占 76%，河谷平坝仅占 2%。重庆市属亚热带季风性湿润气候，年平均气温 16～18 ℃，年平均降水量较丰富，大部分地区在 1000～1350 mm，降水多集中在 5～9 月，占全年总降水量的 70% 左右，春夏之交夜雨尤甚，素有"巴山夜雨"之说。全市年平均相对湿度多在 70%～80%，在中国属高湿区。年日照时数 1000～1400 h，日照百分率仅为 25%～35%，为中国年日照最少的地区之一，冬、春季日照更少，仅占全年的 35% 左右。主要气候特点可以概括为冬暖春早，夏热秋凉，四季分明，无霜期长（郭渠等，2016）；空气湿润，降水丰沛；太阳辐射弱，日照时间短；多云雾，少霜雪；光温水同季，立体气候显著，气候资源丰富，气象灾害频繁。

重庆市 2015 年森林覆盖率为 45%，人均森林面积 0.1229 hm^2，其中活立木蓄积量为 19 772.6 万 m^3；2014 年全省植树造林面积 19.10 万 hm^2，其中人工造林面积 13.88 万 hm^2，无林地和疏林地新封面积 5.22 万 hm^2。另外，2015 年，自然保护区 58 个，自然保护区面积 85.68 万 hm²。

2014 年重庆市造林绿化从林种用途和树种类型上进行了有效调整。从林种结构看，用材林和经济林比重占多数。在全部造林面积中，用材林 4.55 万 hm²，经济林 5.29 万 hm²，防护林 8.28 万 hm²，薪炭林 0.97 万 hm²。工业原料林（用材林、经济林和薪炭林）所占比重超过了一半，为 56.63%。树种结构以速生树种与乡土树种为主，速生树种、乡土树种、珍贵树种面积比分别为 16.49%、83.31%、0.02%；按结构分，纯林面积 10.11 万 hm²，混交林面积 8.9967 万 hm²，所占比重分别为 52.91% 和 47.09%。

重庆市是全国木材战略储备生产基地建设重点省（市）之一。重庆市国家储备林建设项目的实施，对加快国家储备林基地建设进程、提高木材生产供给能力、维护国家木材生产安全、满足国民经济建设对木材的需求、推进长江流域的生态文明建设、构建长江经济带绿色生态廊道具有重要作用。项目布局在全市 30 个区县，建设总规模为 33.33 万 hm²。重庆市林业生态建设暨国家储备林项目（一期）拟用 8 年时间（2019～2026 年），建设国家储备林基地 22 万 hm²，发展林下经济 1.33 万 hm²，开展森林多功能经营 0.4 万 hm²，配套建设种苗基地、基础设施及木材储存加工贸易设施，将重庆市打造成林木种植产、供、销为一体的、全国最大的复合型国家储备林基地。

2）综合评价

重庆市地处我国的西南地区，是一个以山区为主的具有中等规模的直辖市。人口多与资源相对匮乏之间的矛盾比较尖锐，生态环境的压力也比较沉重。2010 年以来，伴随着重庆市生态林的大力建设，森林生态效益逐步发挥。在林木总量增加的同时，重庆市更加重视森林品质的培育，加强了低质低效林改造力度，林业质量得到了明显的提升，生态效益逐步显现。统计显示，截止到 2014 年，全市森林蓄积量由 2005 年的 1.0580 亿 m³ 增加到 1.7437 亿 m³，增长了 64.81%；自然保护区从 50 个增加到 58 个；造林面积由 2005 年的 10.9272 万 hm² 增加到 2014 年的 19.1001 万 hm²；森林覆盖率由 2005 年的 30% 增长到 2014 年的 45%。

与林业资源质量稳步提升相对应的是，近年来森林资源破坏情况也较为严重。受极端气候影响，重庆市森林火灾、洪涝灾害及林业有害生物灾害高发的态势依然存在，抵御自然灾害能力弱。病虫害发生直接影响森林资源的健康程度，较低的病虫害发生率会促进森林资源和生态环境建设，而 2005 年至 2014 年全市森林病虫害由 145 333 hm² 上升至近 201 256 hm²，受害森林面积增加了 55 923 hm²。从可持续发展角度而言，森林病虫害发生率依然过高，说明重庆市对森林病虫害的防治工作还存在不足。

从资源总量上看，重庆市的森林总量丰富，但结构并不合理。以 2014 年数据为例，在树种结构中，乡土树种居多，占到总面积的 83.31%，速生丰产林少，没有形成一定的规模。在投资方面，在 2014 年重庆市林业总投资的 46.3092 亿元中，生态建设与保护方面的总投资达 32.1367 亿元，占总投入的 69.40%，经济效益林投入严重不足，林业产业发展投资占总量的 9.39%，比重严重失衡。总投资部分中，用于造林更新、森林抚育与管护等方面的资金比重过大，在一定程度上忽视了提供林业经济效益方面的资金投入。作为林业建设支撑体系的森林保护、林业科技、林业基础设施建设等投入占林业基本建设投资的比重也很低（约为 6.89%），势必会减弱林业发展后劲。生态系统脆弱，林业有害生物入侵潜在威胁较大。林种结构单一，生态系统多样性较低，综合生态服务功能弱，影响林业产业的发展。

2.2.2　秦巴山脉自然保护区建设

秦巴山脉有着数量、种类众多的自然保护地，其中国家级保护地数量达 200 余个，是中国国家级自然保护区密度最高的地区之一。秦巴山脉共有各类自然保护地约 435 个，其中自然保护区 145 个（国家级 56 个、省级 67 个，县市级 22 个）、国家森林公园 73 个、国家地质公园 23 个、国家级风景名胜区 13 个、国家湿地公园 33 个、国家水利风景区 37 个。这些自然保护地总面积约 6.64 万 km² （余付勤等，2021）。自然保护力度远不能满足秦巴山脉作为全国生物多样性热点地区和重要生态屏障的地位，需要发展当地的社区经济，进一步加大自然保护区面积，加强自然保护区建设，将珍稀野生动植物的栖息地连接起来，最大限度地发挥该区域的生态功能和社会效益。

2.2.3　秦巴山脉碳汇情况及利用

1. 碳汇情况

林业碳汇主要是指通过实施造林、再造林、森林管理和减少毁林等活动，吸收或减少大气中的二氧化碳，并与碳汇交易相结合的过程、活动和机制。林业碳汇对于应对气候变化具有不可估量的作用。核算秦巴山脉植被的固碳能力，对维持区域生态系统稳定，寻求区域绿色、低碳发展具有极其重要的意义。据第八次全国森林资源清查结果，全国森林面积 2.08 亿 hm²。全国森林植被总碳储量 84.27 Gt，年涵养水源量 5807.09 亿 m³。秦巴山脉林地面积 2088.56 万 hm²，其中，有林地面积 1286.30 万 hm²。因此，秦巴山脉林地面积占全国林地面积的 10.04%，有林地占全国林地面积的 6.18%，根据面积比例对秦巴山脉的林地植被总碳储量进行估算，约为 8.46 Gt。经测算，秦巴山脉植被碳汇量约为 0.995 Gt，释氧量约为 0.881 Gt，这表明秦巴山脉碳汇容量大。例如，2014 年汉中市佛坪县、安康市宁陕县和商洛市商州区三个地区的森林覆盖率分别为 90.3%、85.78% 和 67.6%，均远高于陕西省 43.06% 的平均森林覆盖率，这些地区蕴藏着丰富的森林资源，具有开发碳汇林业的良好条件。森林碳汇以其投资少、代价低、可持续性强等特点成为区域经济创新发展、绿色发展的重要手段。通过进一步强化秦巴山脉森林经营，加强资源管护，开发区域碳汇项目，提高林业效益，有利于促进秦巴山脉经济绿色发展。

2. 资源利用

秦巴山脉丰富的碳汇量有利于森林氧吧的建设。坐拥宝贵自然资源的广大林区，森林旅游就成为林业部门大有可为的接续产业和新的优势产业，可以为林业基层职工创造更多增加收入的机会。森林氧吧是对森林旅游休闲养生特点的形象概括，体现了森林环境的特质。秦巴山脉利用丰富的碳汇资源，与宣传部门合作大力发展森林氧吧，让社会了解这些森林风景资源，让人们在开展森林旅游、森林体验的过程中，唤醒更多的生态良知，激发更多人参与生态建设和保护的自觉行动，共同推动生态文明建设。例如，陕西汉中葱滩国家湿地公园、汉中佛坪熊猫谷景区、太白山国家级自然保护区等地上榜"中国森林氧吧"，充分地利用了当地的特色资源发挥区位优势，既扩大了景区的知名度与影响力，又保护了生态资源，一举多得。

2.2.4　秦巴山脉水源涵养

水源涵养是生态系统重要服务功能之一，森林生态系统水源涵养是生态系统服务功能的重要组成部分。随着全球水资源需求不断增加和水环境急剧恶化，森林的水源涵养作用已引起了高度重视。秦巴山脉水源涵养区位于秦岭和大巴山之间，地跨陕、甘、川、渝、鄂、豫 5 省 1 市，总面积 183 697.03 km²，全区主要生态功能为水源涵养和生物多样性保护。其中，禁止开发区面积 101 772.15 km²，包括丹凤县、天水市、太白县等 31 个县（市、区）；限制开发区面积 77 756.60 km²，包括万源市、城固县、舟曲县、北川羌族自治县等 27 个县（市、区）（徐琳瑜等，2020）。秦巴山脉作为我国南水北调工程的水源供给地和涵养区，一方面水量充沛，作为南水北调中线工程水源地的丹江口水库年供水量达 71%，区域水资源为缓解北方地区水资源短缺与支撑京津冀经济圈的区域发展起到关键作用；另一方面水质良好，区域森林覆盖率达 57.3%，绝大部分水质达到 II 类水体标准，水生态环境健康。该地区的多种河流生态环境孕育着多种珍稀鱼类、两栖动物及水鸟等，塑造了一个具有高度完整性的水生态系统。秦巴山脉水源涵养区具有强大的碳汇功能，其发挥着重要的生态服务作用，这对水源保护区的水质和水量保障提供重要支持。

2.2.5 秦巴山脉水土保持

水土保持工作在秦巴山脉生态环境综合治理中发挥着举足轻重的作用。水土保持功能措施的实施能够有效地遏制秦巴山脉生态功能区水土流失恶化，有利于维护秦巴山脉水土资源并提高土地生产力。

秦巴山脉因涉及的面积广，地形、地貌复杂，自然生态环境较为脆弱，因地处山区、植被遭破坏，水土流失较为严重，为实现减少泥沙进入长江的目标，同时兼顾土壤的次生沙化等问题，须实施水土保持综合治理，实施长江上游干支流生态防护林工程建设、自然生态安全功能区建设等以流域为基本治理单元，以干支流为基本治理骨架，连片和规模化的综合治理，同时划分预防区和治理区域，由之前的"事后补救"变为"事前预防"。在经常出现水土流失和风沙的地区营造人工网格森林网，在农田周边营造农业防护网格森林网，在村庄或者村民聚居点种植经济林；在远离居民聚居点的地区实行人工造林与育木、育草相结合，大面积地营造沙柳等乔木，最大限度地扩大植被的覆盖面积，固定水土；改变传统的粗放式农牧业，充分利用农作物的秸秆，积极种植饲料，开展家庭养殖业；进行坡面林草建设工程，固定坡面泥沙；积极实施小水源利用工程建设，利用粮食、水果、蔬菜丰产技术等，促进区域内农林产品的优质、高产。例如，四川省人民政府颁布实施的《四川省水土保持规划（2015—2030 年）》，陕西省人民政府颁布实施的《陕西省森林公园条例》《陕西省水土保持条例》《陕西省秦岭生态环境保护条例》等，都对所涉及区域的水土保持作出了专门的规定。根据《中国水土保持公报（2020 年）》，2020 年全国新增水土流失综合治理面积 6.43 万 km^2，其中陕西省新增 3062.16 km^2，河南省新增 1312.28 km^2，甘肃省新增 7210.60 km^2，四川省新增 5110.13 km^2，湖北省新增 1434.78 km^2，重庆市新增 1335.14 km^2。

2.2.6 秦巴山脉湿地、草地服务功能

1. 湿地服务功能

湿地是一种不同于陆地生态系统、水生生态系统，却由二者相互作用所形成的独特生态系统，既拥有陆地生态系统和水生生态系统的多种重要功能，也具有自身的独特功能，是影响国民经济快速、健康、协调发展的自然因素中的重要组成部分。

湿地是具有一般生态系统服务功能又具有自己独特服务功能的生态景观，是

多种生物的理想栖息地，对维持生态环境和促进人类发展发挥着巨大的作用，包括渔业生产、水量调节、气候调节、污染净化、提供栖息地、教育科研、休闲娱乐以及一些其他的不可直接或间接利用的生态系统服务功能。在不断谋求生态环境改善，实现可持续发展的背景下，对秦巴山脉湿地生态系统服务功能价值进行评估，对提高秦巴山脉湿地周围居民生活质量、改善居民居住环境和推动区域经济可持续发展有着重要作用，对相关部门科学地规划和开发湿地具有参考意义，也确保湿地资源得以长期存在、持续利用、造福子孙后代。

湿地生态系统的服务功能对人类的生存和发展起到重要的作用。它具有一般生态系统的服务功能，例如，提供栖息地对生物多样性的保护有重要意义；调节气候对保持良好的自然生态环境起到重要作用等。它还具有独特的服务功能，例如，降解、吸收、排除有害物质起到污染净化的作用，是自然的净化器，有"地球之肾"的美称。与其他基础设施作用相似，湿地为人类的生活提供服务，为人类生活环境的可持续发展作出重要贡献。人们逐渐认识到湿地生态系统的重要性，开始对其进行研究，对湿地生态系统服务功能价值进行评估是研究的一项重要内容，联合国千年生态系统评估（Millennium Ecosystem Assessment）已将湿地生态系统服务功能作为其评估的重要组成部分。

湿地生态系统价值源于湿地生态系统的服务功能，由生产服务、生态服务、生活服务这三项组成。生产服务如渔业生产、芦苇生产等自然资源的生产，其所生产的产品是可以直接在市场上流通的产品；生态服务如湿地起到储蓄洪水防止汛期的危害、调节水量的作用；生活服务如湿地旅游资源的开发、教育科研价值给人们带来身心愉悦。由这三项湿地生态系统服务功能延伸可以将湿地生态系统服务功能价值分为使用价值和非使用价值。使用价值和非使用价值是组成秦巴山脉湿地生态系统功能价值的两个部分。使用价值是可以直接利用的或间接利用的价值，可以细分为渔业生产功能价值、气候调节价值、水量调节功能价值、污染净化价值、栖息地价值、休闲娱乐价值和教育科研价值。非使用价值细分为存在价值、遗产价值和选择价值。

2. 草地服务功能

草地是世界上分布最广的植被类型之一，是陆地生态系统的重要组成部分，草地生态系统是我国陆地上面积最大的生态系统类型，总面积达 3.9 亿 hm^2，占世界草地面积的 13%（邹婧汝和赵新全，2015），占全国国土面积的 41.7%左右。草地生态系统不仅为人类提供肉类、奶类、毛皮等经济产品，而且具有固碳释氧、调节气候、养分固持、涵养水源和保护生物多样性等生态服务功能，是生态安全屏障和牧民生活与草原文化传承的基础。

草地生态系统作为中国陆地上面积最大的生态系统，不仅能够提供大量的产品，还可以提供巨大的生态服务功能，对养殖业、农业生产和发展、维护生态系统平衡、保护生态环境等方面有着重大的作用和经济价值。草地生态系统服务功能是指草地生态系统及其物质生产、能量循环、水源涵养、防风固沙等生态过程中所形成及维持的人类赖以生存的自然环境条件与效用。

虽然秦巴山脉草地每年可提供的生态系统服务功能价值巨大，但其中绝大部分为水文调节等间接服务价值，直接使用价值较少，即草地生态系统的实际产出少。秦巴山脉大量的水文水资源为下游地区的经济发展创造了有利条件，下游省份经济社会发展的一部分可以归功于秦巴山区所做的生态屏障。同时，由于秦巴山脉对生态环境的保护，加之其高寒、降水稀少等先天不利的自然条件，经济发展受到一定程度的限制，人均生产总值和城乡居民收入一直处于较低水平，消费总额、就业率和社会固定资产投资等经济社会发展指标也处于较低水平。秦巴山脉是国家生态保护的关键区域，是生态文明建设的先行区，因此，应该从国家宏观层面建立和完善生态补偿机制和政策体系，通过调整相关利益主体及分配关系，协调生态环境保护与社会经济发展之间的矛盾，利用生态补偿机制促进秦巴山脉民生保障和生态建设有效推进，这不仅是完善环境保护政策的重要措施，也是落实科学发展观和建设和谐社会的重要举措。

2.2.7 秦巴山脉土壤侵蚀

秦巴山脉作为中国大陆上最重要的地理—生态过渡带，它具有高度的环境复杂性、生物多样性和气候敏感性，对于中国地理格局的形成、生物区系的演化、自然资源的分布都具有重要意义。秦巴山脉兼具暖温带和北亚热带的生物群落，是最重要的生物多样性保护基地之一，具有调节气候、保持水土、涵养水源、维护生物多样性等诸多功能。受自然因素和人类活动的影响，土壤侵蚀导致的一系列生态环境问题严重制约着秦巴山脉地区的生态文明建设。土壤侵蚀会引起土壤理化性质的分布特征发生改变，显著影响土壤有机碳（SOC）、总氮（N）和总磷（P）的再分配，导致区域内生物多样性降低。土壤侵蚀会造成土壤被搬运、堆积，导致土壤持水量、土壤养分含量等降低，威胁农业的可持续发展和水环境安全。

秦巴山脉地区 2000～2018 年土壤侵蚀情况如下：2000 年强烈以上侵蚀程度［侵蚀模数＞5000 t/(km²·a)］区域主要分布在陇南、甘南藏族自治州东部、成都北部、德阳西北部、重庆东北部、安康、商洛、十堰北部和河南西部。2005 年强烈以上侵蚀程度的空间分布特征与 2000 年基本相似，但剧烈侵蚀程度所占面积较

2000 年更大。2010 年土壤侵蚀情况与其他年份相比最为强烈,除陕西汉中、重庆、达州和巴州的北部、湖北几个地区,其他区域侵蚀程度都较高,侵蚀最为严重的区域连片分布在秦巴山脉的西部。2010 年相较于其他年份,年降雨侵蚀力(R)最大,平均植被覆盖度也较低,植被覆盖与管理措施因子(C)较大,因此最后计算的土壤侵蚀模数也较高,侵蚀程度较为严重。2015 年秦巴山脉土壤侵蚀程度得到明显改善,侵蚀严重的区域主要分布在四川阿坝藏族羌族自治州的东部。2018 年秦巴山脉土壤侵蚀情况相较于 2015 年有所加剧,且西南部土壤侵蚀严重的区域逐渐向东和向北扩展,这主要是因为 2018 年的 R 因子均值和 C 因子均值均比 2015 年大,所以最后计算得到 2015 年年均土壤侵蚀模数小于 2018 年,并且 2018 年通过野外调查发现,秦巴山地西部尤其是甘肃一带,人为开垦较为普遍,山地植被破坏严重,土壤侵蚀现象普遍。

秦巴山脉土壤侵蚀随时间变化,其土壤侵蚀量呈现先增加,后缓慢减少,然后再增加的趋势;在空间分布上,秦巴山脉西部地区侵蚀最为严重,南部区域相对北部区域侵蚀也较为严重。按照《土壤侵蚀分类分级标准》(SL 190—2007)对秦巴山脉 2000—2018 年的土壤侵蚀进行侵蚀强度等级划分,发现秦巴山脉侵蚀最为严重的区域主要分布在秦巴山区区域的西南部,陕西安康,重庆的城口、巫溪和巫山县,以及河南西部山区。土壤侵蚀程度受坡度、地貌类型、行政区域和土地利用类型影响显著。2000～2018 年秦巴山地中度、强烈、极强烈、剧烈侵蚀强度的区域主要分布在坡度大于 30°范围内,而在坡度小于 10°的区域内分布面积最小,表明陡坡会加速土壤侵蚀。随时间变化,低山和低中山的侵蚀程度由微度和轻度逐渐向更高侵蚀程度转移,而高中山和高山呈相反的变化趋势,表明秦巴山脉土壤侵蚀已由高海拔地区逐渐向低海拔地区转移,低山和低中山地貌类型区域被侵蚀的风险逐渐增加。五省一市侵蚀最为严重的是河南西部地区。

土壤侵蚀是秦巴山脉一个关键的环境问题。今后,可以通过分析气候变化对土壤侵蚀的影响,来揭示南北过渡带土壤侵蚀过程与机理,丰富过渡带研究内涵;探索秦巴山脉对气候变化响应的敏感性,为该区水土保持管理和土地资源优化提供科学的理论指导,提高该区域自然—社会—经济的协调和可持续发展水平。研究秦巴山脉土壤侵蚀空间分布特征、预测气候变化对该区域土壤侵蚀的影响,为该区域水土保持管理提供决策支持;为今后秦巴山脉水土侵蚀防治、水土资源的合理开发和利用提供理论依据和参考;为我国其他区域土壤侵蚀评估与预测相关研究及管理提供借鉴。

第3章

秦巴山脉林业产业绿色发展

2015 年，中共十八届五中全会通过《中共中央关于制定国民经济和社会发展第十三个五年规划的建议》，提出包括绿色发展理念在内的五大发展理念。绿色发展是在传统发展基础上的一种模式创新，是建立在生态环境容量和资源承载力的约束条件下，将环境保护作为实现可持续发展重要支柱的一种新型发展模式。具体来说包括以下几个要点：一是要将环境资源作为社会经济发展的内在要素；二是要把实现经济、社会和环境的可持续发展作为绿色发展的目标；三是要把经济活动过程和结果的"绿色化""生态化"作为绿色发展的主要内容和途径。

由于传统林业发展模式受资源承载量和环境容量约束，面临可持续发展瓶颈，迫切要求我国实现林业绿色转型。新时期林业绿色发展应在绿色发展框架下，将资源环境要素融入林业生产发展的内在机理，发展以"和谐、效率、可持续"为目标的生态林业，实现我国林业"生态化、绿色化"生产，并进一步在绿色、生态、可持续发展的轨道上实现林业绿色发展的经济效益、生态效益、社会效益的共赢（张译和熊曦，2020）。

林业产业绿色发展是林业绿色发展的重要组成部分，是从产业层面对林业绿色发展的响应。林业是一个相对完整的产业体系，涉及第一产业、第二产业、第三产业的多个门类，是一个涵盖范围广、产业链条长、产品种类多的复合产业群体（李微和万志芳，2013）。实现林业产业绿色发展能适应供给结构转型的需要，促进林业产业融合，实现产业结构优化，助力经济高质量发展与"双碳"目标实现。

3.1 秦巴山脉经济林发展

3.1.1 花椒产业

花椒是我国传统调味剂和中药，应用广泛，栽植历史悠久。《本草纲目》"秦椒"一节记载"秦椒树、叶及茎、子都似蜀椒，但味短实细尔。蓝田、秦岭间大有之……今秦、凤、明、越、金、商州皆有之"，凤指的就是如今的凤县。虽然陕西凤县花椒久负盛名，但一直以四旁零星栽植为主，除农户自产自用、极少量在农贸市场销售外，没有形成产业。以地处秦岭腹地、嘉陵江源头的凤县为例，全县总面积 3148 km²，地处亚热带与温带分界线上，适于发展花椒产业。

自 2000 年，依据退耕还林工程实施总体规划、凤县地形地貌以及山地分布广等特点，凤县作为农业调整的突破口，鼓励农户退耕还林种植花椒。从 2002 年开始，凤县县委、县政府确立"花椒大县"战略发展目标之后，从政府机构、政策扶持、技术研发推广等方面大力推进花椒产业发展，良好的产业跨越发展雏形已经形成。种植规模逐年扩大，已建成"两个百里长廊"（凤太公路、川陕公路）和"三条花椒林带"（双石铺—西山、双石铺—唐藏、三岔—温江寺），并建立了相应的示范村，国家级、省级、市级等现代农业花椒科技示范园，以发挥示范和推动引领作用。引进和扶助了龙头企业，建立了凤椒精品深加工车间，进行花椒深加工产品的延伸，目前可以生产花椒精油、纯花椒胶囊、花椒油树脂、花椒芽菜、花椒油微胶囊，建立了花椒冷藏仓库以及相应的批发市场。2017 年，凤县已实现种植、加工、销售一条龙服务，90%以上达到了国家绿色食品的要求，先后荣获"AA 级绿色食品认证""陕西著名商标""陕西名牌产品"等殊荣，被国家林业和草原局命名为"中国花椒之乡"，截至 2023 年，全县发展花椒 7 万余亩，年产干花椒 4358 t，产值达到 4.7 亿元，带动农民人均增收约 6300 元。其中，凤椒品质优良、油腺发达、麻味浓郁悠久、气味清香、色泽鲜艳，素有"香飘十里"的美誉。凤椒由于生长于独特的地理环境，拥有卓越的内在品质，被专家赞誉为"花椒之王"。凤椒是凤县的名特产品，是农民经济收入的主要来源。1993 年陕西开展的全国花椒品种品质调查表明，凤椒各项指标均名列全国之首（张开慧等，2017）。

尽管花椒产业在快速蓬勃发展，但在实际生产过程中仍然存在一些问题，如当地花椒发展存在品种混杂、机械化程度低、深加工不足、市场体系和技术服务体系不健全等问题，成为当地花椒产业发展的瓶颈。凤椒的深加工不足，产品主要停留在干花椒和花椒粉上，其他经济价值的开发利用不多，深加工主要有酱芽菜、花椒芽菜、花椒茶、花椒油等产品。受到自然灾害的影响，凤县地处秦岭腹地，位于亚热带与温带分界线，气温多变，海拔高度不同，使得每次霜冻的危害程度呈现明显的地域差异性，一般随海拔升高而加重，背阴坡地要比向阳坡地严重，这些都造成了防霜冻措施的复杂性。据统计，2001 年和 2007 年是霜冻受灾最严重的年份。4 月中上旬一般都有不同程度的霜冻出现，4 月正是凤椒发芽时期，因此霜冻对凤椒的品质和产量有很大的影响。霜冻会造成椒芽、嫩枝被冻伤冻死，从而引起凤椒减产，严重影响椒农种植花椒的积极性（刘谆，2015），企业还会减少芽菜的收购量。而其他副产品的生产还处于研发探索阶段，如花椒茶、花椒油，还没有真正体现出收益，也没有形成规模。花椒采摘投入较大，是高劳动密集型产业，在花椒成熟采摘期，花椒枝条和主干分布的大量皮刺使得机械化实施困难，需要大量的人工劳动力，但在当前人工费大幅度提高的情况下，本地劳动力不足，采摘期短，需大量招工采摘，导致椒农成本增加；另外花椒果实比较娇嫩，采摘不当，容易遭到破坏，从而影响花椒品质。

3.1.2　核桃产业

核桃，又称胡桃、羌桃，作为世界范围内的重要果树，栽培面积和产量在各类干果中居于首位。中国核桃资源十分丰富，大多数省份均有分布，以云南、山西、四川、河北、新疆、陕西等地居多（马鸿运和郑清芬，1991）。核桃因其具有较高的经济和生态效益，同时具有适应性强、分布广的特点，已成为我国农业产业化的一个重要组成部分。近年来，随着科技发展，人们对核桃仁营养价值的认识逐渐深入，包括对其营养、保健、医疗及核桃树生态功能的了解。2018 年中国核桃产量 326.9 万 t，同比下降 15%；2019 年中国核桃产量约为 362.7 万 t，较 2018 年上升 35.8 万 t，同比增长 10.95%。

以山阳县为例，核桃产业发展主要有以下几个方面的经验：一是加大扶持鼓励力度。"十三五"期间，山阳县财政每年预算安排 1000 万元，优先用于核桃产业发展。二是狠抓科技投入。"十三五"期间，山阳县积极与西北农林科技大学等高校开展"校地合作"，签订了"校地共建"合作协议，先后引进香玲、西林 2 号、西林 3 号等国家认定的优良品种 15 个，建成核桃良种示范园、种质资源圃、良种采穗圃 200 亩。三是促进示范带动。以产业基地建设为抓手，在全县推广良种壮苗、良田栽植和良法管理等模式，规范化栽植，标准化管理。四是创新管理方式，探索合作社经营模式。以千亩核桃园为基础，依托核桃提质增效，对核桃林地进行流转，在精准扶贫时期实行"产业合作社 + 核桃产业户 + 贫困户"的模式，由核桃合作社进行统一管理，统一经营，原贫困户参与取得"工资性劳务收入 + 地租收入 + 核桃收益分成 + 药材分成 + 合作社分红"（游玮等，2009）。五是促进企业建设。大力推广"公司 + 基地 + 合作社 + 农户"生产模式，建立企业与农户之间稳固的利益联结机制，降低产业发展风险。采取"产业资金引导、技术保险齐上"的方式，全面防范化解群众在发展核桃产业上的投入风险、技术风险和灾害风险。六是完善考核管理制度建设。在镇党委、政府的领导下，驻村干部认真履职尽责，针对产业发展、人员培训、核桃提质增效以及合作社内部结算都建立完善的档案资料，做到一户一档、一户一产、一户一账，为全县营造浓厚的核桃产业发展氛围。

　　然而，山阳县乃至秦巴山区的核桃产业过于追求发展规模和速度，质量和效益跟不上，主要表现在以下几个方面（贾长安，2010）：一是苗木生产体系不完善，品种杂乱，良种率低，布局不合理，盲目扩大栽培区域。在 20 世纪 90 年代，由于苗木来源渠道很多，有些育苗户盲目引种外地品种和新品种，加之良种嫁接繁育技术复杂、难度大、成本高，嫁接苗混杂现象严重，部分核桃出现果小、壳厚、产量低、品质退化等现象。二是科学管理意识薄弱。尽管核桃在山阳县经济建设中有着举足轻重的作用，农村几乎家家有树，户户受益，但核桃生产还处在粗放经营的阶段，栽培管理的意识不强，大多都是自然生长，缺少科学管理，造成产量不稳定、质量不高（苟中金，2018）。三是病虫害危害严重（苟中金，2018）。挂果核桃树的病虫害尤为严重，每年到收获季节，核桃果实因为病虫害变黑的约占总产量的 30% 以上（苟中金，2018）。四是配套技术滞后，园区建设不合理，产品仅初加工，缺少精细加工和深加工，附加值不高。产品多是初加工产品，科技含量低，新产品开发、精深加工和包装落后，产业链短，商品率不高，整体产业效益低。核桃品牌效应薄弱，产品主要以普通品种销售，缺少高档精品果品，尤其是缺少符合国际标准的优质精品果品，市场竞争力不强（段凯和秦宝雅，2020）。

3.1.3　茶产业

　　"茶之为饮，发乎神农氏，闻于鲁周公。"中国是茶的故乡、茶文化发祥地，茶叶已深深融入中国人的生活，成为传承中华文化的重要载体。以汉中东部的西乡县为例，该县全年气候温和，独特的地形地貌和南北气候过渡带区位，提供了最适宜人与自然和谐发展的优良环境，适合茶叶产业发展（张姣姣和李东豪，2016）。

　　西乡县的茶产业发展有以下一些经验：一是强化行政推动。成立了以县政府主要领导为组长，县委、县政府分管领导为副组长，县委、县政府有关部门主要负责人为成员的茶产业发展领导小组，在政策、资金、技术、人才等方面给予大力支持，建立目标责任考核奖惩机制予以强力保障，形成了县镇村齐抓共管、产供销环环相扣的良好局面，助推茶产业发展步入快车道。二是精心编制规划。立足地处生态文明工程重点发展区域和南水北调工程上游水源保护区的实际，把发展茶产业作为建设美丽西乡的主攻方向，大力推进茶叶种植区域的战略转移，积极推动规模经营、绿色种植、精细管理、系统服务、标准采摘，不断提高茶叶产量质量和产业效益，为茶产业持续健康发展奠定坚实基础。三是建好茶叶基地。牢固树立"欲做产业，先建基地"的理念，把茶园建设作为茶产业发展的重中之重，持续推动茶叶基地稳步扩张。四是培育龙头企业。在资金投入上，积极帮助企业争取上级政策性资金，安排专项资金、整合涉农项目支持龙头企业建厂、技术改造、品牌宣传、技术培训等。五是提高产业水平。大力实施"科技兴茶"战略，不断加强县、镇两级茶叶技术服务体系建设，广泛开展各类茶叶技术培训活动，极大地提高了企业、茶农种植加工能力和水平，引导茶叶企业和茶农积极改进茶园管理措施，推广绿色生态种植模式，不断提高鲜叶品质。六是打造优势品牌。借助全市茶叶品牌整合机遇，在地域标识上做文章，在打造品牌上下功夫，以仙毫和炒青为代表的西乡绿茶，已成为西乡茶叶的金字招牌和对外宣传的亮丽名片。

但是西乡县的茶产业发展也存在一些弊端：一是茶园基础差、单产低。西乡县建园基础差、品种混杂、良种化程度低。二是原料利用率低，茶产业拓展功能不足。西乡县茶叶生产只重视春茶生产，夏秋茶的开发利用较少。并且茶产业主要依赖于生产销售，文旅发展不足，2023 年数据显示，西乡县县域茶业三产贡献率不超过 10%（蒲娜等，2024）。三是龙头企业规模小，带动辐射力不强。西乡县茶叶企业虽多，但真正能称得上大中型茶叶产销企业的比较少，规模化营销能力有限，辐射带动面窄，以初制加工为主的分散生产经营格局依旧。四是茶园规模化、组织化程度不高。西乡县茶园面积虽然比较大，但多为农户分散经营，随着市场经济的发展，这种分散、规模过小的生产经营格局，由于资本积累分散、投资分散，难以从根本上改善茶叶生产经营条件、加强茶叶适用技术的推广应用，从而影响茶农生产的积极性，尚未走出"低投入—低产出—低收入"的不良循环。

3.1.4　猕猴桃产业

猕猴桃系猕猴桃科猕猴桃属落叶藤本植物，原产于我国，目前已发展为世界上的新兴水果。猕猴桃营养价值高，具有医疗保健作用，被人们誉为营养、保健、长寿、美容的"水果之王""果中珍品"，具有广阔的发展前景。近年来，秦巴山区作为陕西猕猴桃主产区之一，产业发展迅速，栽培面积不断扩大，但在发展过程中由于一些限制因素的存在，出现猕猴桃产量及果实质量不稳定等问题，影响经济效益。

随着陕西省提出猕猴桃"东扩南移"战略，陕南地区以汉中市为发展中心，截至 2023 年，汉中市猕猴桃栽培面积达 0.8 万 hm²。城固县于 1991 年人工栽培猕猴桃成功，2001 年种植面积最多达到 2500 hm²。随着市场变化和产业发展区域的转移，种植面积逐年减少。到 2013 年底，全县种植面积减小到 800 多 hm²，且 90% 为秦美，种植人员有 6000 多户。2013 年产量超过 1 万 t，总收益达 6000 万元，平均每户收入增加 7000 元。2014 年以来，城固县紧抓机遇，以"城固示范、汉中突破、陕南发展"为目标。采取政策、资金扶持等措施促进猕猴桃企业和合作社发展。到 2015 年，面积发展为 2000 hm²，产量为 1.2 万 t，总收益达 1.8 亿元。截至 2016 年，城固县猕猴桃种植总面积达 2100 多 hm²，约占汉中市的 50%，其中未挂果的有 1100 多 hm²，年产量约 4 万 t，总收益达 2.5 亿元。

根据调查数据，沙河营镇的栽培品种以秦美为主，其中官井村的品种改良较晚，发展新品种需要投入较多的成本；沙河营镇在当地专业合作社的带动下，主动发展徐香、翠香、黄金果等优质品种，农户收益有保障，其发展模式值得借鉴。随着猕猴桃的大规模种植，原公镇以发展新品种为重点，特邀新西兰的猕猴桃专家，指导引进了适应性强的徐香、红阳、金艳等品种，已建成了以田什字村、原公村为主的万亩猕猴桃观光示范园，改变了农户原有的单一收入模式，初步形成了"租金＋工资＋分红"的新型收入结构，大幅提高了当地农户的收入。

猕猴桃产业发展兴旺的经验主要有以下几个方面：一是技术推广服务体系完善。城固县建立了较为完善的生产体系以及示范引种、培训指导一系列的技术服务体系。与农业院校、政府农业部门等机构建立了稳定的合作关系；对技术薄弱的企业、合作社都选派专业的技术员常驻；并在吸收新技术的基础上，加强规范化建园管理。二是有独特的经营模式。城固县在 2014 年建立了猕猴桃产业发展领导小组，组织龙头企业、种植大户赴四川和陕西的眉县、周至县等地学习，并通过招商引资、组建专业合作社等方式。形成了"企业＋专业合作社＋种植大户"的发展模式。

城固县猕猴桃产业发展也存在很多问题：一是品种选择不当，市场竞争力低。农户在选择品种时存在困难，老品种改良换代耗时耗力，缺乏相应的资金补贴和技术指导，不能合理地选择优质的品种，且良种化程度低。此外，市场上多为以徐香为主的绿心猕猴桃，红心和黄心猕猴桃的占比较小，不能满足多层次的消费需求。二是标准化程度低，技术培训不到位。猕猴桃的栽培管理较为简单，但是实现标准化建园，保障果品优质、丰产较为困难。种植户在灌溉、施肥、修剪以及授粉措施等方面标准化程度较低。灌溉排水设施简单，沙河营镇猕猴桃种植区大多为沙土，不需要布设排水沟，农户大多为大水漫灌。三是产业化程度低、市场体系不完善。沙河营镇的销售方式以商贩收购为主，销售渠道单一，但是销路有保障。合作社一般由种植大户组成，但是沙河营镇以散户经营为主，因此合作社的作用不大，全镇未实现规模化生产，猕猴桃园分布分散，不能充分利用水、电、路等资源。专业合作社发展缓慢，数量少、功能低，与果农、市场关联度不高，一般由合作社牵头带商贩进果园谈价，合作社和农户之间没有建立互利共赢的关系，栽培管理水平存在差异，导致果品质量良莠不齐。四是基础设施建设不完善、产业扶持不到位。城固县水力资源丰富、交通便利。但是农村的水、电、路基础设施不完善，影响猕猴桃的生产、运输。沙河营镇的水资源丰富，离河较远的种植户普遍认为生产所需的灌溉设施价格高，电力系统不完善，需要投入较大的灌溉成本；远离县城的乡镇道路狭窄，货车进园不方便，运输成本大，影响收益。

3.1.5　油橄榄产业

油橄榄为木犀科木犀榄属常绿乔木，又有洋橄榄、齐墩果之称，是一种非常重要的常绿木本油料经济树种，在地中海地区分布广泛。其果实橄榄油含量较高，橄榄油是一种非常优质的食用植物油，被广泛应用于很多行业。油橄榄在意大利、希腊、西班牙、突尼斯等诸多地中海国家都有种植，栽培历史久远。我国于 20 世纪 60 年代开始在贵州、云南、广西、四川和重庆等省区市引种油橄榄，但是产业发展相对迟缓。如今随着油橄榄种植面积的不断扩大，甘肃陇南、四川广元与秦巴山区等地区成为油橄榄的重要生产基地。近年来，不断增长的橄榄油市场需求与有限的生产量之间的矛盾日益突出。

城固县是全国最早引种油橄榄的县域。早在 1965 年县育苗场从南京植物所引进油橄榄实生苗 60 株，栽植面积 0.16 hm²，栽植后第三年始花，第五年有产量收获。从有产量记载的 1974 年（10 年树龄）至 1981 年 8 年间共收获油橄榄鲜果 19 640.5 斤[①]，年均亩产 1022.9 斤，最高年份 1978 年亩产达 1935.75 斤（1974 年前只是一般管理，未做过任何研究和产量记载），获当时全国油橄榄单位面积最高产量纪录。1979 年一株贝拉品种最高产量达 255 斤，获当时全国油橄榄最高单株产量纪录。1974 年 4 月城固县委、县革命委员会决定成立了汉中地区第一家国有油橄榄场，栽种的五年生油橄榄树单株均产 3.4 斤，最高株产 42.5 斤。1978 年国家林业总局将城固油橄榄场定为全国两个油橄榄中试点之一，为全国油橄榄的发展起到了示范带动作用。投资由国家和集体承担，种植者不承担任何责任，种坏种好、有产和无产与生产者无关。1983 年国家实行家庭联产承包责任制。国营油橄榄场管护经费不足，社队集体油橄榄场土地划分到户，树随地走，失去政策扶持，农村群众种植农作物较多，导致农作物与油橄榄争抢养分现象严重，坐果率下降，出现砍树改种其他作物的局面。加之当时缺乏经验、管理不善、选地不当、劣种造林、缺乏榨油机具、产品销路不畅、单一品种退化等诸多原因，使油橄榄逐渐走向衰退低谷时期，使原有的油橄榄园少有保存。城固元升农业科技有限公司于 2013 年 1 月在城固县文川镇联合村种植油橄榄 16.67 hm²，引进西班牙、意大利优质品种豆果、阿尔波萨纳、柯基 3 个品种，首创油橄榄矮化密植技术，截至 2016 年已种植 33.33 hm²，2016 年 16.67 hm² 油橄榄共收取 26 t 鲜果，33.33 hm² 油橄榄长势良好。

---

① 1 斤 = 500 g。

城固县油橄榄产业发展有以下优势。一是该县有过去 50 多年种植油橄榄的经验和教训，有利于取其精华，弃其糟粕，更能科学慎重地保障油橄榄发展。二是大冻之年油橄榄很少受冻，说明油橄榄耐冻性比柑橘强，种植风险小。三是油橄榄病虫害少，产品无污染，符合国家产业发展政策。四是橄榄油是世界公认的最好食用油之一，它不含胆固醇，含有大量不饱和脂肪酸和维生素。油橄榄产业发展，前期应做好宣传引导工作，进一步统一认识，坚定发展理念，之后选好企业带头人，实行"企业 + 合作社 + 种植户"的联营模式。企业自愿投资，自主发展、自主经营、承担风险，也可吸引农户参与，实行"企业 + 农户""企业 + 合作社"等多种模式发展油橄榄产业。要组织专业人员做好种植地块普查，把适宜油橄榄生长丰产的地块规划出来，有组织地招引企业前来发展，最好能连片种植形成规模。镇村应做好土地流转和服务工作，保证前来发展的企业能有一个良好的投资环境。

油橄榄品种繁多，优劣并存，该县在二次发展油橄榄中一定要做好品种选择。把全国结果最好、适应性最强的品种选进来，作为造林的首选苗木。同时建立好自己的品种试验区和优良苗木繁育基地，为今后大发展奠定基础。新建橄榄园从整地开始就要严控质量标准，加强科学管理，按技术规程，切实做好栽植、施肥、灌水、整形、修剪、病虫害防治等各项抚育管理工作，把产量效益建立在科学管理上。城固县明确要求项目领导人要抽调懂业务的人员组成办公室，对每个人明确任务、落实责任，切实做到不怠慢、不误事，把油橄榄发展从一开始就抓实、抓细、抓好。林业部门要学习甘肃省陇南市武都区"五个结合"的做法，把油橄榄产业发展与发展私有林业经济结合、与荒山造林结合、与退耕还林政策结合、与推广应用高新技术结合，规模栽植与四旁绿化结合，全方位、多层面地做好油橄榄产业发展。

3.1.6　漆树

漆树是秦巴山脉一种经济价值很高的多产品特种经济树种，它的各个部分可提供不同产品，如生漆、药材、漆蜡、漆油、蜜液等。秦巴山脉漆树种植与产漆历史悠久，在国内外享有盛名，从事种树、制漆、用漆已有六千多年的历史，在古书中也有许多记载。最晚至唐时，秦巴山脉的漆便已作为贡品上供朝廷（张建民，2002）；清代至民国时期，漆树的管理与保护得到重视，秦巴山脉漆树经营快速发展，产出的古代有名的"金漆""汉中漆"开始发展为"大木漆""平利漆"等品牌，这一切，都为秦巴山脉漆业的发展奠定了深厚的历史积淀（宋祖顺，2016）。

秦巴山脉是我国漆树资源的集中分布区之一以及重要的生漆生产中心。在该区域内漆树的数量大、类型多、栽培品种丰富，而且生长快、产漆多、漆质优，生漆产量高，占全国生漆总产量的 60% 以上，是我国漆树的最适栽培区（张飞龙等，2004）。其主要品种有大红袍、红皮高八尺、黄茸高八尺、火焰子、金州红、金州黄等，其中以陕西、湖北、四川等省区市的漆树资源最多，产漆量最大。以陕西秦巴山脉为例，漆树资源主要分布于秦岭南、北坡和巴山北坡等区域的海拔 400～2360 m 范围内的广大山区。秦岭北坡漆树分布以海拔 1280～2000 m 的范围内密度最大、最为集中；秦岭南坡以海拔 1600～1900 m 的范围内密度最大、最为集中；巴山北坡以海拔 1300～2360 m 范围内密度最大、最为集中。随着纬度的降低，漆树垂直集中分布的范围增大，且垂直集中分布高度增高（魏朔南和陈振峰，2004）。陕西秦巴山脉天然林中漆树密度由北向南逐渐增大，巴山北坡比秦岭北坡和南坡更适宜漆树的自然生长。陕西秦巴山脉天然漆树资源中幼树和成龄树明显大于衰败漆树数量，尤以巴山北坡更突出，但秦岭北坡衰败漆树比例明显大于幼树和成龄树（孟娟和胡斌，2012）。

漆树是我国特有的生态经济、速生和水土保持树种，并被国家发展和改革委员会确定为西部实施退耕还林重要的造林树种。漆树生长发育快速、抗逆性强、萌芽力强，且漆树含有对人体致敏物质，有"自我保护"功能，使得人们不敢随意乱砍滥伐，非常有利于生态环境的保护，在西部生态建设工程上表现出独特的优势。漆树与松、杉、杨、栎等树种混交，更易成活郁闭成林，能组成多样化的林相，具有巨大的生态效益。漆树还是优良的天然"绿色"涂料，油料树所产漆籽还可浸提漆脂，是制造精细化工产品的天然原料。漆树所产生漆由于其特殊的高分子结构，涂饰成膜，具有突出的超耐久性、高装饰性和优良的综合防腐性能，被誉为"涂料之王"，广泛应用于石化、酿造等工业防腐，对高档家具、漆器、船舶、军工、纺织、电力、矿山、医药等行业具有很高的经济价值。

秦巴山脉漆树发展缓慢，年产 4000～5000 t，生产力水平不高，生漆单株产量低，平均单产仅 150 g 左右，优良漆树品种虽有栽培，但是不成规模。漆农割漆劳动强度大、生产效率低、成本高、价格居高不下、市场竞争力低。虽然漆树浑身都是宝，生漆、漆籽、树皮、漆画、漆渣都有很高的经济价值，但一方面经济投入不足，资源没能得到有效的开发，漆树资源利用度低，产业结构层次较低，经济效益不高，使漆树资源开发利用的运转机制处于低效能的状态；另一方面科技总量投入严重不足，导致一些重大生漆成果与关键技术难以突破，成果转化率低，如漆树优良品种得不到全面推广，漆籽资源综合利用、漆酚高档家具漆等一系列科研成果得不到转化，难以形成规模效益，严重阻碍了漆树资源可持续发展推动力的增强。此外，漆树经营管理粗放，制约着漆树资源的发展。由于对科学经营漆树资源重视不够，没有行之有效的以持续发展、持续利用为基础的方针、政策，重割轻育，经营单一。

秦巴山脉应集中精力、人力和财力培育、保护、开发和利用漆树资源，结合退耕还林，营造漆林，开展割漆生产，在保护生态环境的同时，提高经济效益，以实现漆树的可持续发展。首先要保护好现有漆树资源，扩建新的漆树资源，并全面提高漆林的质量和生产力水平，尽可能地增加漆林覆盖和促进漆林的高产、优质、高效发展。其次可以建设商品林基地，实现产业化生产，在不破坏生态环境的前提下，建设一些专供商业采割用的商品漆树林，选择或分配合适的林地，选择适当的品种，采用先进适用的定向培育技术，保证其稳产高产（魏朔南和陈振峰，2004）。此外可以建设现代知识密集型漆树产业和事业，科技兴漆。通过延长漆树资源加工链条，形成从漆树资源开发到终端产品深加工的拳头产品，进一步培育市场，形成规模效益，提高漆树资源加工产品附加值。同时还应注意高新技术的开发应用要与漆树产业许多行之有效的传统技术密切结合，充分依据自然规律，发挥人的主观能动作用（魏朔南和陈振峰，2004）。

3.2　秦巴山脉用材林发展

用材林是以培育和提供木材或竹材为主要目的的森林，是林业中种类多、数量大、分布普遍、材质好、用途广的主要林种之一，可分为一般用材林和专用用材林两种。前者指培育大径通用材种（主要是锯材）为主的森林；后者指专门培育某一材种的用材林，包括坑木林、纤维造纸林、胶合板材林等。培育用材林总目标是速生、丰产和优质。速生是缩短培育规定材种的年限；丰产是提高单位面积上的木材蓄积量和生长量；优质主要包括对干形（通直度、尖削度）、节疤（数量、大小）及材性（木材物理—力学特性、纤维素含量和特性等）等方面的要求。集约经营用材林有可能缩短培育年限的一半，但仅在部分条件较好、生产潜力较大的林地上采用。这部分集约经营的森林（以人工林为主）被称为速生丰产用材林。经营速生丰产林的业务称为高产林业或种植园式林业。用材林是以生产木材或竹材为主要经营目的乔木林、竹林、疏林。用材林主要有：短轮伐期工业原料用材林、速生丰产用材林、一般用材林。在习近平新时代中国特色社会主义思想指引下，充分发挥市场配置资源决定性作用和更好发挥政府作用，党中央领导全面深化改革、生态文明体制改革，作出建立国家储备林制度的重大部署。《国家储备林建设规划（2018—2035 年）》明确，分七大区域，实施 20 个国家储备林建设工程，到 2035 年建成国家储备林 2000 万 hm^2，年均增加乡土珍稀树种和大径材蓄积 6300 万 m^3。国家储备林重大项目快速推进，正在实现经营模式向高质量发展的三大转变：从短轮伐期纯林经营，向长中短相结合转变，突出营造混交林；从松、杉等常规树种造林，向营造乡土树种和珍稀树种转变，突出树种结构调整；从中小径材工业原料林利用，向培育中大径级用材转变，突出营造大径材和珍稀树种多功能森林（钱国禧等，1991）。

1949 年以来，陕西省根据陕北、关中和陕南三个自然地理区的不同特点，在保护已有森林的同时，为改善生态环境，解决全省木材的不足，积极开展了植树造林活动。陕北高原营造防风固沙林和水土保持林。随着"三北"防护林体系建设持续推进，陕北森林持续发展。截至 2023 年 9 月，陕西省"三北"工程区累计完成造林 5468 万亩，森林覆盖率由 1977 年的 12.9%上升到 36.3%。在榆林防护林营造和沙漠治理的推动下，陕西省全省荒漠化土地由 1999 年的 4671 万亩减少到 2019 年的 3975 万亩，沙化土地由 1999 年的 2183 万亩减少到 2019 年的 1835 万亩，流动沙地全部得到治理，沙区植被覆盖度由 1.8%提高到 60%。[①] 关中平原四旁绿化，广植杨树、泡桐，在 80 万 hm^2 的耕地上营造农田林网，明显减轻了夏初干热风的危害，缓和了农村用材、烧柴的困难。20 世纪 50 年代以来，陕南秦巴山脉栎类资源的利用可分为"以木材利用为主""木材生产与生态建设并重""以生态建设为主"三个阶段，传统利用途径主要有食用菌生产、天麻生产、木材生产、木炭生产和薪炭消耗五个，但在振兴陕南经济的同时对栎类资源造成了巨大的破坏，大部分沦为残败次生林，以至于栎类资源的利用途径不断萎缩。现有利用途径主要是中药材（天麻、猪苓等）、食用菌生产和薪炭消耗，过去对资源消耗大的木炭生产已基本消失（曲式曾等，1990）。近年来，随着天然林资源保护工程的实施，秦巴山脉普遍禁伐禁牧，允许采伐利用的栎类资源越来越少，更加注重栎类资源的保护。目前秦巴山脉栎类总体处于持续增长状态，树种繁多、面积分布广。截至 2015 年，陕西省主要木材、竹材产品产量共计 6.82 万 m^3，原木产量 5.87 万 m^3，薪材产量 0.95 万 m^3，0.14 万 m^3 产自天然林，6.68 万 m^3 产自人工林，农民自用材采伐量 19.57 万 m^3，农民烧材采伐量 30.94 万 m^3（蒲武军和王文君，2018）。2020 年，陕西省国家储备林基地建设启动会在延安市延长县举行。根据《陕西省国家储备林建设规划（2019—2035 年）》，陕西将在 53 个县（市、区），通过人工林集约栽培、现有林改培，着力培育储备乡土树种，大力发展工业原料林，努力营造珍稀树种和大径级用材林，建成一批集约化经营、高标准管理的储备林基地。到 2025 年，建成国家储备林基地 11.2 万 hm^2，其中人工林集约栽培 1.46 万 hm^2、现有林改培 9.74 万 hm^2。到 2035 年，全省国家储备林达到 28 万 hm^2，其中人工林集约栽培 3.64 万 hm^2、现有林改培 24.36 万 hm^2。根据《国家储备林建设规划

---

① 《陕西榆林：厚植生态底色　推动绿色发展》，https://www.forestry.gov.cn/c/www/stgtlh/525443.jhtml [2023-09-28]。

（2018—2035 年）》建设布局，陕西省将在秦岭北坡储备林中重点培育锐齿栎、水曲柳、栓皮栎、秦岭冷杉、巴山冷杉、桦木、椴树、水杉、银杏、杜仲、枫杨、核桃、华山松、油松、云杉、红豆杉、白皮松等珍稀树种及大径级用材林；秦岭南坡储备林中培育桦木、华山松、云杉、水曲柳、榉树、冷杉、落叶松、油松、锐齿栎、樟树、大果榆、卜氏杨、椴树、栓皮栎等珍稀树种及大径级用材林；汉江两岸储备林中培育水杉、杉木、杨树、樟树、马尾松等速生丰产用材林及油松、华山松、栎类、桦木、银杏等一般用材林；巴山储备林培育红豆杉、栓皮栎、杉木、光皮桦、云杉、水曲柳、青杆、榉树、连香树、杜仲、黄连木、巴山松等珍稀树种及大径级用材林。2022 年，陕西省林业局、国开行陕西分行印发《关于加快推进"双储林场"国家储备林高质量发展的意见》，指出"57 个县（市、区）为国家储备林建设基地县，到 2035 年，规划建设国家储备林 420 万亩。"由此，储备林范围进一步扩大，储备林培育种类更为丰富，促进了储备林高质量发展。

　　早在 1979 年河南省林业厅就根据林业部的部署开始林业区划工作。1983 年 10 月完成《河南省林业区划》。这次区划的指导思想是以木材生产为主，将河南省划分为 7 个区：豫北太行山防护、用材林区；豫西黄土丘陵经济林区；豫东黄淮海平原防护林区；豫西伏牛山北坡用材林、防护林区；豫西伏牛山南坡用材林、防护林区；南阳盆地防护、薪炭林区；豫南大别桐柏山防护、经济林区。（赵义民和赵晓东，2014）以位于河南省西南部的淅川县为例，面对严重的生态问题，该县奋力抓林业。该县总体上围绕库区河滩速生林、深山区用材林、通道两旁速生林、城区景区常青林、农村庭院经济林的总体思路进行城乡一体绿化。2002 年，淅川启动实施退耕还林工程，在工程实施的 17 年里，全县新增有林地面积 38.3 万亩，森林覆盖率提高了 9 个百分点。2004 年，省林业调查规划院对淅川县生态公益林进行界定，172.1 万亩国家公益林被列入全省国家重点公益林区。2008 年，全县共完成年度造林 27.8 万亩，造林合格面积位居全省第一。2016～2021 年六年来，共完成新造林 62 万亩，治理石漠化 40.7 万亩，宜林荒山荒地绿化率达 95.8%，全县公路（包括国道、省道主干线、县级公路出入口等）绿化率达 98.1%，城市绿化覆盖率 43%，人均绿地面积 42.04 m²，古树名木建档保护率达 100%，村庄林木覆盖率 42.37%。河南省结合国家林业重点生态工程实施了生态廊道网络、"百千万"农田防护林、山区营造林等省级重点林业生态工程，"十三五"期间，全省累计完成造林面积 89.2 万 hm²，森林抚育和改造 90.47 万 hm²，2018 年实际完成造林 71.13 万 hm²，森林抚育 90.47 万 hm²。

　　截至 2010 年，湖北省速丰林基地初具规模，保存总面积达 165.1 万 hm²，其中江汉平原 22 个平原县（市、区）以杨树为主的速丰林面积达 45.3 万 hm²，鄂中、鄂北低丘岗地以国外松为主的速丰林面积达 28.7 万 hm²，鄂东、鄂南以楠竹为主的速丰林面积达 20 万 hm²，鄂西南高山地区以日本落叶松为主的速丰林面积达 12 万 hm²，全省杉木速丰林面积达 59.1 万 hm²。"十三五"期间，湖北省累计完成造林面积 106.37 万 hm²，全省森林覆盖率从 39.61%提高到 41.84%，森林蓄积量从 3.65 亿 m³ 增长到 4.15 亿 m³。

甘肃的用材林发展步伐落后于全国，国家对用材林的政策和资金支持主要倾向于南方，对甘肃投入较少。根据《中国林业和草原统计年鉴 2018》数据，2018 年甘肃省森林覆盖率 11.33%，林地面积 1046.35 万 hm²，活立木总蓄积量 28 386.88 万 m³，人工林面积 126.56 万 hm²，人工林蓄积量 4313.99 万 m³；天然林面积 383.17 万 hm²，天然林蓄积量 20 874.90 万 m³。根据甘肃省自然地理条件及特点、适宜造林树种、培育目标（周期）、培育措施等，甘肃用材林建设可将全省划分为 5 个区域，采用适宜各区域的发展方式发展用材林。一是白龙江林区，位于青藏高原东部边缘与岷山山脉的白龙江和洮河两大河流上游，属长江和黄河的源头地区，是全国九大重点林区之一。区内的迭部、洮河、舟曲、白水江 4 个林业局均属全国 135 个重点国有森工企业之列，也是天然林资源保护工程重点实施区域。从全面开发建设到天然林资源保护工程实施前，白龙江林区累计为国家提供各类优质商品材 899 万 m³，积累了用材林建设的丰富经验。在原有的采伐迹地、宜林地、林缘地带有较大利用面积，适宜发展以云杉、冷杉、油松、华北落叶松等树种为主的中长期用材林基地，作为用材林战略储备基地。二是小陇山林区，属西秦岭山地，气候温暖湿润，分属陇南北部暖温带湿润区和陇中南部温带半湿润区，树种丰富，森林植被良好。该区及周边天水、陇南市适宜均衡发展中长期用材林和短周期工业原料林。中长期用材林以油松、落叶松、华山松为主，工业原料林可发展刺槐、新疆杨、泡桐等，同时，该区应大力发展银杏、栓皮栎、红豆杉、水曲柳等珍贵树种用材林。三是子午岭林区，黄土高原中部最大的天然次生林区，是黄河流域主要水源涵养和水土保持林区，大部分属温带半湿润区，气候温和湿润。在该区可发展刺槐、新疆杨、旱柳、白桦等短周期工业原料林和油松、华山松、华北落叶松等中长期用材林，此外可适当发展栓皮栎、银杏等珍贵树种用材林。四是康南林区，地处南秦岭山地，属长江支流嘉陵江流域，气候温暖，分属陇南河谷亚热带湿润区和山地暖温带湿润区，树种丰富，仅次于白龙江林区，具有发展用材林和多种经济林的良好条件。该区可大力发展短期工业原料林，树种以刺槐、新疆杨、二白杨、臭椿、泡桐、旱柳、白榆等为主。五是甘肃中南部的临夏、和政、康乐、临洮、渭源、漳县南部一线，海拔 2500 m 左右的缓坡山地，原有森林广泛分布，气候冷凉。由于长期的人为生产活动和破坏，已沦为灌木林地或荒山草坡，具有恢复森林植被的良好自然条件。该区可发展刺槐、新疆杨、二白杨等短周期工业原料林和华北落叶松、云杉、油松、日本落叶松等中长期用材林。

四川是长江上游及其重要一级支流雅砻江、岷江、嘉陵江等水源涵养区，长期以来，四川林业坚持以建设长江上游生态屏障为核心，在实施天然林资源保护工程、自然保护区建设工程及森林分类经营区划中，对用材林进行了大幅度调减，增加了防护林与特用林面积（郭华等，2016）。四川用材林面积由 1997 年的 652.09 万 hm² 调整为 2010 年的 466.64 万 hm²，年森林采伐限额由"九五"期间的 1700 多万 m³ 调整为"十二五"期间的 1200 多万 m³，完成木材产量由 1998 年的 311.41 万 m³ 减小为 2010 年的 162.61 万 m³。至 2010 年，四川省用材林面积 466.64 万 hm²，蓄积量 41 404.64 万 m³。其中，人工用材林 325.94 万 hm²，蓄积量 20 395.15 万 m³；天然用材林 140.70 万 hm²，蓄积量 21 009.48 万 m³，亚林种全部为一般用材林。人工用材林中，短轮伐期工业原料林 74.21 万 hm²，占 22.8%，蓄积量 5449.00 万 m³；速生丰产用材林 18.13 万 hm²，占 5.6%，蓄积量 1233.88 万 m³；一般用材林 233.60 万 hm²，占 71.7%，蓄积量 13 712.27 万 m³。"十三五"期间，全省累计完成营造林 372.87 万 hm²。

从人工林资源现状来看，主要存在着以下问题：一是林地生产力不高；二是林分结构和树种结构极不合理，人工林中幼林占比较高；三是管理不善和粗放经营，迄今在林区还没有大面积生长快、质量好的优势树种，也还未形成在不同地区、不同条件下、不同树种或林分的经营模式。林业发展的技术水平不高，林业科研、推广力量薄弱且分散，方向也不明确，森林多在山区，而山区森林既受制于水平气候带的影响，也受制于垂直分布带的影响，即便在同一林地，又由于阴坡、阳坡、山上中下部的不同土壤的复杂性等，更增加了森林经营的难度。要想促进林业产业的技术发展，需要很大投资，也需要时间。所以加快人工商品林的经营，是秦巴山区林业产业腾飞的基本思路。目前森林分类经营基本上分为两大类，即公益林和商品林。目前，商品林年均生长率不高，轮伐期短，树木胸径小，不适合作为径材，市场占有率实在很低。为了追求更多的经济效益，必须集约经营，提高单位面积产量，加大品种选育、集约经营方面的投入，必须有较高的科技投入、丰富的项目推广，要有一定的发展规模，基地选在立地条件较好的地方（张继成和田毅，2005）。当地政府和林业部门要大胆解放思想，积极为之创造条件。目前，农民分散经营的人工商品林（包括用材林和经济林），从用材林经营来说，若干年内没有可观的经济效益，是一种完全的粗放经营。要扭转这种局面，就得引导农民像种植农作物和栽培经济林木一样来抚育人工用材林，并随着经济、科学技术的发展，逐步提高其科学经营水平。从经营技术要求来看，各类人工林，除天然林保护的禁伐区外，均应以抚育间伐为主，辅以封山育林和人工补植造林。这是一条节约而有效的林业发展道路，经营的目标是增强森林的功能，以发挥其更大的经济效益和生态效益。同时，重点区域的实验性经营要先行，只要条件许可，即能大面积推广，人工林抚育，主要是开展以下层抚育为主的综合抚育法。实验区作业前要认真进行林分调查，结合林分现状选木挂号，调整计算确定采伐量，初始抚育间伐年龄6～7年，间隔期的林龄为3～5年，中龄林为5～7年。在具体实施中，规定保留优良阔叶树，渐次诱导为针阔混交林，保留不影响间伐作业的灌木，以改良土壤和生态环境。通过合理的人工林抚育间伐，可以取得良好的效应：一是可调整林分密度，促进林木生长，提高林分质量，实践表明，抚育后人工林单位面积的林分增产率可提高15%～24%；二是为林冠下植被生长创造良好的条件，有利于生物多样性的形成；三是将人工纯林诱导形成针阔混交林，提高人工林抵御自然灾害的能力；四是可以生产一部分小规格产品，解决纤维板厂生产原料及农村薪材问题；五是可以吸纳林场职工参加人工林抚育间伐劳动，妥善分流安置富余人员。

3.3　秦巴山脉古树名木发展

秦岭红豆杉是原生于秦巴山脉的红豆杉科红豆杉属植物的统称，是第四纪冰川孑遗树种，在秦岭生长繁衍已超过250万年，是典型的指示性物种，1999年被列为国家一级保护植物。秦岭红豆杉是营造国家战略储备林的重要树种，在林业生态环境保护和生态修复工作中具有十分重要的地位。此外，通过保护发展秦岭红豆杉，可以明显改善秦巴山脉受松材线虫危害造成的松类树木日益干枯的状况和疫情，替代松类植物保持大自然的常绿态势，持续推动秦岭生态环境向高质量发展。

红豆杉属植物在秦巴山脉广泛分布，但主要分布在巴山及秦岭南坡，关中及渭北部分地区也有引种，生长状态良好。水平分布上，分布比较集中的地区有秦岭山区的甘肃武山、天水麦积山、成县、徽县、文县，陕西汉中、安康、商洛、西安、宝鸡、渭南至河南卢氏一带；秦岭北坡仅见于户县涝峪等处。在巴山地区的陕西宁强、南郑、岚皋、镇坪、平利及重庆城口县一带有分布。其中米仓山中西部及甘肃文县等地区野生红豆杉资源保存较好。其中，据不完全统计，截止到2020年，陕西省有红豆杉育苗基地10余处，苗龄从1年生至10余年生均有，圃地现存苗木500余万株，分布在商洛市的山阳县、镇安县、柞水县，汉中市的略阳县、留坝县、汉台区，安康市的白河县等地。"陕西红豆杉王"和"山阳二号秦岭红豆杉"分别栽植于秦岭深处的陕西省商洛市山阳县城关街道三合村和十里铺街道王坪村，两株红豆杉均有千年以上历史，树干粗壮，树冠如伞，生长保护状况良好。

垂直分布上，红豆杉在陕西秦巴山脉的海拔范围是800～2100 m。秦岭地区主要集中分布在 1000～1200 m；大巴山北坡地区主要集中分布在 1300～1500 m 的区域。

总的分布状况具有以下几个特点：一是在不同地区的分布不平衡。秦岭南坡资源状况较好，分布较为集中，个体数量也较多；而大巴山北坡红豆杉分布非常零散，一个样方内一般最多也不超过 10 株。二是秦岭南北坡的分布不平衡。以调研数据为例，秦岭南坡红豆杉的分布面积和数量要比北坡多。在北坡调查的红豆杉分布为 12.61 株/km^2，而南坡有 166.75 株/km^2（张九东，2014）。并且秦岭南坡有大面积的红豆杉纯林存在，而在北坡只是零星地生长。三是在同一地区的很多样地，红豆杉的个体大小差异非常大。大部分区域只剩下红豆杉古树和幼龄个体，而中间树龄个体出现了明显的断层，说明红豆杉种群曾经遭受过长期严重的自然或人为破坏，因为红豆杉生长缓慢，这个阶段甚至可能长达数百年。

此前，国家和各个省份相继出台秦岭红豆杉有关政策和保护条例，有效保护了秦岭红豆杉资源，如《陕西省秦岭生态环境保护条例》《陕西省古树名木保护条例》等法规，开展多次专项行动打击涉红豆杉等野生植物违法犯罪行为，生态不断好转。但秦岭红豆杉目前存在资源珍稀、人工繁育配套技术欠缺、相关政策制度尚不完善、树种开发和保护利用矛盾等问题。因此有必要正确处理红豆杉资源保护和利用的关系，通过科学规划、积极选育优良种苗、政府引导、龙头企业带动等措施发展秦岭红豆杉，严格保护野生资源，积极发展人工资源。保护方案如下。

一是继续严格保护野生秦岭红豆杉资源，强化监管力度。依法依规把各项工作落到实处，绷紧依法保护这根弦，把野生红豆杉保护好，严厉打击破坏红豆杉资源的各类违法犯罪活动。积极推动秦岭红豆杉造林绿化，遵循"适地适树，就地造林"原则，在天然林资源保护工程、长江流域防护林体系建设工程、储备林工程和特殊林木培育工程等国家重点工程造林中优先使用本地培育的秦岭红豆杉苗木。在红豆杉资源集中分布区，通过建立保护区、保护小区、保护点等特殊措施，保护红豆杉及其栖息环境；运用野生动植物保护工程措施，加快野生红豆杉资源的恢复。此外，在松材线虫病疫木拔除新植秦岭红豆杉、秦岭生态环境保护基金、秦岭红豆杉储备林等方面给予政策支持。

二是夯实科技支撑，合理制订秦岭红豆杉保护和高质量发展规划，推进秦岭红豆杉事业健康持续发展。在科研方面加大力度，集中全国红豆杉专家出谋献智。加强与企业、科研院校等交流合作，做好秦岭红豆杉苗木品种选育工作，培育良种壮苗，做好秦岭红豆杉储备林的栽植培育。吸纳、支持相关科研院所、高校、企业参与良种选育和种质资源库建设，尽快制定秦岭红豆杉种植技术标准和种苗标准，借助现代科技保护发展红豆杉，补足生态位、产业位。注重产业发展和产品开发，开展对人工栽植的秦岭红豆杉枝叶等产品的精深加工，延长产业链，提高产品科技含量和附加值。同时要结合市场实际，不断深化可持续发展。

三是挖掘文化内涵，打造具有秦岭特色的红豆杉文化。秦岭红豆杉吸收日月之精华，是祖脉秦岭树种代表。要挖掘文化内涵，形成具有秦岭特色的红豆杉文化，大力弘扬秦岭红豆杉文化，呼吁社会各界支持、参与秦岭红豆杉保护发展事业。

3.4　秦巴山脉林下经济发展

3.4.1　林下种植

1. 林药模式

1）中药材资源状况

秦巴山脉中药材资源丰富。独特的地理优势、气候资源以及生态环境十分适宜于多种中药材的种植和生长，使其拥有丰富的野生中药材资源，被誉为"中药材之乡"，在我国中药生产方面具有很重要的地位和作用。据统计，仅陕南秦巴山区，该地区药用植物共计 105 科 268 属 361 种，其中药用裸子植物 5 科 6 属 7 种，药用被子植物 92 科 254 属 344 种，药用蕨类植物 7 科 8 属 10 种（乔亚玲等，2016），主要有天麻、五味子、细辛、党参、天门冬等。秦巴山脉是我国著名的道地药材生产地，也是全国中药材集散地，其中仅秦岭山地的太白山就有中草药资源千余种，这里的中药材具有种类丰富、品质优良、贵重药材种类多等特点，其中著名的药材有党参、当归、地黄、黄芪、黄芩、贝母、茯苓、黄连、杜仲、天麻、秦艽、白芍、菊花、牛膝、山茱萸、丹参、薯蓣、大黄、红毛五加、桔梗、防风、柴胡、太白红杉、厚朴、鹅掌楸、沙棘、葛根、远志等。据数据测算，秦巴山脉人工栽培中药材面积为 4.03×10^5 hm²，占秦巴山脉涉及的五省一市中药材种植面积的 45.09%，其产量为 1.251×10^6 t，是五省一市中药材产量的 49.54%，其产值估算为 675 867 万元（刘炯天等，2020）。

2）中药材资源分布特点

中药材资源具有明显的垂直分布特点，以秦岭野生药用植物为例，在海拔 900 m 以下，药用植物分布约有 700 种，大多为亚热带植物，如白芨、淫羊藿、青牛胆等；在海拔 800～2000 m，药用植物有 900 多种，如川赤芍、黄精、升麻、苦参、杜仲、三叶木通、柴胡等。在海拔 2200～2700 m，药用植物有 150 多种，如秦贝母、延龄草、北重楼、鹿药、手参、红毛七、细辛等。在海拔 2700～3300 m，药用植物种类较少，约有 60 种，如太白米、珠芽蓼、桃儿七、藜芦、铁棒锤、太白菊等。秦岭海拔 3300 m 以上属高山草甸植被，环境恶劣，种类稀少，药用植物在 60 种以下，如太白乌头、凤尾七、太白龙胆等。

3）中药材资源濒危原因

一是中药材资源的不合理采挖（采猎）和利用。随着中国中医药事业的发展，人类"回归自然"呼声的高涨，我国的医疗保健用药需求日益增加，使得对中药材的需求量逐年上涨。但是，珍稀中药品种存在着自然分布少、生境特殊、再生能力差、生长周期相对较长等特点，加之多年来对中药资源的过度采挖，致使秦巴山脉的珍稀药材品种濒临灭绝，道地药材的蕴藏量逐年减少，导致中药资源的供求市场失衡。

二是中药资源生态环境的逐年恶化。随着世界人口的急剧增长，人们生活水平的不断提高，人类生存保健意识的进一步增强，人类向自然界索取的药用动植物资源的数量与日俱增。掠夺式的采挖和获猎，导致森林面积急剧减小，森林植被遭到严重破坏，生态环境极度恶化，使得许多动植物失去了赖以生存的自然环境，处于濒临灭绝的境地。

三是珍稀、濒危中药资源的自身弱势。"物竞天择，适者生存"，这是自然界纷繁复杂的各类生物得以生存并世代繁衍的基本法则。在自然界中存在着一些野生药用动植物，不能在自然的生态系统中正常生殖生长，或者受到其他物种和生存环境的影响不能完成正常生长发育的过程，使其成为受威胁的物种，或者在生存斗争中被淘汰。

四是缺乏总体规划，处于无序发展状态。林下中药产业的开发是一个漫长的过程，且具有周期长、见效慢、投资大、技术要求高等特点，尽管政府出台了不少支持中药产业发展的战略建议和支持政策，但由于缺乏总体性的战略规划和政策引导，还处于混乱无序、无组织的发展状态，加之资金投入少，基础设施发展滞后，缺少懂政策、技术和市场方面的人才，在一定程度上限制了林下中药材的发展。

4）中药材资源保护管理措施

加强对珍稀、濒危中药资源保护的立法和执法工作，采取综合措施，加大立法和执法工作的力度，是强制人们保护自然，保护珍稀、濒危动植物资源最直接和有效的途径。通过立法程序，制定并颁布保护珍稀、濒危药用动植物资源的相关法令，有助于提高人们的保护意识，可使珍稀动植物资源处于法律保护之下，并受到专门机构的管理。建立珍稀、濒危中药资源的自然保护区，就地保护与迁地保护相结合（刘永耀和李从博，2018）。针对不同动植物资源的生物学习性，在不同的生物地理范围内，选择适宜地区建立自然保护区，并按照生物圈保护区的基本要求进行有效管理，因地制宜，加强就地保护，这是对珍稀、濒危中药资源最重要的保护措施（黎斌和苏印泉，2003）。研究珍稀、濒危中药资源的生物学特性，建立物种保存技术，同时加强中药材生产的生物技术研究。

5）典型地区中药材产业发展经验

留坝县内山峰林立，水源充足，生态环境良好，适合众多中药材生物资源生长发育，被誉为"天然药谷"，据普查统计，2015 年留坝县有可供开发利用的中药材 1320 余种[①]。截至 2015 年，全县人工栽培的中药材有 34 种，种植规模较大的有西洋参、猪苓、天麻、银杏、杜仲、山茱萸、附子等；野生中药材有汉中参叶、金玄参、银柴胡、灯台七、手掌参等，具有很大的开发利用价值。留坝县历届县委、县政府立足本地资源环境优势，高度重视中药材产业发展，2002 年留坝县被列为陕西省中药材规范化种植基地县和全国猪苓种源基地县。中药材种植投入与种植经济收入比达到 1：2 以上，经济效益可观，是该县农民增收的主要途径之一。2022 年，留坝县全县新发展中药材 1.32 万亩，留存面积 3.2 万亩，年产优质中药材鲜品 1.2 万吨以上，总产值达 3 亿元，农民人均收入 8000 元以上[②]。该县计划"十四五"时期每年新发展中药材 400 hm^2，年采收 300 hm^2，产值达 1.2 亿元，农民人均增收 3200 元以上，到 2025 年底，全县中药材留存面积达到 1333.33 万 hm^2 以上。

留坝县的中药材产业发展迅速，其中很重要的原因有以下六个方面：一是中药产业发展得到党政领导重视。近年来，留坝县历届党政领导高度重视中药产业发展，坚定不移地实施"药菌兴县"战略，确定由县级领导分管，落实牵头主抓单位，明确了各镇主要领导分管中药产业，落实具体干部专门管理，保证了中药产业管理政令畅通，部门之间密切协作、配合。二是各项优惠政策得到全面落实。县委、县政府出台了中药产业发展优惠政策，先后制定出台了《留坝县中药产业发展三年行动计划》《留坝县有机农业发展三年行动计划（2021—2023）》《留坝县特色中药材产业链"链长制"工作方案》等[③]，鼓励企业、个人投资种植中药材，鼓励企业积极建设中药材现代农业园区，并对带动效果明显好的基地、园区进行资金补贴，进一步引导和促进该县中药产业快速发展。三是产业发展项目支持力度加大。2022 年，留坝县中药材发展办公室全年新发展中药材 9700 亩以上，开展技术培训 30 场次以上；大力发展有机优质中药材，财政支出达 51.81 万元[④]。2023 年，通过县林业局、留坝县经济合作促进中心等部门，推动留坝县林下中药材全产业链项目发展，项目总投资 27 500 万元，政府投资 20%，企业投资 50%，

---

① 《留坝县中药材产业发展基本情况》，http://www.liuba.gov.cn/lbxzf/zyzjs/201507/t20150704_223325.shtml [2015-07-04]。

② 《奋进的春天｜汉中留坝：种下中药材 开出"致富方"》，http://news.cnwest.com/bwyc/a/2023/03/09/21309899.html[2023-03-09]。

③ 《留坝县扎实推进特色中药材产业》，http://www.liuba.gov.cn/lbxzf/fpzc/202204/8b01df32d4c84b399fff8fd9d46055cc.shtml#:~:text=%E8%BF%91%E5%B9%B4%E6%9D%A5%EF%BC%8C%E7%95%99%E5%9D%9D%E5%8E%BF%E4%BB%A5,%E9%83%BD%E7%A7%8D%E6%A4%8D%E6%9C%89%E4%B8%AD%E8%8D%AF%E6%9D%90%E3%80%82[2022-03-03]。

④ 《留坝县中药材发展办公室 2022 年度部门决算》，http://www.liuba.gov.cn/lbxzf/bmys/202311/0177dcd02ba745d89ab931581a853b02/files/%E7%95%99%E5%9D%9D%E5%8E%BF%E4%B8%AD%E8%8D%AF%E6%9D%90%E5%8F%91%E5%B1%95%E5%8A%9E%E5%85%AC%E5%AE%A42022%E5%B9%B4%E5%BA%A6%E9%83%A8%E9%97%A8%E5%86%B3%E7%AE%97.pdf[2023-11-07]。

民间投资 30%。四是产业发展模式得到不断优化。在政府的积极引导下，县内企业积极实行"公司＋基地＋农户"的产业发展模式，对农村土地进行流转，建立规范化中药材种植基地，将农户纳入基地；合作社（协会）鼓励周边地区农民加入合作社（协会），实行"共同投资、风险共担、利益共享"的产业合作发展模式，为农户免费提供技术、信息、销售等服务。五是科技服务力度加大。在中药材发展过程中，健全完善了县、镇、村三级科技服务网络，截至 2022 年，留坝县中药材发展办公室技术员累计服务全县种植户近 3000 人次，集中培训 800 余人次，编印《留坝中药材》《林下西洋参种植技术要点》《黄精套种技术要点》等资料 5 期，并发放留坝特色中药材种植技术资料共计 3500 余份[①]。留坝县积极与陕西理工大学、西北农林科技大学、陕西师范大学、河南大学、市植物研究所等科研院所进行技术协作，先后开展了西洋参重茬地修复利用、西洋参离土栽培、白芨组培苗移栽和重楼人工繁殖等技术实验研究，为留坝县中药材产业持续健康发展奠定了基础。六是招商引资和对中药材加工企业的扶持力度不断加大，2015 年，全县规模较大的中药材加工企业有 3 家——佳士森药业、天翔药业、天美公司，年收购加工西洋参、天麻等中药材 100 余 t，开发出五大系列二十余种产品，有效提升了留坝县中药材产业附加值，有力促进了中药材产业发展。留坝县的中药材产业发展也存在对发展现代中药产业的战略意义缺乏充分的认识、生产规模小、标准化程度低、缺少中药材研发机构、品牌意识不强等问题。

据不完全统计，丹凤县区域内有中药材 500 多种，在全国中药材资源普查的 364 个重点品种中，县域内有 277 种，其中 248 种被列为国家药典的正品药材。目前，全县人工种植的中药材主要有山茱萸、天麻、金银花、柴胡等 30 多种，中药材种植面积达 25 万亩，总产量约 2.56 万吨，产值约 10 亿元，在全县基本形成了以流岭为中心的山茱萸板块，以 312 国道沿线为中心的黄芪、黄芩、丹参、连翘板块，以银花河流域为中心的黄姜、金银花板块，以蟒岭为中心的天麻、猪苓、茯苓板块，以老君河流域为中心的苍术、五味子板块等五大中药材板块。[②]

丹凤县中药材产业发展有以下几个方面先进经验。

一是政府政策保障优势。加大政策扶持，制定出台《丹凤县招商引资扶持政策》等，积极构筑全方位、多层次、宽领域的招商格局。通过一系列政策措施及办法，推动天麻规模化种植，提高农产品附加值，拓展特色产品市场，助力天麻产业发展。

---

① 《留坝县中药材发展办公室 2022 年度部门决算》，http://www.liuba.gov.cn/lbxzf/bmys/202311/0177dcd02ba745d89ab931581a853b02/files/%E7%95%99%E5%9D%9D%E5%8E%BF%E4%B8%AD%E8%8D%AF%E6%9D%90%E5%8F%91%E5%B1%95%E5%8A%9E%E5%85%AC%E5%AE%A42022%E5%B9%B4%E5%BA%A6%E9%83%A8%E9%97%A8%E5%86%B3%E7%AE%97.pdf[2023-11-07]。

② 《丹凤发展中药材产业释放乡村振兴新活力》，载于《商洛日报》2022 年 10 月 11 日 02 版。

二是全产业链谋划发展产业，转变招引方式。大力奖补发展产业农户，对农产品加工销售企业减免税费，县里成立了由县级领导任组长的工作专班包抓重点龙头企业，帮助解决实际问题，对招商引资带农益农企业提供标准化厂房并减免租金，支持产业延链条、建基地，充分调动了群众和各类经营主体发展生产的积极性。转变招引方式，由过去的面对面招商变为"屏对屏"交流，扎实开展互联网招商。同时，积极探索"经济联谊会＋商会＋招商局"三位一体招商模式，积极发挥丹凤在外成功人士和驻外招商联络处外联内引的作用，引导他们回乡创业或牵线搭桥，使"乡情招商"成为丹凤招商引资的响亮招牌。

三是坚持市场导向，构建经营体系。截至 2024 年，丹凤县制定陕西鼯鼠养殖标准，注册"雨丹"牌药材商标，成功推动丹凤桔梗、黄芩等地理标志产品认证，引进产品策划、包装、营销团队和外包装生产企业，帮助提升产品附加值和市场竞争力。

2. 林菌模式

1）食用菌产业发展优势

一是产业优势。当前，食用菌已成为绿色健康饮食的重要组成部分，以其高蛋白、低脂肪、氨基酸成分含量高广受大众喜爱，我国是名副其实的食用菌生产大国和食用大国，发展潜力巨大。在精准扶贫时期"产业精准扶贫"战略背景下，食用菌产业已经被看作是农村脱贫攻坚、增收致富的重要支柱产业之一，更是山区县（市）农民增收的有效途径（陈绪敖，2016）。它既适合大规模产业发展，也适合小型项目、家庭农场甚至留守妇女、老人个体经营。仅就秦巴山脉所涉及生产食用菌省区市而言，河南省食用菌产量、产值多年来稳居全国第一，下属于秦巴山脉的南阳、平顶山、洛阳、三门峡等地级市是全省生产食用菌的主要产出大市，其他如湖北、四川、陕西等省食用菌产量也在全国居于前列，当地食用菌种植经验丰富，销售渠道众多，食用菌种类多、品种多，一些地区已经实现了工厂化、规模化生产，已形成传统的行业优势，当地居民易于接受绿色循环食用菌经济产业。

二是自然条件优势。秦巴山脉气候温润，降水量充足，林业资源极为丰富，成为国家碳库和森林氧吧的重要组成部分，森林强大的生态功能和该地区独特的地理气候为秦巴山脉食用菌生长及其产业的迅猛发展提供了得天独厚的自然条件。该地区已经形成了许多著名的食用菌品牌产业，如南阳的香菇产业蜚声中外。

2）产业发展面临问题

秦巴山脉是重要的生态主体功能区和水源涵养区，如前所述，其生态功能地位无可替代，保护该地区的生态功能作用不减弱甚至增强是头等大事，秦巴山脉良好的森林覆盖率是保障其发挥良好生态功能作用最重要的依仗，森林生态红线是构建秦巴山脉生态安全战略格局的基本底线，是该地区实现永续发展的基本保障线。但是，传统食用菌生产依赖本地森林资源和传统木屑基质，规模化食用菌的生产需要大量高木质纤维、高蛋白的木屑基质（娄丽等，2022），对木材消耗较大。随着秦巴山脉一带的生态环境保护力度加大，传统林木资源开发受限，食用菌栽培利用的木屑、麸皮、玉米芯等原料主要从外地购买，不仅运输成本增加，而且外购原料中重金属及农残等质量问题无法保证，对食用菌产品的安全性及品质造成影响（周高新等，2023）。

　　3）在食用菌产业发展香根草的可行性和潜力分析

　　香根草，又名岩兰草，一种多年生禾本科草本植物，具有草本植物和木本植物的双重优点，是一种抗逆性（旱、湿、寒、热、酸、碱）很强的植物。香根草原产于非洲、印度等热带亚热带地区，是世界上根系最长的草类，适应广、易繁殖、根系特别发达。1958 年引入我国，目前在广东、福建等省已有多项水土保持项目成功利用了香根草。它既可在荒山、荒坡、石漠化区域种植，又可以作为水生植物在湿地生境种植。香根草等高种植后很快会形成致密绿篱带，有效拦截地表径流和泥沙，形成"生物坝"，相关研究发现，香根草植物篱可有效减小 60% 的地表径流，拦截 90% 的泥沙，有效减小了土壤养分的流失，对控制土壤面源污染非常有效，进一步减轻水体污染。

　　香根草属于热带亚热带植物，耐寒性较差，河南有关高校及公司经过五年的引种、驯化试验，打破了香根草不能过长江的结论，培育出了耐寒的香根草新品种，开始在长江以北的区域尤其丹江口库区大面积繁育，用于水土保持、荒山治理等，表现出极好的效果。近年来，香根草在湖北、河南、甘肃等省均已引种成功并得到推广和应用。目前秦巴山脉水土流失仍很严重，据统计，2021 年，秦巴生态功能区水土流失面积达 3.2×10^4 km²（胡佳岚和李双双，2024），水土保持、生态保护任务很严峻。香根草作为优良的水土保持植物，以其根系发达、生长速度快、根深叶茂著称，再加上其不耐寒的技术瓶颈已突破，很适合秦巴山脉推广种植，是发展食用菌循环经济产业的理想备选植物。

　　食用菌基质配料是决定食用菌品质好坏和可持续发展的关键因素，根据当前形势分析，菌林矛盾越来越突出，使用传统的木质基质发展食用菌产业已不可持续，是目前摆在所有食用菌企业面前迫在眉睫的问题，尤其生产木腐型食用菌的企业，急需可持续性替代品代替木屑食用菌基质。香根草以其生物量大、木质纤维含量高、易种植的特点成为理想的"以草代木"食用菌基质原料。林辉等（2009）研究发现，用香根草代替木屑基质生产平菇，生物转化率 102.7%，显著高于对照组；用香根草栽培毛木耳，其生物转化率高达 127.5%；蒋德俊等（2011）研究发现，用香根草基质生产的香菇，经测定，17 种氨基酸、脂肪、铁、钙等微量元素均高于对照木屑基质生产的香菇，研究发现，在南阳的中等地力下，两年生香根草每亩产干草量可达 2500～3000 斤，产草量相当可观，若按 80%生物转化率计算，可生产鲜香菇 2000～2400 斤。另外，香根草嫩茎叶的粗蛋白含量高达 7%，可用做牧草和淡水养殖的饲料。

上述这些研究为发展"以草代木"香根草食用菌循环经济产业的可行性提供了数据支持。通过多年数据汇总发现，示范基地及各县区示范点香根草基质香菇较对照区木屑基质每袋平均产量提高了 8.2%、成本平均减少了 11.7%、平均产值提高了 20%、每袋比对照增值 2.27 元，栽培效益环比提高了 120%。当前，国家开始逐步实施农产品质量源头可追溯制度，消耗大量林木废料的食用菌产业会受到巨大冲击。基质原料和食用菌品质成为木腐菌产业特别是香菇生产的两大主要制约因素，进行木屑替代品栽培食用菌的研究实践刻不容缓。

综上可知，经过多年实践摸索培育出的香草香菇产量高、品质好、成本低，香根草完全可以代替林木作为基质在秦巴山脉栽培食用菌，并且栽培香草香菇产业技术已经成熟，可以大规模推广应用，这为秦巴山脉开展产业帮扶、发展循环经济、转变食用菌生产模式提供了新思路（王恒等，2020）。

因此，食用菌产业是一个有长久生命力的产业，是打造百年老店的常青藤产业，也是开展地区增收致富极好的产业。在秦巴山脉结合生态环境保护开拓香根草"以草代木"种植食用菌技术，发展可持续食用菌产业，既可以治理该区域的水土流失问题，又可以涵养水源，维护其生态功能主体地位，还可以带动当地居民增收致富，是名副其实的循环经济产业，完全符合党和国家对生态文明建设大政方针的要求，实践"绿水青山就是金山银山"的思想。

3. 林下魔芋

林下魔芋种植模式是"林下种植，健康栽培，循环发展"；其核心就是"从林中来，到林中去"，在林田间循环，规避魔芋的白绢病和软腐病；是节本增效的新途径。以陕西省安康市岚皋县为例，2016 年全县森林覆盖率为 78.6%，探索出的林下魔芋"岚皋模式"备受全国魔芋种植基地县政府的肯定和国内专家学者的关注，被誉为"中国魔芋之乡"，曾先后荣获全国魔芋地理标志产品保护区、全国魔芋种植基地重点县等荣誉称号。2016 年，全县魔芋种植面积已经突破 0.67 万 hm^2、年产量 9 万 t，魔芋产业综合产值达到 9 亿元，培育魔芋示范园 12 个。

岚皋县林下魔芋发展的优势条件：一是区位优势，有着独特的地理位置和优越的自然条件。岚皋县处于亚热带季风气候过渡带和全国第二富硒资源带，是秦巴生物多样性生态功能区和国家南水北调中线工程水源涵养地。温润适宜的气候环境和具有的富硒资源特色，使其成为全国为数不多的魔芋最佳适生区。二是市场优势。魔芋一年一熟，营养十分丰富，含淀粉 35%、蛋白质 3%，以及多种维生素和钾、磷、硒等矿物质元素，还含有人类所需要的魔芋多糖，即葡甘露聚糖含量达 45%以上，并具有低热量、低脂肪和高纤维素的特点。魔芋粉可供食用，并可加工成魔芋豆腐、魔芋挂面、魔芋面包、魔芋肉片、果汁魔芋丝等多种食品。

岚皋县多年来始终把魔芋作为富民强县的支柱产业，坚持抓基地建设、企业培育、品牌打造，形成了富硒魔芋产业化经营体系，总结出的"岚皋模式"经验在全国推广。一是安康市岚皋县"企业＋基地＋农户"和"企业＋政府"的经营模式。"企业＋基地＋农户"一体化生产经营模式实现了农户个体的"小生产"与整体"大市场"之间的有效对接，形成了完整的产业链，解决了产品种植和市场销售脱节的问题；同时种植基地会定时收购种植农户的种子，还会优先租赁低收入农户的土地，雇佣其为劳动人员，增加就近就业的机会，有效地促进了农民增收。"企业＋政府"是精准扶贫时期的主要经营模式。政府制定好产业扶贫政策、机制以及服务措施，积极做好各个部门之间以及政府与扶贫企业之间的高效对接，加大对优质扶贫类企业的扶持力度，确保每项扶贫政策得到贯彻落实；另外，政府有针对性地通过各种方式扶持企业，如政府会为扶贫企业组织推介会，做产品推广和招商引资等；政府也会在年度会议上对优秀企业进行表彰，对本县发展作出贡献和销售业绩达标的企业予以一定额度的奖金，通过激励扶贫企业，来增加企业的扶贫力度。

二是强化管理到位。岚皋县按照区域化布局、规模化发展、标准化种植、一体化经营的思路，全力推进魔芋"示范园"建设。岚皋县成立工作组对辖区内魔芋产业发展状况进行了详细摸底，在"协商、自愿、有偿"的基础上，依法采取转包、出租、互换等方式流转土地，不断壮大魔芋园规模，并详细了解辖区内魔芋种植业的详细进展，调查种植户对政府、企业的意见和建议，找到魔芋产业健康持续发展的主脉搏，带动提质增效。

三是强化宣传推广，为"岚皋魔芋"商标品牌建设营造良好的舆论氛围，全面提升产品的附加值、竞争力和知名度。宣传落实到位，镇、村、组干部不断深入农家中，耐心细致向种植户宣传魔芋生产、物资补助等政策，利用现有的大户典型，以榜样的力量感染群众，同时制定切实可行的奖惩办法，按照栽种面积、地块集中度、产量高低等方面对魔芋种植户进行定额奖励，从而提高农民的积极性，进一步统一思想，充分认识到魔芋产业是促进农民增收的有效途径，不断提高农户的热情。近年来，伴随着魔芋产业强势发展，岚皋魔芋已经与生态旅游、文化等县域经济发展元素相融相合。例如，通过打造魔芋公园，搭建一个魔芋与旅游、文化融合发展的平台，提供一个展示魔芋生长、普及魔芋知识、宣传魔芋产业的窗口（张凡等，2016），同时依托当地龙头企业，将魔芋主题公园作为魔芋产业展示交流场所，打造一个集魔芋种植、加工、科研为一体的魔芋发展基地。并将借助魔芋主题公园建设，举办"魔芋王"评选大赛、魔芋摄影大赛、魔芋故事搜集、魔芋民俗节目展演等系列活动，构建浓厚的魔芋文化氛围，提升岚皋魔芋的含金量和知名度。

四是技术服务到位。岚皋县以"多见面、常联系"活动为载体，对魔芋栽种户进行跟踪指导服务，面对面向农民传播魔芋高产栽培、病虫防治、储藏管理等技术，不断促进魔芋高质高产发挥致富"魔力"。

五是坚持市场化导向，注重尊重消费者的意愿和发挥市场的主体作用，带动低收入群体长效增收。一方面扩大产品规模，丰富货源，提高农产品供给的规模化、组织化水平，增强农产品持续供给能力。另一方面畅通渠道，在持续巩固线下销售成果的基础上，岚皋县建成县级电商服务中心、物流配送中心各 1 个，镇级电商服务站 12 个，物流服务站 11 个，村级电商服务点 64 个，物流服务点 50 个，城区内快递超市 10 个（付元婷，2021），缩短了交易周期，降低了物流成本，拓宽了群众视野，市场活力明显增强。

3.4.2　林下养殖

1. 林禽模式

林禽模式即充分利用林下昆虫、小动物及杂草植物多的特点，在林下放养或圈养鸡、鸭、鹅等家禽。这一经营模式体现了绿色、环保的特点。优势是投资成本低，环境污染小。林下为家禽提供了适宜的生存环境，禽类可以捕食林下滋生的杂草、昆虫、蚁类等，减少了林中病虫来源，维护了林地的生态环境；同时禽类粪便还能为树木提供肥料，促进了林木生长，大大降低了林木抚育及禽类饲养成本，实现了以林养禽、禽育林的林禽互利共生良性循环。该模式养殖的家禽属于绿色产品，质量高，销售市场好，深受群众喜爱，发展潜力大，经济效益好。

陕西秦巴山脉林下养殖已经形成一定规模，特别是林下养土鸡，安康、汉中等市有许多土鸡养殖户和专业合作社。以留坝县为例，林下散养土鸡已经成为该县农业产业重点项目之一，按照"试点示范，稳步推进"的原则，2014 年，留坝县农业局在深入调查的基础上，制订了发展规划，研究了发展措施。为提高土鸡产品质量，2014 年，该县投资建立了土鸡繁育中心，引进"青脚麻"优质种鸡，精心选育适应留坝气候、适合林下放养的优质品种"留乡山鸡"，并对场地、品种选择、疫病防控、饲养管理技术等进行现场指导，同时统一提供鸡苗、实行规范统一的饲养模式。此外，采取"公司＋农户""协会＋农户""公司＋合作社＋农户"的方式，通过能人带头、项目扶持，以合作社或协会为平台，推进土鸡产品规模化生产、企业化管理，养殖示范户带动发展。留坝县人民政府网站数据显示，2016 年，已建立林禽种养殖相关的专业合作社 28 个，带动农户 3000 多户，建成省市级示范合作社 3 个、县级示范合作社 9 个。2017 年，全县禽、蜂饲养量分别达到 20.1 万只和 2.97 万蜂桶，其中出栏禽 16.8 万只，与上年同期出栏量相比，增长 56.67%；禽蛋 335 吨，比上年同期减少 4.29%。此外，还大力发展林下养蜂产业。以旬阳县①为例，旬阳县林业局作为林下经济产业主管单位，近年来，一直充分利用全县林业资源，做足做好这份"甜蜜产业"（向甲斌，2017）。2019 年，全县共有养蜂合作社 15 个，养蜂规模已达 20 000 余箱，覆盖 162 个村，1920 户，其中涉及贫困户养殖 1354 户，以村级集体经济组织为主体，采取贫困户分散放养和合作社集中统养等方式相结合，共有 6000 多户贫困户从中受益。

一是政府依托秦巴腹地独特的资源条件，加强技术指导和支持。技术培训重点面向林业系统全体干部职工，为后续的指导中蜂养殖提供技术支撑。2019 年，120 余名林业干部以及有关镇 40 余名养蜂大户参加了旬阳县林业系统林下养蜂技术培训，重点对养蜂的前景，养蜂的环境条件，中蜂的管理、饲养、巢脾修造等专业技术进行详细讲解，并再次在太极城森林公园进行林下养蜂现场实践操作培训。此外，成立工作组，逐村逐户上门指导，解决养蜂户生产中的实际问题，通过单位技术包抓，村集体经济组织带动，实现养蜂效益最大化。

二是在铜钱关镇双河村六组的绿佳然生态农业农民专业合作社，投资建设中蜂繁殖基地，该合作社自 2017 年成立至 2019 年底，以"党支部＋合作社＋贫困户"模式，通过免费发放蜂种、免费培训、订单回收带动贫困户养殖中蜂 200 箱，58 户贫困户年增收 8 万余元。2019 年，该合作社成功通过了"绿佳然土蜂蜜"商标注册，提高了市场知名度。

2. 林畜模式

林畜模式是林草模式的延伸，也可以称为林-草-畜模式，即林下种植牧草发展养殖业。在林间种植牧草，发展养殖业，用树木叶子、牧草、杂草来喂牛、羊、猪等家畜。林地面积较大，牛羊活动范围广，为牛、羊、猪等提供了良好的生活环境，有利于其健康快速地生长、繁育；此外，林地温度较低，通风好，适宜家畜的生长。同时，养殖牲畜所产生的粪便为树木提供大量的有机肥料，促进树木生长，形成一条生物产业链（朱泓宇等，2016）。林畜模式的发展带来的不仅仅是农民的增收，更为产业后续长远发展提供了源源不断的动力（刘旭等，2016）。

---

① 2021 年 2 月，国务院批复同意陕西省撤销旬阳县，设立县级旬阳市，以原旬阳县的行政区域为旬阳市的行政区域。旬阳市由陕西省直辖，安康市代管。

3. 林下特色珍稀养殖动物

林麝属国家濒危、珍贵一级保护动物。雄麝所产麝香是珍贵的中药材，具有"通诸窍、开经路、通肌骨"的功效，还可作为上等的香料原料，因其用途广泛，其价格可与黄金相比，有史以来，麝香就是我国战略储备物资。目前林麝养殖基地主要集中在凤县、太白县、陇县、眉县。凤县地处秦岭腹地，森林覆盖率高，是亚热带与温带分界线，是全国最适宜林麝生存的地区，山里分布有野生林麝。林麝养殖的成功最早始于留凤关镇农民陈树民，除了他本人善于钻研外，这片区域海拔比较低，野生植物里面的药用成分比较多，给饲料研制提供了依据，这也是这几年林麝养殖产业发展比较快的重要原因。

凤县的林麝养殖历史悠久，农户参与度高。至 2015 年，全国圈养林麝 9900 头，其中陕西圈养 8000 余头，而凤县就圈养 7000 余头，成为全国最大的林麝人工养殖基地。凤县有养殖野生动物的传统，如养麂子、蛇、野兔等，是传统养殖大县。1980 年至 2000 年，非法猎杀野生林麝非常猖獗。为保护这一濒危珍稀物种，凤县自 20 世纪 80 年代开始人工饲养林麝，经过不断摸索和总结，探索出了一条林麝保护与发展并举之路。让原来不足百头的林麝，发展到 2015 年的 7000 余头，规模占到全省存栏总数的 80%、全国存栏总数的 70%以上，凤县一跃成为全国最大的人工林麝养殖基地。

除了饲草的品种丰富以外，当地村民还会添加一些精料，如凤县当地产的苹果、南瓜、萝卜等，不同阶段用不同的配方，林麝食物的营养结构合理，使得凤县地区的林麝发病率低，品种优良成为必然。麝香是国家战略储备物资，需求量很大。凤县所产麝香为"秦香"，麝香酮含量占整个麝香的比例在 2.0%到 2.5%，品质在全国位于前列。凤县政府将林麝养殖作为山区人民致富的项目大力扶持。县上曾出台多项扶持政策支持人工养殖林麝，如繁育一头仔麝补助 1000 元，从外地引进一头补助 3000 元，新建 100 间圈舍补助 5 万元，很快养殖户达到了 300 余户，并受到有关科研单位和专家的关注。除了这些扶持政策，养殖林麝的农民由上级野生动物保护部门负责培训，同时在陈树民的养殖场实习，在掌握了基本的养殖技术后，再批准开办养殖场。此外，每年由县野生动物保护站牵头，邀请有关专家和养麝大户对养殖户开展两次集中培训。

与此同时，县科技局、林业局会同国内多家龙头医药企业开展深度合作，通过招商引资，先后与宝鸡秦峰野生动植物开发有限责任公司、漳州片仔癀药业股份有限公司、四川逢春制药有限公司等深加工企业开展合作，让农户养殖与企业产销形成"一条龙"产业链，加大开发和创新力度。为了进一步实现异地调配，解决种群品种退化问题，减轻农户养殖压力，同山西、甘肃、河南、贵州、重庆签订了意向书，协助外地筹建养殖场地，提供技术和人员支持，按照政策法规要求，向省外进行调配。在林麝养殖过程中也要注意以下两个问题：首先，随着种群扩大，凤县当地的野生饲草资源有限，在采草旺季有些养殖户不得不到远离村子一二十公里的地方去采集青树叶，以备过冬干草饲料。其次，一些养殖基地开始出现种源和麝香饱和状态，养殖户处于被动，调配一对幼麝，2010～2012 年年费用在 6 万元左右，而从 2016 年开始下跌到 4 万元甚至 3 万元，农户养殖林麝显得信心不足。

3.5　秦巴山脉森林旅游发展

3.5.1　秦巴山脉森林旅游概况

秦巴山区曾是我国 14 个集中连片特困地区之一，主体位于陕南地区。受到自然地理、经济社会、贫困人口等因素的影响，秦巴山区长期存在资源短缺、生态脆弱、基础设施不足、市场发育不良、人力资本匮乏等发展困境，产业支撑力弱，贫困程度较深，是国家精准扶贫时期脱贫攻坚主战场中涉及省份最多的片区。首先，秦巴山区内的资源众多，特色鲜明，目前已建成森林公园、风景旅游区、自然保护区等旅游景区景点，对当地的经济和社会的发展已产生了积极的影响。秦巴山脉有世界级旅游资源 3 处，国家级旅游资源 300 余处，尤以武当山、伏牛山、白云山、中原大佛、大昌古镇等具有国际吸引力的旅游资源为代表，优质资源分布密度较大。其次，旅游资源类型丰富，囊括了 8 个主类和 31 个亚类，分为自然景观旅游资源和人文景观旅游资源，其中自然景观旅游资源分为地文景观、水域风光、生物景观和天象气候四大类；人文景观旅游资源分为遗址遗迹、建筑设施、旅游商品、人文活动四大类，为秦巴山脉发展生态旅游提供了优势条件。此外，独特的自然和人文要素使这一地区形成了数量丰富、分布广泛、品位突出的国家级自然遗产、国家级自然保护区、国家重点风景名胜区、国家 A 级旅游景区、国家级森林公园等和国家地质公园。2018 年，秦巴山区内有国家 3A 级及以上景区 289 个（常建霞等，2020），为秦巴山脉生态旅游发展奠定了基础。

秦巴山区还有为数众多的旅游资源尚处于未开发状态，各地资源特色还未得到充分体现，总体规划设计创新意识欠缺，发展目标定位不明确，总的来说，仍具有巨大的开发潜力和发展后劲。

3.5.2　秦巴山脉森林游憩康养 SWOT 分析

1. 秦巴山脉森林游憩康养的优势

1）丰富的森林和动植物资源

秦巴山脉森林资源丰富，森林覆盖率高。以陕西片区为例，秦巴山脉陕西片区明显的气候条件差别和地理分异，使陕西片区生态系统和动植物种类丰富而特殊。宜林面积大，资源丰富。主要的经济林有生漆、油桐、核桃、板栗等，中草药 2000 余种，有"天然药库"之称。其植被类型包含亚热带的常绿落叶阔叶林、暖温带的落叶阔叶林、温带的针阔混交林、亚高山针叶林及多种类型的旱生灌丛、草甸、草原、荒漠等，占我国植被类型的 70%，森林覆盖率达 56.2%（张景群等，2008），有"生物基因库""生态植物园""天然动物园"的美誉。其植物区系包含了世界植物区系中的 15 种地理成分，种子植物 3754 种，其中，特有种 1428 种，国家重点保护植物 24 种（张景群等，2008）。该区分布有兽类 126 种、鸟类 338 种、昆虫1435 种，国家一级保护野生动物 8 种，国家二级保护野生动物 40 种（张景群等，2008）。安康市为中国北亚热带动植物典型代表区，有羚牛、朱鹮、大熊猫、云豹、大鲵等珍稀动物；汉中市截至 2021 年共有陆生野生动物 618 种，其中鸟类 405 种、兽类 142 种、两栖类 27 种、爬行类 44 种，列入国家一级保护野生动物 28 种，国家二级保护野生动物 99 种，省级重点保护野生动物 30 种。这些丰富的森林资源和动植物资源为秦巴山脉进一步扩展森林康养产业夯实了基础。

2）良好的自然环境

秦巴山脉独特的地理位置和气候特征造就了山、水、林自然奇观，地处秦岭大巴山和汉水谷地的陕南地区，极具鲜明的地域特色，堪称秦巴地区的一颗明珠（郭萌等，2020）。独有的北亚热带季风气候，生物资源垂直分布，动物资源珍稀，加之以汉水水系为核心的河流体系，孕育和造就了陕南"灵蓄南国一派秀，势承秦巴二脉雄"的生态旅游资源。陕南地区光、热、水资源丰富，气候温暖，光照充足，降水适中，年平均气温 11～14 ℃。陕南水能资源丰富，年平均径流总量达307 亿 m³（张景群等，2008），优越的水文条件造就了秦巴山区潭、湖、溪流、瀑布等水态奇观。陕西片区地处亚热带和亚热带向暖温带过渡的气候区，使秦巴山区成为陕西省雨量最充沛的地区，相较于全省，陕南片区环境空气质量远强于关中、陕北地区。优越的空气环境为森林康养产业的发展带来了巨大的优势。

3）厚重的人文资源

秦巴山脉陕西片区有数千年历史文化积淀的众多名胜古迹及丰富多彩的民风民俗，人文旅游资源十分丰富。例如，"四塞险固"的历史文化名城汉中市，留下了一批宝贵的历史文化遗迹，其中，"两汉三国"文化最为厚重，还有传奇般的栈道文化、造纸术发明家蔡伦及洋县的墓祠、刘邦分封汉中王时的宫廷古汉台和拜将坛、被誉为"国之瑰宝"的汉魏十三品石门摩崖石刻、雄伟壮观的褒斜栈道等。

4）宝贵的成功经验

近年来陕西片区强化全域全景和融合发展理念，充分发挥生态、区位、交通、文化等诸多优势，进一步发展了森林康养产业。安康市以"旅游＋森林康养"为模式，以复合式主题活动，通过森林旅游、康养服务为区域经济发展注入了全新的活力，也为旅游产业和林业提质增效；结合森林公园、旅游景区、湿地公园、养老服务中心等现有资源，融合发展各类产业模式。例如，位于安康市镇坪县南 40 km 曙坪镇境内的飞渡峡景区，森林覆盖率达 98% 以上，峡谷两岸青山绿水，形成奇特的自然景观。飞渡峡水景秀丽，山景婀娜多姿；景区内有川陕移民时留下的古栈道、移民旧址，飞渡河水源充沛，瀑布众多，更有令人叹绝的石景，幽静的河谷风情和古色古香的原始森林风景令人心旷神怡，是旅游休闲的最佳之地，也是最能体现秦巴特色的山水旅游资源。景区内负氧离子含量达 3000~5000 个/cm³。景区内拥有可容纳 200 余人住宿和就餐的别墅及餐饮服务设施，同时有老年休闲养老中心，周边农家乐等餐饮、娱乐服务星罗棋布，建设森林康养的基础条件优越。

5）优良的地方特产

秦巴山区优厚的森林资源，衍生出优良的森林食品食材，主要种类有：食用菌类、天然植物淀粉类、竹笋类、山野菜类、天然水产品类、干杂果类、野生水果类、林下蔬菜类、家畜家禽野生放养肉。特别是优品类、地道纯正的土蜂蜜等，营养丰富，品质优良，风味独特，是食补食疗的理想营养品。同时地方饮食特色小吃品种丰富，是游客赏地域风情、品美味佳肴、享品质生活的极好选择。

2. 秦巴山脉森林游憩康养的劣势

1）缺乏总体规划

秦巴山区各地森林康养基地的发展程度整体不高，森林康养产业起步较晚，当前的森林康养项目大多停留在以森林背景资源开展休闲旅游和素质拓展训练为主的初级发展阶段，并未在健康监测、疾病理疗、疾病康复等健康管理项目上进行尝试性的开发，忽略了森林康养价值的正确定位。森林康养产业所涉及的板块较多，但制定的执行标准针对性较弱，造成与传统旅游规划的区别度不够；执行标准低也使得森林康养服务中心泛滥，但其内部用于医疗、康养、疗养的基础设施并不完善，质量参差不齐，影响康养效果。在旅游发展过程中存在局限性，缺乏与相关产业如医疗业、绿色有机农业、养老产业等的融合发展，未形成一定规模的主题明确、特色鲜明的康养旅游产品和服务。

2）缺乏品牌影响力

当前对于新媒体推广形式的应用还处于相对落后的阶段，缺乏多渠道的本区域康养旅游形象宣传，缺乏提供康养旅游相关知识的科普服务。现有的营销渠道十分有限，时下流行的"互联网＋"和小视频推广等相关形式并没有成熟的平台在推广和销售。现阶段专业人才"招不到"和"留不住"是当前制约森林康养发展的最大痛点之一（罗贤宇等，2024）。传统康养专业人才基数小，培养力度不够，缺乏具有康养知识和技能的新型综合性跨学科人才，森林康养管理操作人才培训体系不完善，缺乏森林康养基地专项规划设计人才。

3）缺乏发展特色

森林康养产业经营主体呈现多元化发展的态势，但是管理水平差距大，多以传统产业为基础，与服务性相关的盈利点较少，且随着森林康养基地数量的快速增加而愈发同质化。总体来说，目前大部分森林康养基地的产业化程度较低。

4）缺乏深度建设

现有的可盈利的森林康养相关项目都属于传统行业，如旅游地产、观光型农业，森林康养基地本身的宣传推广成本和投入限制了森林康养产业的发展，在发展森林康养旅游业过程中，未形成康养旅游业与观光、度假、体育、研学等旅游业的产业联动，缺少符合康养标准的森林步道和适合康养者安静休闲养生的密闭空间。

3. 秦巴山脉森林游憩康养的发展机遇

1）国家政策扶持

国家和各省区市给予了森林康养高度的关注和强有力的政策支持，营造了良好的政策环境，也为我国森林康养产业与国际接轨提供了现实条件。2016年末，中共中央、国务院印发了《"健康中国2030"规划纲要》，对普及健康生活、优化健康服务、完善健康保障、建设健康环境、发展健康产业、健全支撑与保障等方面作出阐述。此外，发布了《林业发展"十三五"规划》《中国生态文化发展纲要（2016—2020年）》《国家林业局办公室关于开展森林特色小镇建设试点工作的通知》《国家林业局关于大力推进森林体验和森林养生发展的通知》《关于启动全国森林体验基地和全国森林养生基地建设试点的通知》等文件，强调发展集旅游、医疗、康养、教育、文化、扶贫于一体的林业综合服务业（刘龙龙等，2019）；开发和提供优质的生态教育、游憩休闲、健康养生养老等生态服务产品（苏冰涛和李松柏，2013）；重点强调发展森林旅游休闲康养产业，构建以森林公园为主体，湿地公园、自然保护区、沙漠公园、森林人家等相结合的森林旅游休闲体系，大力发展森林康养和养老产业。2019年国家林业和草原局、民政部、国家卫生健康委员会、国家中医药管理局联合印发了《关于促进森林康养产业发展的意见》，有力地推动了产业发展。林业产业是科学合理利用林草资源、践行绿水青山就是金山银山理念的有效途径，是实施健康中国战略、乡村振兴战略的重要措施，是林业供给侧结构性改革的必然要求，是满足人民美好生活需要的战略选择，意义十分重大。

2）市场前景广阔

随着城市经济的发展，居民生活水平的迅速提高，居民希望能够回归自然和森林的愿望与诉求十分强烈，人们越来越关注自身和家人的身体健康，对旅游的要求也从最基本的观光游览转向寻求身心健康的休闲体验游，到大自然里寻求健康环境的人越来越多。健康产业是未来社会发展的必然趋势，而旅游和健康的结合更是一个有潜力的发展趋势。森林康养通过将自己置身于森林环境中，漫步林中小道，观赏宜人景观，呼吸新鲜空气，聆听悦耳鸟鸣，达到放松心情、消除疲劳、提高人体免疫力、促进身心健康的目的，对引领健康生活方式起到了积极作用，加之中国进入老龄化阶段，医疗保健行业也面临着新的要求，由以往单一的医疗保健功能向多元化、综合化的医疗保健服务转变。森林康养产业契合了人民更高层次的需求，具备长远发展的潜力，目前追求身体健康和心灵和谐的深度旅游、参与式旅游成为热点。森林康养基地环境良好、景色宜人，能够满足旅游者多元化、多层次、多形式、高端化和品质化的旅游需求。大健康时代的到来以及国民收入的日益增加，为广大市民追求绿色、生态、健康的未来生活描绘了美好愿景。另外，随着老龄化社会的到来，公众养生意识逐年提高，森林康养市场前景更为广阔。当前，居民生活水平稳步提高，需求趋于多样化，消费结构升级，旅游消费占比提高，加之日益加重的生活压力，环境优美、安静舒适的自然风光景区得到更多人的青睐，这也为森林康养行业的发展带来很大的机遇。城市化进程导致城市生态环境问题日益突出，此外，城市快节奏的生活和激烈的竞争容易引发各种"文明病""忙人病""抑郁症"等现代疾病。因此，越来越多的人开始注意养生保健，居民的休闲需求和生态意识逐步增加，到森林里寻找健康的人群日益增多。

3）生活理念转变

绿色生活观念的普及直接推动了社会大众生活方式的改变。社会大众对绿色生活理念的认知逐渐提高。相应地，在医疗健康领域，亲近自然、绿色低碳的发展模式更加契合社会大众的绿色生活理念。越来越多的消费者开始选择森林康养产品替代传统的康养产品或保健品，森林康养产业在社会大众绿色理念的推动下不断创新发展。越来越多的人将健康意识逐步融入自己的生活之中，对健康的投入和关注也有着显著的提升。

4）预期经济效益显著

森林康养作为一种新兴产业，产业链长，发展潜力大。秦巴山区跨越五省一市，客源有保障，高消费群体多，森林康养需求大，加之具备旅游资源丰富，森林康养容量大，内容多，环境质量高等优势，森林康养产业上规模后，将会大幅提升汉中旅游业和林业产业的经济效益。

5）发展空间充足

国家森林城市建设，为森林康养产业发展提供了坚实的政策与项目支撑。秦巴山脉符合森林康养基地建设自然条件标准的地域空间充足。以陕西片区的留坝、佛坪两县为例。两县森林覆盖率均在90%以上，空气质量优。据气象观测数据，留坝县每年空气质量优良天数呈增加趋势，2021年全年环境空气质量优良天数362天，空气质量优良率居全市第一（李嘉鹏等，2023），2021年佛坪县城内平均空气负氧离子含量数为1237个/cm^3。两县全域（包括县城区）空气负氧离子含量均高于森林康养基地建设标准指标，2015年和2017年入选"中国深呼吸小城100佳"。由此可以推测汉中市康养发展空间充足。汉中市山区和丘陵地区面积广阔，山地占全市面积的75.2%，丘陵占14.6%，具有和留坝县、佛坪县相似的森林覆盖率和空气质量，全市符合森林康养基地建设自然条件标准的地域面积能占到全市土地总面积的80%以上，发展空间十分充足。

4. 秦巴山脉森林游憩康养面临的挑战

1）行业竞争压力大，品牌竞争力弱

近年来，周边省份的旅游业投资大、发展快。而且山水型旅游地的旅游资源替代性较强，森林旅游资源种类趋同，旅游产品同质化现象严重，秦巴山区要想在群雄林立的旅游客源市场中占据一席之地，需要技高一筹的策划和推销，同时要精密整合旅游资源，突出区域特色，创建特色品牌，以稳定省内客源，抓住国内客源，逐步开发国际客源市场。这不仅需要独具特色的旅游资源，而且需要更高层次的旅游形象，体现个性和特色的旅游产品与高质量的旅游服务。目前仍然缺乏在国内、在世界有影响力的品牌，秦巴山区森林康养基地在气候条件、森林植被、空气质量、基础设施、康养产品等方面与省外的基地相比，知名度不高且没有明显的特色和优势，面临着激烈的市场竞争。从区域内部来看，森林康养基地与其他类型的基地相比，还没有形成特色的核心康养产品，不利于森林康养基地的推广和宣传，难以吸引外地游客前来体验和消费。如何充分利用森林康养基地的资源，打造具有特色的林、宿、食、娱、健、疗、购服务体系，是基地必须考虑的问题。

2）区域资源整合不到位，缺乏科学的开发规划

尽管秦巴山区每个旅游景区景点都有规划，但受制于行政上的条块分割，缺乏统一的具有战略性的发展规划和可操作性强的发展目标，组织性和协调性差，有时还会为争夺客源而发生内耗，景区的生态保护工作将面临更大困难。同时，在景区发展的过程中，随着知名度的提高，游客数量增加，须更加重视对生态的保护，寻求旅游业发展及生态环境保护的平衡是一项重要且艰巨的工作。

3）森林康养产业基础薄弱，产业发展尚待培育

相较于国外，我国森林康养的概念起步较晚，产业发展的可塑性较强。现有森林康养基地大多数基于传统项目发展盈利，而和森林康养产业直接相关联的服务行业并没有相适应的发展，相关服务项目的开发和利用也很少，使森林康养本身能给予用户的体验相对单薄，产品结构单一，多以游览观光为主，旅游体验欠佳。存在着文化内涵不够、景区配套不完善、旅游线路分散、缺乏吸引力等诸多问题。森林康养基地过快扩张而没有实质的产品和服务是限制森林康养产业进一步发展的主要短板。

5. 秦巴山脉森林游憩康养的市场定位

1）秦巴山脉森林游客源市场按地域划分

通过调查分析，按客源的集中度大小可将秦巴山脉森林游客源市场细分为一级市场、二级市场和机会市场三个部分。一级市场是重点市场。秦巴山脉区位优势明显，有西安市"后花园"的美称，该区域历来处于旅游开发产品的基础市场地位，也是生态旅游的重点区域。二级市场是开拓市场。陕西省南部紧邻重庆及四川的绵阳、成都，东连江汉平原的襄阳、十堰、武汉等大中城市，这些地区由于受到秦巴山区特殊生态群和独有人文旅游资源的影响，加之未来省间旅游市场的互动与交流，很有希望成为重要的发展市场。陕北及甘肃、宁夏、青海等地，由于与秦巴山区资源差异十分明显，这些地区中的经济较发达地区已成为秦巴山区的基础市场，而大部分经济欠发达地区作为潜在市场也成为必然。机会市场一方面指我国除秦巴山脉的紧邻省份以外的省份，如山西、河北等；另一方面是指海外市场，主要来自日本、新加坡等东亚国家和其他地区。

2）秦巴山脉森林游客源市场按收入划分

从调查来看客源性别比例比较均衡，年龄上大多是中年人和高校大学生，随着消费观念的改变，青年大学生有望成为未来消费的主体，但是大学生收入有限，因此目前秦巴山脉旅游者消费以中等收入群体为主，整体消费水平不高。

3.5.3　具体案例

1. 留坝县紫柏山国家森林公园

留坝县生态环境优越，自然风光宜人，两汉三国历史文化积淀丰厚，自然景观与人文景观交相辉映，旅游资源独具特色，张良庙-紫柏山国家 4A 级旅游景区、留坝栈道水世界国家 4A 级旅游景区、张良庙国家重点文物保护单位、紫柏山国际滑雪场等多张旅游名片备受青睐。位于县城西北的国家级文物保护单位张良庙，始建于东汉末年，距今已有 1800 多年的历史，集南方园林之秀丽与北方殿堂之宏伟于一体，是全国保存最完整的祭祀张良的古建筑群。境内栈道遗迹星罗棋布，褒斜栈道、连云栈道、陈仓古道穿境而过，历史典故众多，文化源远流长，故有

"栈道博物馆"之称。

紫柏山，陕西三大名山之一，位处秦岭南麓，因山上遍生紫柏而得名，紫柏山岩谷地貌奇异，自然风景秀丽，野生动植物较多，森林覆盖面积 4000 hm²。山下张良庙背靠紫柏山，其最高建筑"授书楼"屹立山巅，掩映在紫柏青松之间，隐现于云海雾涛之中，雄伟壮观。凤县境内最高峰海拔 2538 m，享有"岭南独秀""秦岭明珠"之美誉。其山体逶迤绵延 500 余里，高仰前首，后驰巨尾，势如腾飞的巨龙，因此又称"龙如山"。植物种类繁多，随着海拔高度的变化而过渡分布，形成了针叶林与阔叶林混生、落叶林与常绿林交错的植被垂直分带现象，呈现出独特的景观，具有很高的旅游观赏价值。

同时留坝县建成特色民宿酒店、稻草人主题公园、老街书吧、木工学堂、青年旅舍、自行车慢道、青少年足球研训基地等一批独具特色的旅游创意设施，形成了适应不同游客需求、贯穿一年四季的全域旅游产品体系。留坝县玉皇庙镇近年来以打造"中国最美山村"特色旅游品牌为核心，努力改变镇村面貌，加大旅游开发力度。全镇充分利用本地自然优势精心打造石门子露营基地、月亮湾花谷、"玉皇仙鸡"斗鸡场 3 处旅游景点，并沿高江路建成最美乡村道路，发展林麝、大鲵、银杏、食用菌等几大观光园区，境内环境优美、民众安居乐业，成为生态旅游胜地。此外，香菇、木耳、土蜂蜜、西洋参、板栗、银杏 6 个国家地理标志认证的"金字招牌"，使寻常山货摇身一变，成了炙手可热的旅游商品，旅游不仅带旺了民宿餐饮，更让这里的绿色特产实现"直销"，把生态优势转化成了经济优势。

近年来，县委、县政府依托独特的生态优势和丰富的历史资源，确立了"生态立县、药菌兴县、旅游强县"和旅游"一业突破"发展战略，坚持"以农林业为依托、市场为导向、绿色为主题、文化为内涵"的开发思路，依托高品质休闲农业资源，契合休闲旅游市场需求，深度挖掘山地农业资源的休闲价值，持续推进农旅融合发展、产景一体建设，开发出观光、民俗、养生、休闲、度假等多种产品结合的休闲生态旅游产品体系，使之成为支撑生态发展与乡村旅游业融合发展的重要组成部分，驱动生态改善与农业经济发展，带动农户参与当地生态建设与乡村旅游产业，聚全县之力，兴旅游产业，实现林业增效、农民增收的目标，走出了一条以旅游业突破引领县域经济社会全面、协调、可持续发展的新道路，先后荣膺中国县域旅游之星、全省首批旅游强县、全省首批旅游示范县、全国休闲农业与乡村旅游示范县、国家卫生县城、全国首批"中国天然氧吧"，以及全国首批、西北唯一"绿水青山就是金山银山"实践创新基地等多项殊荣。

2. 陕西牛背梁国家森林公园

陕西牛背梁国家森林公园位于秦岭南坡的柞水县营盘镇朱家湾村，海拔

1000～2802 m，总面积 2123 hm²，距西安 42 km，秦岭长隧穿腹而过，S102 省道直达公园门口。已建成了羚牛谷山水游憩区、六尺岭峰林景观区、牛背梁高山风光区等三大景区，以及综合服务区、羚牛谷服务区、月亮垭服务区、红桦林服务区等四大功能服务区，成功创建成为国家级森林公园、国家 4A 级旅游景区、国家水利风景区。茂密的原始森林、清幽的潭溪瀑布、独特的峡谷风光、罕见的石林景观，以及秦岭冷杉、杜鹃林带、高山草甸和第四纪冰川遗迹所构成的特有的高山景观造就了集景观多样性与独特性于一园的国家级森林公园。陕西牛背梁国家森林公园是科考、探险极佳地域。景区内分布有针阔混交林、落叶阔叶林、亚高山灌丛草甸带，分布着高山杜鹃、秦岭冷杉、高山草甸等植被。海拔 1000～1700 m 为落叶阔叶林带，大部分为华山松、油松、锐齿栎、栓皮栎等，其次为黄栌、火棘、蒿类、蕨类、羊胡子草等灌木及草本植物。海拔 1700～2300 m 为针阔混交林带，海拔 2300～2802 m 为针叶林带，主要植被有珍稀植物秦岭冷杉，林下有黄檗、松花竹等。在海拔 2700 m 以上为亚高山灌丛草甸带，属于秦岭终南山顶峰牛背梁，主要有国家二级珍稀濒危保护植物太白红杉。景区内特有的珍稀植物有秦岭冷杉、红杉、龙柏等，还有国家一级保护动物羚牛等。

陕西牛背梁国家森林公园是理想的避暑休闲胜地，植被覆盖率达 90% 以上，城市温度达 40 ℃ 以上时，陕西牛背梁国家森林公园却只有 20 ℃，较之低海拔的森林公园而言，清凉是其得天独厚的优势，是都市人理想避暑的不二之选。景区内负氧离子含量为 1 万个/cm³ 以上，森林季节变化多样，将春、秋一山历四季的美景展露无遗。

陕西牛背梁国家森林公园距离西安市区 42 km，收入主要靠门票收入，旅游产业链还没有成型。多数关中地区游客游览陕西牛背梁国家森林公园时，都是一天半的游程半天游完，当日返回西安就餐或住宿，未形成旅游产业优势。同时陕西牛背梁国家森林公园与多数森林公园一样，都是观光型的旅游景点，公园建设风格、营销渠道策略、旅游产品类型存在同业同质化的竞争，如何挖掘差异化的森林旅游的消费市场，实现面对同一森林旅游客源市场，在差异化经营战略的思路下制订森林旅游发展规划，形成具有柞水特色的陕西牛背梁国家森林公园品牌是亟须解决的问题。

3. 崇阳国家森林公园

崇阳国家森林公园于 2014 年设立，面积 3080 hm²，是湖北省森林公园中面积最大的公园之一，也是国家 3A 级景区、全省农业旅游示范点。公园位于湖北省崇阳县桂花泉镇，属亚热带季风气候，四季分明、气候温和、降雨充沛、湿热适宜。崇阳国家森林公园东临崇阳县城，南依 106 国道，西与岳阳楼相望，北邻赤壁三国古战场，距京广铁路、京珠高速公路 20 km，既环抱人文历史名胜，又邻近现代交通网络。

崇阳国家森林公园内植被茂密，森林覆盖率高达 90%，物种繁多，有国家一级、二级保护树种银杏、红豆杉、香榧等共 5 个植被类型 17 群系（群落），有锦鸡、豹猫等鸟类、兽类、两栖动物 120 多种。公园内历史景观有仙人洞，近代汉民族长篇叙事诗《双合莲》中主人公胡三宝、郑秀英故居，崇阳第一个县苏维埃旧址等，自然景观如"马子井""五马盘槽""跑马台""桂花泉""胭脂坳"等。

近年来，县委、县政府牢固树立"绿水青山就是金山银山"的发展理念，着力打造国家"两山理念"实践样板，坚定不移实施生态立县战略，加强生态基础设施建设，做精做响森林生态旅游，整合崇阳国家森林公园、青山水库国家湿地公园、金沙避暑山庄等旅游资源，积极融入鄂南旅游圈，着力于将崇阳国家森林公园发展为崇阳县重点发展项目。

自批准成立桂花省级森林公园以来，崇阳县相继投入 1000 余万元对森林公园进行建设，申报国家 4A 级森林公园，在华中旅游博览会上设立专区，园内桂花山庄相继被市、省旅游局评为三星级休闲山庄和五星级休闲山庄；水上垂钓和水果观光区被评为省级农业示范点；园内连接各个景区的公路已经相继修通。

森林公园建设之初，便确定了保护优先的原则。总体规划在分析森林公园生态环境及森林风景资源、发展的优势和机遇、容量及客源市场等基础上，坚持开发与保护相结合，并把保护放在首位，明晰了确保自然景观和生态环境良性循环和可持续发展的目标。森林公园的保护规划包括重要森林风景资源保护、环境保护、灾害预防与控制等内容。例如，森林公园的十里画廊片区，利用隽水和原生态山地地貌打造山地及水上运动天地；桂花片区生物多样性保持完好，尤其是自然植被，在打好生态牌、展现丰富多样的植被景观的同时，营造森林观赏和科普教育的自然环境。

4. 黄水国家森林公园

位于重庆市石柱土家族自治县东北部，处于长江三峡旅游线上，与石宝寨隔江相望。东西长 12 km，南北宽 7 km，区域面积 50 400 hm²，可游面积 6000 hm²。公园以天然林景观为主体，依托河溪水库和独特的地理、气候条件，融地文、水文、生物、人文、天象景观于一体，是集避暑休闲、游览观光、民俗风情体验、娱乐健身、科普考察、动植物观赏、森林生态保护于一体的综合性山岳型旅游胜地。

黄水国家森林公园不但是天然氧吧、自然空调，还是植物王国、山珍基地、动物乐园。公园内除了一些常见的树种 3000 余个外，还有国家珍稀保护植物"中国一号水杉母树"、红豆杉、大青树、香果树、桢楠等。原始森林有豹、獐、雉等50 余种野生动物。这里还是闻名全国的黄连之乡、白果之乡、莼菜之乡、长毛兔之乡。

公园旅游资源极其丰富,有碧波荡漾的"人工湖"、高原明珠"黄连城"、风景奇特的"大风堡"、神奇梦幻的"十二花园姊妹峰"、天然画廊"油草河"等景区(点)36 处。春天,山花浪漫,万木竞发;夏天,凉风习习,爽心宜人;秋天,漫山红叶,层林尽染;冬天,山舞银蛇,一派北国风光。真可谓春如梦、夏如滴、秋如醉、冬如玉。公园里的土家族历史源远流长,土家民俗丰富多彩。有土家吊脚楼、迎宾啊酒、土家情歌对唱、摆手舞等民俗风情。

在注重自身品牌建设的同时,黄水国家森林公园也带动了周围旅游经济的发展。如 2013 年高速公路和动车站修通后,黄水镇以春赏花、夏纳凉、秋采摘、冬滑雪为主要内容的康养旅游概念,吸引了大量周边地区游客,促使当地房产项目蓬勃发展,也为当地及周边地区带来了大量的就业岗位。

近年来,在乡村振兴战略下,石柱土家族自治县尝试构建以黄连生产系统为中心的武陵山区中高海拔地区复合生态系统。通过黄水国家森林公园区域海拔、气候与物种的错位优势,将适合该地区自然环境的黄连、莼菜、天麻、中蜂等几种经济动植物加以整合,实现空中飞中蜂、坡上有黄连、地里长天麻、水中生莼菜的生态立体种养殖复合体(王剑和田阡,2019)。通过这一复合系统实现农民增收、生态保育、经济发展可持续的目标,进一步激发产业融合发展的内在活力。

5. 天曌山国家森林公园

天曌山国家森林公园为国家 4A 级旅游景区,2008 年地震重建后,公园距广元城区中心 14 km,地处龙门山和米仓山南麓,面积 26 km²,海拔 1100～1700 m。原名天台山,山顶部有一平台,常在云雾之中,故名天台,古时就为道教名山,2008 年地震重建后,为了避免和成都天台山重名,改为天曌山。

天曌山上森林密布,郁郁葱葱。大风吹来,松涛狂吼。烈日当空,浓荫蔽日,登高眺望,一览众山小。园内景景不同、景景相映。天曌山四周最高海拔 1602 m,天曌山海拔 1200 m。天曌山森林覆盖率达 98%以上,大部分树种为柳杉树。天曌山拥有茂密的森林、宜人的气候、幽美壮观的自然人文景观,成为人们理想的消夏避暑之地。天曌山不但有自然景观蟠桃石、九龙山、走马岭、司马光读书台、苍溪河、天池湖、雪坪、银子坑、汉王洞、藏经洞,好汉坡神仙桥等充满神奇和优美传说的景点,另外还有山牛、苏门羚、黄鹿、野兔、灵猴、金雕、云豹、林麝、貉、锦鸡和画眉等珍奇动物以及野生天麻、香菇、木耳、板栗等。

在品牌形象建设方面,天曌山积极打造国家森林公园品牌。一是改名。由于国内尤其是四川省内有多处天台山，易混淆，故改变天台山名称。在新名称选择方面，考虑历史背景因素，将广元固有的女皇文化融入，以女皇武则天名号"曌"改天台山为天曌山，从而提升景区知名度。二是国家森林公园标识设计。2010年，四川天曌山国家森林管理局面向社会征集天曌山形象标识，先后收到来自多个专业院校的设计作品，最终的标识设计精妙地反映了景区内涵。例如，"凤尾龙形"既体现了武则天文化对于天曌山的重要意义，也表现了"日月当空曌，乾坤任我行"的旅游文化特征。作品巧妙实现了天曌山国家森林公园道教、佛教、儒教三教合一的独特构想，也对天曌山国家森林公园未来的发展地位予以美好寄托。

3.6　秦巴山脉生态保护

3.6.1　河南林业生态建设

秦巴山脉河南片区生态区位重要，林业在生态建设中地位日益突出。秦巴山脉河南片区北部、东部和南部分属黄河流域、淮河流域和长江流域三大流域。自北向南分布有小秦岭、崤山、熊耳山、外方山和伏牛山等山脉，统称为伏牛山区，习惯称为豫西山地丘陵区。区域内分布着国家级自然保护区6处、国家级森林公园10处、国家地质公园3处；森林覆盖率为51%，森林面积为2.02×10^6 hm^2，约占秦巴山脉森林总面积的10%，是秦巴山脉森林碳汇的重要组成部分（刘炯天，2016）。省委、省政府高度重视林业生态建设，明确提出实施山水林田湖草生态保护和修复工程，开展国土绿化行动，强化湿地保护和恢复，完善天然林保护制度，扩大退耕还林，加快森林、湿地、流域、农田、城市五大生态系统建设。林业生态建设成果丰硕，一是森林资源持续增长，生态效益显著增加。河南省结合国家林业重点生态工程实施了生态廊道网络、"百千万"农田防护林、山区营造林等省级重点林业生态工程，"十三五"期间，全省累计完成造林面积89.2万hm^2，森林抚育和改造90.47万hm^2，2016年实际完成造林21.42万hm^2，森林抚育32.2万hm^2，2017年与2007年相比，森林面积净增86.39万hm^2，森林覆盖率提高5.17个百分点。二是林业改革稳步推进，林业改革发展服务体系基本形成。全省已建立县级以上林权管理服务机构80个、省级林权管理示范中心12个、林业合作社和家庭林场4374家，流转林地766.95万亩，林权抵押贷款累计达33.6亿元[①]；集体林权制度改革深入推进，集体林地确权登记工作基本完成；出台了《国有林场改革实

[①]《河南省人民政府关于印发森林河南生态建设规划（2018—2027年）的通知》，https://www.henan.gov.cn/2018/09-21/692208.html[2018-09-21]。

施方案》，全省 93 个国有林场统一定性为公益一类事业单位。三是有力支持社会发展，社会效益更加凸显。各地将生态建设与地方经济发展、群众增收相结合，推动了农村产业结构调整，培植了地方财源，增加了农民收入，来自林业的纯收入人均提高到 1021 元，年均增长 13%[①]。四是生态保护能力不断增强。生态文化建设蓬勃发展，生态保护意识和生态文明意识明显增强，自觉"爱绿、植绿、护绿"、崇尚生态、崇尚自然的良好社会氛围初步形成，新增国家森林城市 10 个、林业生态文明示范县 11 个、全国绿化模范城市 11 个、全国绿化模范县 30 个、各类森林公园 78 个（面积 186.14 万亩）、湿地公园 41 个（面积 125.61 万亩）、自然保护区面积 108.9 万亩[①]。五是支撑保障能力得到加强。出台了《河南省森林防火条例》《河南省湿地保护条例》，建成 1 个院士工作站、1 个省级重点实验室、4 个国家级生态定位观测站、7 个省级生态定位观测站及其他科技创新平台 11 个；承担国家和省级林业重大科研项目 84 项，科技进步贡献率提高到 52.3%；建设县级林业技术推广站 159 个、乡镇林业服务机构 1974 个、木材检查站 100 个；建成全省林业政务专网和全省森林资源数据库、营造林管理等林业信息化应用系统和全省林业网站群[①]。

　　河南林业生态建设过程中仍存在一些劣势和挑战。一是森林资源总体不占优势。根据第八次全国森林资源清查结果，河南省森林面积在全国列第 22 位，人均森林面积为全国平均水平的 1/5；森林覆盖率在全国排名第 20 位，人均森林蓄积为全国平均水平的 1/7，难以满足经济社会发展对生态环境质量不断提高的需求。二是资源保护压力加大（杨海蛟，2006）。随着新型工业化、信息化、城镇化、农业现代化深入发展，林地、森林、湿地和野生动植物资源保护的任务重，难度越来越大，森林火灾、森林病虫害等也时有发生。森林公园等森林旅游基础设施建设滞后，生态体验设施缺乏。三是经济林经营管理水平较低。绿色、有机生产体系不健全，优质经济林产品比例偏低，优质木材供应能力严重不足，林业产业总体规模偏小，集约化程度不高。四是林业基础设施薄弱。森林防火、野生动植物保护、资源管理、林业执法、有害生物防治、森林资源监测等装备手段落后，高新实用技术成果推广应用不足，林业人才队伍薄弱（方志，2014）。信息化建设滞后，互联网、电子平台等现代先进技术应用不足。

　　《森林河南生态建设规划（2018—2027 年）》提出林业发展要"三增四转五统筹"。"三增"即增绿量、增容量、增效益。增绿量主要是指开展大规模国土绿化行动，增加森林覆盖率、森林蓄积量和湿地面积；增容量主要是指增加区域经济

---

　　① 《河南省人民政府关于印发森林河南生态建设规划（2018—2027 年）的通知》，https://www.henan.gov.cn/2018/09-21/692208.html[2018-09-21]。

发展的环境容量，提高生态承载能力；增效益主要是指增加生态效益、社会效益和经济效益。"四转"即从生产建设向生态建设转型、从林木经营向森林经营转型、从林业经济向林区经济转型、从粗放增长向集约增长转型。从生产建设向生态建设转型是要跳出林业看林业，坚决纠正片面注重林业生产、林业经济的错误观念；从林木经营向森林经营转型是要把森林资源保护好、利用好、经营好，大力发展林下养殖、林下种植、林下繁殖，着力培育森林旅游、森林康养、林果加工等高附加值产业，充分利用森林附属的各类"非木资源"，全面提升森林资源综合效益；从林业经济向林区经济转型是要统筹谋划、整体推进林区建设，大力发展特色经济，实现从产业链条短、产品结构单、资源消耗多的传统林业经济转向一二三产比例协调、产业体系完备、发展可持续的现代林区经济；从粗放增长向集约增长转型是要转变林业发展方式，既注重扩大造林面积，又注重造林质量、林木结构和生态效益，全面提升森林的综合价值。"五统筹"是指统筹森林、湿地、流域、农田、城市五大生态系统建设（罗艳玲，2016）。

3.6.2　火地塘试验林场建设

1. 森林抚育

地处秦岭南坡宁陕县境内的西北农林科技大学火地塘试验林场始建于 1958 年，有着丰富的动植物资源、多样的植被类型、鲜明的垂直分布序列，承担着生态环境监测、科学研究和教学实践的重任，截至 2016 年，经过五十余年的发展，已建设成为设施先进、功能完善的国内一流生物学综合实践基地。10 075 m² 的建筑总面积连同 2037 hm² 的林区[①]，以及依托秦岭丰富的动植物资源，为该校及国内外高校提供了一个最佳生物学野外综合实习教学平台，每年为 2000 人次以上本科生提供实习服务。在火地塘全场总面积 2037 hm² 中，林业用地 2017 hm²，非林业用地 20 hm²。在林业用地中，有林地 1870 hm²，疏林地 106 hm²，苗圃地 4 hm²，无林地 37 hm²。林区植物资源丰富，生物多样性特征明显，森林覆盖率98%，有常绿落叶混交林、落叶阔叶林、针阔混交林、寒温性针叶林和高山草甸 5 种森林植被类型，在水平地带上呈现从暖温带到亚热带过渡特征，在海拔梯度上呈现明晰的垂直带谱。土壤类型有黄棕壤、棕色森林土、暗棕壤和草甸土。有种子植物1026 种，木本植物 83 科 206 属 524 种，珍稀濒危保护植物 25 种，国家一级保护树种 2 种，国家二级保护树种 40 余种，有秦岭冷杉、连香树、红桦树、水青树等；野生动物有兽类 30 多种，鸟类 110 多种，蛇类 20 多种，国家一级保护动物 4 种，有羚

---

① 《火地塘试验林场》，https://czglzx.nwafu.edu.cn/zxjj/jgsz/ead3f1814ad5404ab80b257f5e0b37be.htm [2025-01-14]。

牛、金丝猴、金钱豹、林麝，国家二级保护动物 8 种；森林昆虫 17 个目 106 个科 725 种之多。

该林场根据上级有关部门关于森防的要求和部署，结合相关工作方案，对森防、城防工作进行了认真的研究和部署。重点做了以下几个方面的工作：一是加大宣传教育的力度，增强全民森防、城防意识。林场职工采取多种行之有效的森防城防宣传形式，大力宣传《森林防火条例》和森林防火方面的法律、法规，充分利用广播、宣传标语等形式宣传当前森防、城防的严峻形势和重要性。二是具体部署，认真落实。该林场采取分片包干的办法，责任落实到人，做到平时分片负责，有火情时集中扑救，有分有合，灵活作战。三是保证防火机具状态良好，严阵以待。林场职工对防火机具经常进行检修，遇到情况可随时使用，不误事。做到天天试机，使现有的设备发挥最大作用。四是充分发挥人民群众的作用。人民群众是森防、城防工作的主力军，组织他们积极参与到森防、城防工作中来。完善各项安全职责和组织机构、建立各种预案。为了有效地保障人民群众的生命财产安全，制定了如场长安全职责、安监站站长职责、安监员职责和安全生产管理应急救援、火灾扑救、山洪抢险疏散、交通事故救助等预案。包片人员定期或不定期进行检查巡视，确保火地塘试验林场群众的生命财产安全（张慧霞和刘悦翠，2006）。在林场运作过程中，虽有很多可取之处，但也存在一些不足：建议该林场强化森林资源管理力度，打击扩地边拱地头、乱砍滥伐、乱捕滥猎野生动物等破坏森林资源现象；做好护秋保秋工作，与此同时，也要注重美丽林场建设工作，提高林场的生态效益、社会效益和经济效益。

2. 生态文明教育

农林院校相比其他类型的高校，在生态文明教育资源上具有众多优势，经过多年的办学探索和实践经验的积累，基本形成了以农林及相关学科为主，兼具特色的学科体系。现有农林院校的学科大多形成了以农、林、水为专业特色，各类与生态环境密切相关的学科协调发展的格局。

西北农林科技大学作为一所具有优质森林资源和系统完善实践教学基地的农林院校，在生态文明教育中做了很多创新性的尝试，学校响应时代要求和建设"具有农林特色的国际一流院校"的需要，依托"秦岭火地塘试验林场"这一独特的教育资源，于 2012 年 7 月开展了首期生态文明教育选修课程。本书以西北农林科技大学生态文明教育课程为例，描述生态文明教育课程的优势与构建过程。

西北农林科技大学以"崇尚科学、亲近自然、生态文明"为教学宗旨，充分利用火地塘教学基地现有资源并充分开发潜在资源，整合动物学、植物学、生物学、生态学等领域的教学资源，打破学科、专业界限，开展生态文明教学，提升学生的生态文明素养。课程的对象针对所有在校学生，由学生自主选择课程，学习生态文明知识。生态文明教育课程的内容，依据生态文明教育课程的目标，按照专题讲授课、现场案例课、体验考察课三个方面设置。专题讲授课主要是理论课程，通过教师的认真讲解，使学生了解秦岭历史文化、自然资源、生物多样性、民俗等基本情况，达到认知的目标。生态文明教育专题讲授课程库主要包括秦岭历史文化解密课程、森林保护与森林文化建设、秦岭地质与地理解密、秦岭生物多样性与生态保护、秦岭民俗文化、秦岭与陕西地域文化、秦巴山区经济与社会发展。现场案例课是在室外选取现场点进行课程教学的课程，主要内容如下：选取楼观台作为现场点，讲述楼观台与道教的历史、道教的文化形成、道教对现代社会的影响等，体悟道家思想的精髓；选取秦岭分水岭为现场点，通过现场体验观测秦岭的分水岭的作用、切身感受秦岭南北的气候差异、观察秦岭南北的植被等的不同；现场点设在火地沟，对火地沟及其附近的生态环境进行观测，使学生亲身体验秦岭地质的复杂和类型的丰富；以火地塘试验林场高山草甸为现场点，学习不同海拔高度下植物种类多样性及其分布特点；现场点设在秦岭古道，了解楚汉文化以及汉唐文化的博大精深，增加学生的文化历史素养；现场点选取在太白县桃川镇杨下村或蓝田县汤峪镇塘子村等，了解秦岭周边村落的新农村建设情况。

经过多方考察，农林院校生态文明教育课程按照专题讲授课、现场案例课和体验考察课分别建立课程库，这样就提供了一个巨大的课程库。对于课程库中的每一门课程都应该进行建设，形成真正的课程库。生态文明教育课程的模块化设置是指有效整合课程库中的课程，选取专题讲授课、现场案例课和体验考察课中的内容，重新组合形成若干有集中主题的课程模块。每个专题模块设有主要内容与目标，将理论知识和实践结合起来，分别通过专题讲授、现场案例和体验考察等方式进行教学。现结合西北农林科技大学生态文明教育课程的开展，论述其五大专题的课程模块。专题一为秦岭起源与环境，以地质地貌、土壤植被以及气候变化为主线，解读秦岭起源与环境变化，让学生认知秦岭自然、生态、环境发展演化规律。专题二为秦岭历史与中华文明，该专题融秦岭历史文化、农耕文化与地域文化于一体，充分利用丰富厚重的陕西历史文化要素，向学生解读秦岭在中华文明中的地位与作用，拓宽学生的文化视野。专题三为秦岭生态环境与生态系统。主要通过对秦岭植物、动物与微生物等生物资源的系统概述，解读秦岭生物资源及生态系统，让学生深刻理解秦岭生物资源的多样性，建立大生态与生物系统的概念，认知生物与生态环境的关系及规律。专题四为秦岭生物资源与可持续发展，对秦岭森林资源、森林资源的开发与建设、森林文化资源建设等进行介绍，使学生形成对秦岭生态资源的系统认识和宏观把握，让学生进一步了解人类开发、利用、保护自然资源的技术与成就，进一步确立人与自然和谐发展的观念。专题五为秦岭地区经济社会发展现状。该专题旨在通过实际调查研究，让学习者了解秦岭山区的社会经济发展状况、民俗民风、当地开展环境保护的途径、生态经济的效果等实际问题，增强学生对社会的认识，提高学生调查研究能力、组织沟通能力以及分析研究问题的能力。

3.6.3　秦岭国家公园建设

秦岭是我国中西部地区非常重要的山脉，现有自然保护区、森林公园、风景名胜区、地质公园、文化自然遗产、国家湿地公园等多种类型的保护地，动植物资源优越，具有建立秦岭国家公园的有利条件①。一是具有良好的生态价值。秦岭横贯东西，位居中央，覆盖范围辽阔，不仅拥有高、中、低山地貌，也有冰川地貌、冰缘地貌和流水地貌的呈现，是我国南北天然的地质、地理、生态、气候、环境，乃至人文的自然分界线（葛安新和王雅婷，2016）。秦岭是我国中部地区重要的生态安全屏障，峰峦叠嶂，沟壑纵横，绵延 400 多 km，森林庇护着汉江、丹江和渭河中下游十多座大中型城市、数以千万计的人居用水和生态环境安全，秦岭生态系统的保护对于水源涵养、水土保持及生物多样性维护等生态服务功能具有重要意义。秦岭是我国的中央水库，水系丰富，地区总体水质良好，其生态意义不仅在于分水，更在于涵养水、供给水，每年的水资源涵养量达 2.22×10^{10} m³，约占陕西省水资源总量的 50%，为嘉陵江、汉江、丹江、渭河源源不断地补充水源，是南水北调工程的重要水源地，其中中线调水路线 70%水资源来自秦岭，还能够同时向黄河、长江两大母亲河注水（马耀峰和刘军胜，2016）。秦岭是我国物种基因库，以复杂多变、富有特色的地质地貌孕育了丰富多样的动植物资源，多样的森林环境和丰富的林下植物也为野生动物繁衍生息提供了良好的活动场所和丰富的食物来源，素有"动植物王国""天然中草药库"的美誉；国家保护的一级、二级动物如大熊猫、朱鹮、金丝猴、羚牛、虎、豹、林麝、黑鹳、血雉、大鲵、红腹锦鸡、白冠长尾雉、小熊猫等都分布在秦岭的各个自然保护区（安童童等，2017）；从亚热带到寒带的植物，在秦岭中均有分布，南侧以落叶阔叶和常绿混交林为基带，自下而上有常绿、落叶阔叶混交林、落叶阔叶林、针阔混交林；北侧自下而上为落叶栎林带、桦木林带、针叶林带和高山灌丛草甸带；植物区系是我国华北、东北、蒙古高原、中南、西南和青藏高原植物等成分的交汇地，国家保护的一级、二级植物如珙桐、独叶草、红豆杉、秦岭冷杉、太白红杉、水青树等均分布在区内。二是具有良好的文化价值。秦岭是华夏多种文化的发源与汇聚地，闪烁着传统文明智慧的光芒。从石器时代开始，终南山脚下就有蓝田猿人在此繁

①《秦岭国家公园建设和秦岭立法保护》，载于《西部大开发》2016 年第 11 期 82～85 页。

衍生息，世代相传，此后有陈家窝猿人、半坡人丰富多彩的生活，周、秦、汉、唐等十三朝古都都在西安建立和发展，开创了辉煌的华夏文明，凝铸着中华五千年历史发展的气魄和胆识；秦岭是《诗经》的采风地，也是上林苑的狩猎区，它是张骞的故乡，汉文化从这里发祥；蔡伦在这里造纸，两汉、三国把这里作为战场；儒、释、道思想文化在秦岭交汇，形成了楼观台、南五台、兴教寺、草堂寺、净业寺等大小庙宇 400 多处，带动了道、佛、基督教等的繁荣（葛安新和王雅婷，2016）。

　　为保护大熊猫等珍稀动物及秦岭生态系统的完整性与持续性，陕西省政府对秦岭的保护从未停止，接连出台了相关政策以保障秦岭生态环境。秦巴山脉陕西片区自 1956 年就已设立自然保护区对该区域进行保护（安童童等，2017）。1978 年，秦岭中段腹地南坡成立佛坪国家级自然保护区，面积 292 km^2，成为秦岭大熊猫、秦岭羚牛、金丝猴、朱鹮等国宝的保护地。1986 年，秦岭中段的太白山成为国家级自然保护区。2017 年我国开展大熊猫国家公园体制试点，大熊猫国家公园体制试点地跨陕西、甘肃、四川三省，总面积为 27 134 km^2，分布在 12 个市（州）30 个县（市、区）152 个乡镇，试点区常住人口 12.08 万人，共有各类自然保护地 82 个[①]，其中陕西片区为 4386 km^2。虽然大熊猫栖息地面积有显著增长，但由于受到自然灾害、气候变化等自然干扰，以及道路、耕种、砍柴、放牧等人为干扰的影响，大熊猫栖息地的整体质量并不高。佛坪、观音山、周至、太白山等自然保护区都建有游览道路和登山步道，天华山、青峰峡森林公园建有游览道路、餐饮、住宿等设施，部分保护地内的社区点建有农家乐、住宿等设施，但缺少统一的建设标准和对游客行为约束的规范。功能区划分过于模式化。各保护地自成体系，与相邻保护地之间缺少连通性，种群之间甚至相距较远，种群间隔离导致基因交流存在困难，遗传多样性降低，种群质量下降。管理主体多元化，低档次重复建设。涉及林业、城建、土地、环保、水利、文物等部门多头管理，在开展工作方面缺少统一和协调，林地主管及经营部门与其他社会组织或机构多方合作，政府与社会责权边界模糊不清，加之法律力量薄弱和周边地区居民生态保护意识不足或缺失，使得秦岭地区生态系统管理更加复杂多变。

---

　　① 《国家公园体制试点进展情况之三——大熊猫国家公园》，https://www.ndrc.gov.cn/fzggw/jgsj/shs/sjdt/ 202104/t20210422_1276985.html[2021-04-22]。

第4章

林业产业绿色发展评价指标体系构建

4.1 相关概念及理论

4.1.1 林业产业

已有文献对于林业产业的研究大多从定性方面分析我国林业产业发展的现状以及遇到的问题。廖冰等（2014）认为，林业产业发展要实现突破，必须依靠科技，不断提升林产品的科技含量和附加值；提升和优化林业产业结构，注重对林业经济效益与生态效益的综合评价，不断提高经济效益与社会效益，更加注重生态效益的完善和发展。黄宇（2014）在生态文明视角下的林业可持续发展研究认为，加强生态林建设，既要创新思路，又要注重林业发展与生态效益、社会效益、经济效益并重，在满足多样化的社会需求的同时也要注重创新机制，推进林业产业结构优化升级，加强生态公益林补偿机制建设，切实加强和着力推进民生问题的解决。

本章拟建立评价指标体系，在绿色发展的背景下，将定性研究转变为定量研究，更加客观地反映我国林业产业的发展状况。

4.1.2 绿色发展理念

在 2002 年联合国开发计划署发表的《中国人类发展报告 2002：绿色发展必选之路》中首次提出了"绿色发展"的概念，这是人类总结自身社会发展经验后形成的全新发展思想。这一报告阐述了在走向可持续发展的十字路口所面临的挑战，中国的发展与稳定对于世界的发展与稳定具有举足轻重的作用。2012 年 6 月，来自世界各地 100 多个国家的政府首脑、各类国际组织和 5 万多名代表参加了"里约＋20"峰会，会上共同探讨了如何消除贫困与在尊重自然资源极限的同时如何实现可持续经济模式等问题，达成了未来绿色发展是人类发展主旋律的共识。绿色发展，是指在生态环境容量和资源承载能力的约束条件下，将保护环境作为可持续科学发展重要支柱的新型发展模式和生态发展理念。在理念上倡导生态价值观和生态伦理观；在生产过程中实行以生态技术为支撑的绿色生产；在生活方式上推行以低碳为基础的绿色消费。

4.1.3　绿色发展评价指标体系研究

指标体系是指为完成一定研究目的而由若干个相互联系的指标组成的指标群。绿色发展评价指标体系的研究就是为了深化绿色发展的理论研究，是将理论研究转化为绿色发展的实现途径。要想将绿色发展理论运用到实际生活中就必须利用指标体系，指标体系对绿色发展评价起着至关重要的作用。

许多学者从不同的角度构建了评价指标体系，提出了大量新型的模型，这在一定程度上推动了绿色发展的研究。张晓梅和张珑晶（2012）构建了黑龙江省林业循环经济的评价指标体系，运用主成分分析法对区域林业循环经济发展的总体状况和区域林业的循环发展方式的关键因素进行分析，认为林业低碳竞争能力不仅要考虑现有的低碳发展能力，还要考虑未来的低碳竞争潜力。李春波（2012）的研究先是构建了判断林业低碳经济竞争能力的指标体系，再运用因子分析的方法对我国西南区域进行了实证分析，得到了西南地区的林业低碳竞争力的综合排名，并给出了加快林业产业结构调整、实现林业经济增长方式转变与重视林业科技工作等对策。

但是，总的来说，对于绿色发展的研究还处于探索阶段，这些指标体系中真正能运用到实际生活中的极少，不同的指标体系各有不同的优点和限制，因此，有必要将这些指标体系统一起来，互相结合补充，构建新的指标体系。本章将利用因子分析提取信息含量大、代表性强的指标来构建指标体系，同时筛除重复的指标，达到指标体系精简、不冗余的效果。

林业产业绿色发展评价指标体系应该反映林业产业发展过程的各个方面，同时应该体现绿色发展的内涵和要求，因此构建指标体系时，应该从以下四个方面进行考虑。

1. 林业产业可持续性

森林资源是林业产业发展的基础，也因其具有改善生态环境的功能，成为环境与经济绿色发展的关键纽带。因此，针对林业产业可持续性进行评价时，一方面要选取表现出当前森林资源发展水平的指标，即对森林资源的可持续性进行评价，另一方面要选取反映森林资源未来发展能力的指标，即对森林的可持续发展能力进行评价。

2. 林业产业绿色发展

林业产业经济活动是指利用森林资源，以营利为目的生产经营活动，其中包括木材采伐业、加工运输业、林副产品加工业、森林旅游业等。而绿色发展是指在确保自然资源能够继续为人类幸福提供各种资源和环境服务的同时，还能促进产业经济发展和增长，要摆脱依赖资源的传统发展模式，走绿色可持续发展道路。

3. 林业产业对社会的贡献

社会效益是一个行业的发展满足人类生存、生活需求的能力，是三大效益中最能直接体现人文关怀的指标。林业产业的社会效益是指林业产业的发展满足人类的生存、生活需求的能力，主要体现为改善人类福祉、降低贫困和实现社会公平。林业产业的发展要提高林业的社会效益。

4. 林业产业绿色保障

林业产业绿色发展需要有完善的社会服务体系相配合。林业产业的绿色发展仅仅靠政府的力量是不够的，还需要全社会的力量，尤其是林农、林工企业等各方的力量，林业的社会服务体系主要是为这些分散力量服务的，只有建立了完善的社会服务体系，才能更好地提高这些力量的生产活力和效率。

4.2　建立林业产业绿色发展评价指标体系的意义

本章以绿色发展为视角，对秦巴山脉林业产业发展状况进行研究，通过建立秦巴山脉林业产业绿色发展评价指标体系，再根据绿色发展对林业产业的要求，提出绿色发展背景下林业产业发展的建议和对策。

从理论意义来说，有助于为秦巴山脉林业产业发展提供切实有效并可供参考的相关建议。绿色发展是生态文明发展的重中之重。目前将绿色发展与林业产业相结合的评价指标体系相关研究较少，本书可以在一定程度上填补该理论空白。

从实践意义来说，依托秦巴山脉森林资源的优势，在构建林业产业绿色发展评价指标体系的基础上，针对生态文明建设的区域特点，运用因子分析法，对其林业产业绿色发展建设水平予以客观、科学、准确、定量的评价，对秦巴山脉林业产业发展评价实践具有重要的参考意义。

4.3　指标选取的基本原则

4.3.1　系统性原则

指标体系要求覆盖面广，能全面并综合地反映林业产业绿色发展的各个方面，指标体系应当相对完备，能够基本反映林业产业绿色发展的主要方面或主要特征，能客观反映林业产业绿色发展状况、问题和带来的社会效应。同时，从理论上而言，设置的指标越多、越细、越全面，反映客观现实也越准确。但是，随着指标量的增加，带来的数据收集和加工处理的工作量也会成倍增长，而且，指标划分过细，难免发生指标与指标的重叠，甚至出现相互对立的现象，这反而给综合分析评价带来不便。因此，指标体系又需要内容简单明了、准确，且具有代表性。

4.3.2 可观测性原则

根据可观测性原则初步筛选指标，删除海选指标中数据无法获得的评价指标，使初步筛选后的指标可以满足实际应用需要。

4.3.3 简明科学性原则

指标体系的设计及评价指标的选择必须遵循科学性原则，能客观真实地反映林业产业绿色发展的特点和状况，能客观全面反映出各指标之间的真实关系。各评价指标应该具有典型代表性，不能过多过细，以免过于烦琐，相互重叠，又不能过少过简，避免指标信息遗漏，出现错误、不真实现象，并且数据应易获、计算方法简明易懂。

4.3.4 层次性原则

林业产业绿色发展是多层次、多因素综合影响和作用的结果，其评价体系也应具有层次性，能从不同方面、不同层次反映林业产业绿色发展的实际情况。一是指标体系应选择一些从整体层次上把握评价目标的协调程序，以保证评价的全面性和可信度。二是在指标设置上按照指标间的层次递进关系，尽可能体现层次分明，通过一定的梯度，能准确反映指标间的支配关系，充分落实分层次评价原则，这样既能消除指标间的相容性，又能保证指标体系的全面性、科学性。

4.4 指标体系构建

4.4.1 秦巴山脉林业产业绿色发展评价指标体系构建研究设计

1. 模型构建

通过采用专家经验主观方法与因子分析客观定量方法相结合的研究方法完

成指标筛选，首先构建囊括 16 个指标，涉及林业产业可持续性、林业产业绿色发展、林业产业对社会的贡献、林业产业绿色保障四个准则层的秦巴山脉林业产业绿色发展评价指标体系。其次，运用 PLS（partial least squares，偏最小二乘）结构方程模型对指标做进一步的实证分析，进一步探究林业产业可持续性、林业产业绿色发展、林业产业对社会的贡献及林业产业绿色保障之间的相互作用机理。基于 PLS 结构方程分析的林业产业绿色发展评价指标体系构建原理如图 4-1 所示。

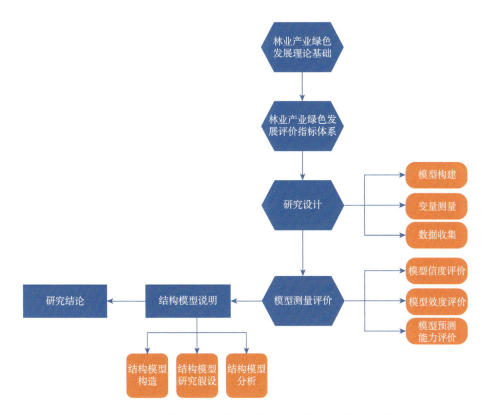

图 4-1　秦巴山区林业产业绿色发展评价指标体系构建原理

2. 变量测量

为保证本章测量工具的信度和效度，本章中涉及林业产业可持续性、林业产业绿色发展、林业产业对社会的贡献及林业产业绿色保障等观测变量，主要通过对现有文献的研究分析，尽量借鉴有关学者的成熟研究，同时结合林业产业的属性特征，进行适当修订而成（表 4-1）。

表 4-1　林业产业绿色发展评价指标体系

潜变量	观测变量
林业产业可持续性	林业用地面积（A_1）
	森林面积（A_2）
	活立木总蓄积量（A_3）
	自然保护区面积（A_4）
林业产业绿色发展	林业总产值（B_1）
	林业产品生产价格指数（B_2）
	林业产业发展投资（B_3）
	造林总面积（B_4）
林业产业对社会的贡献	累计水土流失治理面积（C_1）
	绿化覆盖率（C_2）
	森林病害防治面积（C_3）
	森林虫害防治面积（C_4）
林业产业绿色保障	生态建设与保护投资（D_1）
	林业支撑与保障投资（D_2）
	环境污染治理投资总额（D_3）
	森林管护面积（D_4）

3. 数据收集

数据来源于各省市（河南省、湖北省、陕西省、甘肃省、四川省及重庆市）的统计年鉴、《中国环境统计年鉴》及《中国林业统计年鉴》。秦巴山脉林业产业绿色发展指标是基于主观的专家经验筛选方法和基于客观的定量筛选方法来构建的，选取的指标具体如表 4-1 所示。

4.4.2　秦巴山区林业产业绿色发展评价指标体系模型测量评价

1. 模型信度评价

在本章中，主要通过数据内部一致性检验对数据的信度进行评价。内部一致性通过 CR（composite reliability，组合信度）和克龙巴赫 α（Cronbach's α）系数来检验，在探索性研究中要求 CR 在 0.7 以上，Cronbach's α 系数大于 0.6 即可，或者 t 统计量和 P 值显著即可。从表 4-2 可以看出，潜变量林业产业可持续性的

CR 和 Cronbach's α 系数都满足要求，林业产业绿色发展和林业产业绿色保障的 CR 和 Cronbach's α 系数 t 统计量部分大于 1.96，P 值部分为 0.000，说明指标数据具有良好的显著性，这表明测量模型具有较好的信度。

表 4-2　PLS 路径分析模型的指标体系

潜变量	Cronbach's α 系数	CR	因子载荷	t 统计量	P 值	显变量指标
林业产业可持续性	0.931	0.953	0.991	4.216	0.000	A_1
			0.978	4.602	0.000	A_2
			0.971	4.776	0.000	A_3
			0.677	2.486	0.013	A_4
林业产业绿色发展	0.588	0.756	0.921	3.659	0.000	B_1
			0.317	1.091	0.275	B_2
			0.935	3.684	0.000	B_3
			0.290	0.755	0.451	B_4
林业产业对社会的贡献	0.255	0.545	0.562	1.611	0.107	C_1
			0.225	0.688	0.491	C_2
			0.544	1.490	0.136	C_3
			0.820	2.694	0.007	C_4
林业产业绿色保障	0.504	0.666	0.933	7.024	0.000	D_1
			0.240	0.749	0.454	D_2
			0.286	1.080	0.280	D_3
			0.875	4.152	0.000	D_4

2. 模型效度评价

一般而言，因子负荷大于 0.5 才能够合理解释潜变量。本章的因子负荷满足结构效度要求。此外，PLS 模型收敛效度和区分效度主要依据平均变异萃取量（average variance extracted，AVE），要求 AVE 大于 0.5，且要求 AVE 的平方根大于其他潜变量的相关系数，或者 t 统计量和 P 值显著即可。从表 4-3 可以看出，虽然林业产业对社会的贡献的 AVE 为 0.334，但其他指标整体上 AVE 表现较好，林业产业可持续性的 AVE 为 0.835，林业产业绿色发展、林业产业绿色保障的 AVE 在 0.5 左右，且其对应的 t 统计量均大于 1.96，P 值均为 0.000，说明指标数据具有良好的显著性；从表 4-4 可以看出，林业产业可持续性潜变量的 AVE 的平方根 0.914 大于其他潜变量的相关系数 0.782、0.813、0.845，表明观测变量与潜变量之间有较好的线性等价关系，观测变量能够较好地解释潜变量。

表 4-3　潜变量 AVE 值

潜变量	AVE	t 统计量	P 值
林业产业可持续性	0.835	11.214	0.000
林业产业绿色发展	0.477	6.184	0.000
林业产业对社会的贡献	0.334	3.942	0.000
林业产业绿色保障	0.446	7.015	0.000

表 4-4　AVE 平方根与潜变量间相关系数

潜变量	收敛效度	区别效度			
	AVE	林业产业可持续性	林业产业绿色发展	林业产业对社会的贡献	林业产业绿色保障
林业产业可持续性	0.835	0.914			
林业产业绿色发展	0.477	0.782	0.691		
林业产业对社会的贡献	0.334	0.813	0.830	0.578	
林业产业绿色保障	0.446	0.845	0.765	0.924	0.668

3. 模型预测能力评价

本章的模型预测能力通过内部模型解释能力用 R^2（多重判定系数）来评价，R^2 的值越大，说明观测变量对潜变量解释能力越强。如表 4-5 所示，在本章中，林业产业对社会的贡献对模型的解释程度为 85.4%，林业产业绿色保障对模型的解释程度为 81.6%，林业产业可持续性对模型的解释程度为 71.5%，林业产业绿色发展对模型的解释程度为 58.6%，且各个潜变量对应的 t 统计量均大于 1.96，P 值均为 0.000，数据显著性较强。一般而言，R^2 在 0.25～0.50 解释能力较弱，在 0.50～0.75 解释能力适中，本模型的解释能力符合要求。

表 4-5　模型预测指标 R^2

潜变量	R^2	t 统计量	P 值
林业产业可持续性	0.715	7.177	0.000
林业产业绿色发展	0.586	4.645	0.000
林业产业对社会的贡献	0.854	9.583	0.000
林业产业绿色保障	0.816	11.794	0.000

4.4.3　秦巴山区林业产业绿色发展结构模型说明

1. 林业产业绿色发展结构模型构造

基于影响林业产业绿色发展的因素，本章总结出林业产业绿色发展结构模型的潜变量、观测变量，并利用这些不同类别的变量构造如图 4-2 所示的结构模型。

该模型中的潜变量为林业产业可持续性、林业产业绿色发展、林业产业对社会的贡献、林业产业绿色保障；林业产业可持续性的观测变量分别是林业用地面积（A_1）、森林面积（A_2）、活立木总蓄积量（A_3）、自然保护区面积（A_4），这四个变量代表了森林资源的存量，为林业产业的发展提供基础；林业产业绿色发展的观测变量分别是林业总产值（B_1）、林业产品生产价格指数（B_2）、林业产业发展投资（B_3）、造林总面积（B_4），这四个变量反映了林业产业绿色发展能力，表现出林业产业发展水平；累计水土流失治理面积（C_1）、绿化覆盖率（C_2）、森林病害防治面积（C_3）、森林虫害防治面积（C_4），这四个指标是林业产业对社会贡献的指标；生态建设与保护投资（D_1）、林业支撑与保障投资（D_2）、环境污染治理投资总额（D_3）、森林管护面积（D_4），这四个指标是林业产业绿色保障的指标，为实现林业产业的可持续发展，需要相关保障条件的支持。

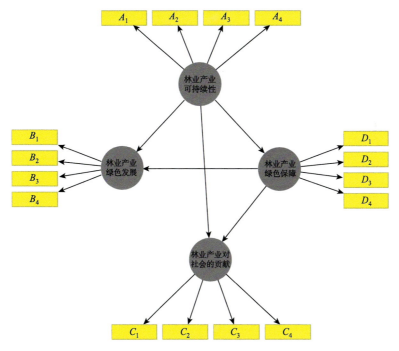

图 4-2　林业产业绿色发展结构模型

2. 林业产业绿色发展结构模型研究假设

1）林业产业可持续性

林业产业发展的基础是可持续的森林资源，随着经济的快速增长，人类对以林业为主的森林资源需求量越来越多，因此森林资源的可持续性就显得至关重要，对林业产业可持续发展的要求在一定程度上促进了林业产业各类配套设施发展，林业产业绿色发展会产生正的外部性，会带来诸如提升人们的生活质量、环境净化、经济持续发展等一系列社会福利。综上，本书提出以下假设。

H4-1：林业产业可持续性对林业产业绿色发展产生显著的正向影响。

H4-2：林业产业可持续性会对林业产业对社会的贡献直接产生或间接的正向作用。

H4-3：林业产业可持续性对林业产业绿色保障产生显著的正向作用。

2）林业产业绿色保障

林业产业绿色保障和生态环境治理方式相关。人类历史上早期对于生态环境采用的是末端治理，效果比较差，进入 21 世纪，人类在环境治理方面不断作出努力，认为经济发展应该在自然环境可承受的范围内。因此，通过治理生态环境来保障林业产业的发展是可持续性的良性循环，林业产业绿色发展也为自然环境的自我恢复能力释放了空间，这样既保证了生态效应，也带来了经济效益，鉴于此，本书提出以下假设。

H4-4：林业产业绿色保障会对林业产业绿色发展产生显著的正向影响。

H4-5：林业产业绿色保障会对林业产业对社会的贡献产生显著的正向作用。

3. 林业产业绿色发展结构模型分析

如表 4-6 所示，林业产业可持续性对林业产业绿色发展、林业产业对社会的贡献、林业产业绿色保障的路径系数分别为 0.751、0.876、0.903，相对应的 t 统计量 3.271、3.906、19.121 均大于 1.96，说明假设 H4-1、H4-2、H4-3 成立，检验结果应为接受，表明林业产业可持续性对林业产业绿色发展、林业产业对社会的贡献、林业产业绿色保障有显著的正向作用，为林业产业的绿色发展提供了良好的基础。林业产业绿色保障对林业产业绿色发展、林业产业对社会的贡献的路径系数分别为 0.765、0.924，相对应的 t 统计量 7.464、14.466 均大于 1.96，说明假设 H4-4、H4-5 成立，检验结果应为接受，表明林业产业绿色保障对林业产业绿色发展、林业产业对社会的贡献有显著的正向影响。

表 4-6　模型假设检验结果说明

假设	模型构架间关系	路径系数	t 统计量	检验结果
H4-1	林业产业可持续性→林业产业绿色发展	0.751	3.271	接受

续表

假设	模型构架间关系	路径系数	t 统计量	检验结果
H4-2	林业产业可持续性→ 林业产业对社会的贡献	0.876	3.906	接受
H4-3	林业产业可持续性→ 林业产业绿色保障	0.903	19.121	接受
H4-4	林业产业绿色保障→ 林业产业绿色发展	0.765	7.464	接受
H4-5	林业产业绿色保障→ 林业产业对社会的贡献	0.924	14.466	接受

4.4.4　秦巴山区林业产业绿色发展评价指标体系研究结论

1. 林业产业可持续性效应分析

林业产业可持续性对林业产业绿色发展、林业产业对社会的贡献、林业产业绿色保障的路径系数分别为 0.751、0.876、0.903，表明林业产业可持续性对林业产业绿色发展、林业产业对社会的贡献、林业产业绿色保障产生了显著的正向影响，林业产业可持续性为林业产业绿色发展、林业产业对社会的贡献、林业产业绿色保障等因素的发展提供了坚实的基础条件。

2. 林业产业绿色保障效应分析

林业产业绿色保障对林业产业绿色发展、林业产业对社会的贡献的路径系数分别为 0.765、0.924，表明林业产业绿色保障这一因素对林业产业绿色发展、林业产业对社会的贡献具有显著的正向作用，作为林业产业绿色保障观测变量的生态建设与保护投资（D_1）、林业支撑与保障投资（D_2）、环境污染治理投资总额（D_3）、森林管护面积（D_4）是建立林业产业绿色发展体系的重要因素，对林业产业绿色发展、林业产业对社会的贡献具有促进作用。

3. 林业产业绿色发展驱动机制效应分析

通过 PLS 结构方程驱动机制进行实证分析，结果发现：当把林业产业绿色发展作为一个整体进行研究时，在林业产业绿色发展的驱动机制中，驱动总效应由大到小依次为：林业产业绿色保障（0.924）＞林业产业可持续性（0.903）。综上可知，林业产业可持续性和林业产业绿色保障在林业产业绿色发展的过程中尤为关键。

第 5 章

秦巴山脉林业发展分析及新模式探索

5.1 秦巴山脉林业产业发展分析

5.1.1 相关概念与理论

在精准扶贫时期，作为集中连片特困地区的秦巴山脉实现脱贫致富为全面建成小康社会奠定基础。后脱贫时代主要关注脱贫攻坚成果巩固同乡村振兴有效衔接的问题。秦巴山脉包含较多国家限制与禁止开发区，脱贫攻坚成果巩固的关键是如何平衡生态环境保护和增收之间的关系，一方面要有效避免重蹈"先污染、后治理；先破坏、后恢复"的覆辙，在增收模式的设计上要注重秦巴山脉经济结构战略性调整、产业结构优化升级和生态文明的建设，走一条稳定长远的经济发展道路；另一方面秦巴山脉生态环境保护与增收机制的建立有助于我国资源节约型、环境友好型社会的建设，对维护社会公平，促进和谐发展有广泛而深远的社会意义。

党的十八大以来，以习近平同志为核心的党中央高度重视并充分肯定了林业的重要作用，就生态文明建设和林业改革发展作出了一系列重要讲话和指示批示。习近平指出："森林是陆地生态系统的主体和重要资源，是人类生存发展的重要生态保障。"[1] "良好生态环境是最公平的公共产品，是最普惠的民生福祉。"[2]特别是习近平在中央财经领导小组第十二次会议上指出"森林关系国家生态安全""要着力提高森林质量，坚持保护优先、自然修复为主，坚持数量和质量并重、质量

---

[1] 《习近平强调：为建设美丽中国创造更好生态条件》，https://www.gov.cn/ldhd/2013-04/02/content_2368753.htm[2013-04-02]。

[2] 《习近平在海南考察：加快国际旅游岛建设 谱写美丽中国海南篇》，http://jhsjk.people.cn/article/21093668[2013-04-11]。

优先"[①]，并明确提出要"实施森林质量精准提升工程"，为全面促进林业发展指明了方向。森林作为人类发展不可缺少的自然资源，是水库、钱库、粮库，在为社会提供木材和竹材、木本粮油、林化产品等大量产品的同时，还具有调节气候、涵养水源、保持水土、改良土壤、减少污染、游憩保健以及保护生物多样性等极其重要的生态服务功能，对维持陆地生态系统的平衡起着不可替代的作用；森林作为生态文明建设中的重要力量，是生态建设的主体，是地球生命系统的基因库和能量库，是陆地生态系统最大的碳储库和调节中枢，陆地生态系统 90%的碳存储于森林之中，森林每生产 1 t 干物质，可吸收 1.63 t 二氧化碳，释放 1.19 t 氧气，在调节生物圈、大气圈、水圈等动态平衡中具有重要作用，在生物与非生物之间的能量和物质交换中扮演着主要角色，对保持生态系统的整体功能起着中枢和杠杆作用；森林在脱贫攻坚成果巩固和增收致富方面具有鲜活的生命力，在促进地区生态保护和资源恢复、创造生态良好和有益健康的人居环境以及提高群众生活质量和幸福指数中具有关键作用。林业产业是保护、培育、经营和利用森林资源，向社会提供林产品和森林服务的物质生产兼生态建设事业。相较于生态补偿增收等模式而言，实现产业增收更能为林业经济发展注入活力，提升发展可持续性。因此，在秦巴山脉内发展以森林为基础的、收益周期长的特色优质林业产业以及见效快的林下经济和森林旅游等产业，不仅有利于拓宽农民增收渠道，增加人均收入，巩固脱贫攻坚成果，实现乡村振兴；还有利于林业产业结构调整，带来经济、社会和生态的综合效益。

现有研究多集中于秦巴山脉的森林资源、林业产业现状、林业发展面临的问题等。随着秦巴山脉经济社会发展对林业需求的多元化，区域林业产业面临新的机遇与挑战，开展基于量化分析的林业产业宏观研究成为热点。本章通过秦巴山脉林业产业发展面临的 SWOT[②]分析，运用专家问卷调查法和主成分分析法对该区域林业产业发展进行研判，以期为当地绿色经济可持续发展提供针对性的参考建议。

5.1.2　秦巴山脉林业产业发展 SWOT 分析

1. 秦巴山脉林业产业发展的优势

1）区位优势

秦巴山脉共涉及河南、湖北、重庆、陕西、四川和甘肃五省一市的 20 个设区

---

① 《习近平主持召开中央财经领导小组第十二次会议》，https://news.cnr.cn/native/gd/20160126/t20160126_521243238.shtml[2016-01-26]。

② 即 strengths（优势）、weaknesses（劣势）、opportunities（机遇）、threats（挑战）。

市及甘肃省甘南藏族自治州和湖北神农架林区，125 个县（市、区）。该区域既是我国经济社会可持续发展的生态屏障和南水北调水源地涵养区，又是我国生物多样性保护的两大关键地区（秦岭山地、神农架林区）所在地。秦巴山脉处于暖温带和亚热带气候的过渡地带，气候条件适宜多种林木生长，为林业发展提供了造林树种方面的宽泛选择。

2）资源优势

秦巴山脉森林资源丰富，林产品种类繁多。以陕西片区为例，截至 2020 年，森林覆盖率达 72.95%，显著高出陕西省平均水平（约为 40%）；森林蓄积量为 2.5×10^8 m^3，森林涵养水源能力为 1.16×10^{10} m^3，均占陕西省的 55%。区域林产品包括软木、水果、木本粮油、茶叶、调料、食用菌、山野菜、花卉、林药、林化原料、竹笋、藤棕苇等种类，市场发展潜力较大。秦巴山脉生物资源丰富，适合生长的动植物种类丰富。区域内拥有国家一级保护动物 8 种，二级保护野生动物 40 种（郑东晖等，2020），是备受关注的珍稀濒危动物大熊猫主要分布区。区域气候适宜，可生长多种林果，如需长期栽培的柑橘、猕猴桃、板栗、核桃等。

2. 秦巴山脉林业产业发展的劣势

1）集约化程度低

秦巴山脉缺少有影响力和带动性的龙头企业，多数林业产业企业规模小，市场知名度不够高，品牌效应不显著。第一产业作为秦巴山脉的优势产业，以分散经营为主，集约化程度低，不利于发挥集聚效应；企业管理粗放，经营理念落后，林产品科技含量低，质量不高，多为季节性产品，深加工不足，缺乏相应林产品深加工设备以及相关专业技术人才，这在一定程度上限制了秦巴山脉特色林产品的发展，资源优势没能充分转化为经济优势，生产潜力未能充分发挥。长期以来形成的"靠山吃山不养山"的观念根深蒂固，处于"吃资源"以换取低成本的生产方式，有一部分农村人口利用区域内的自然资源，以采挖中草药与伐木为主，名贵珍稀药材野生种过度采摘，数量急剧下降，有些甚至濒临灭绝的危险，使秦巴山脉生物库资源保护面临严峻挑战，在被开发利用的药用植物资源中，约 80% 为野生药材，只有不到 20% 药材被人工栽培。人们对土地、森林保护不力，我国野生药用动植物资源的贮量已逐年下降，甚至部分资源趋于枯竭，经过长期采挖或不合理的采收采猎，广泛使用化学制剂及污染等，导致野生药用物种分布区域逐渐缩小，蕴藏量大为减少，部分常用中药材和道地药材的野生种质已趋于消失，少数物种已经或濒临灭绝。掠夺式的采挖和捕猎，导致森林面积急剧减小，植被遭到严重破坏，生态环境日渐恶化，使许多动植物失去了赖以生存的自然环境，处于濒临灭绝的境地，再加上农民在山林经济上没有长期规划，兴林致富的思想不够解放，部分农民对山林经济发展模式、优惠政策和市场前景等认识不够，认为收益小、投资周期长，因此缺乏主动参与的热情和意识，导致群众守着资源增收难，资源优势未能转化为经济优势。

2）林业产业结构不合理

秦巴山脉林业产业结构分配不够合理，第一产业占比大，第二产业、第三产业占比相对较小，尤其是 2019 年，第三产业占比仅为 14%，与秦巴山脉丰富的森林旅游资源不相称。林业产业发展仍处于初级阶段，发展链条短，以种植和出售鲜果为主，单位面积产量产值较小，有的果树多年不结果，有的果品外观和内在品质差，致使种养成本高、效益差，林农收入低，没有激发林地增收活力，林业产业尚未成为农民增收的主导产业。林业产业总体规模偏小，第二产业初加工产品比重过大，趋同化严重，附加值较低；产业层次较低，产品缺乏深加工，档次低、附加值低，整体质量效益不够高。经营观念和管理体制又严重束缚了林业第三产业的发展，第三产业比重较低，各地方旅游发展很不均衡；此外有些地方旅游业已经高度发达，但依然存在发展缓慢、旅游业仍待进一步开发的现象。各地林产品加工企业虽然数量众多，但规模大、档次高、效益好的较少，现有的龙头企业、合作社、林下经济示范基地等示范带动能力不强，优势不能彰显。林果产业缺乏深加工，生产工艺和设备落后，产品科技含量低，自主创新能力不强，多以一般产品如核桃饮料、石榴饮料为主，深加工产品很少，产品特色不突出，没有形成具有品牌优势的明星产品，未能真正将资源优势转化为商品优势、经济优势。公共信息服务平台不完备，市场服务功能不完善，流通环节薄弱，信息不畅通，导致产销衔接不力；林产品流通服务设施仍处于较低水平，市场发育和规范化管理程度不高，林产品物流组织化程度低，缺少花卉苗木和特色林产品的专业冷链物流体系；林业信息化建设水平较低，大数据、互联网等现代信息技术应用基本处于空白。适宜本地发展的良种选育研发力度不够，种苗繁育技术相对滞后，尚未建立区域性的种质资源中心和良种繁育基地；对常见林果品种的栽植密度、水肥管理、整形修剪及病虫害防治等技术缺乏深入研究，没有形成相对规范的技术标准。林业企业抵御市场风险能力不足，生产者之间有时存在无序竞争甚至恶性竞争，不仅扰乱了市场秩序，而且不能满足集约化生产、品牌化经营的现实需要，难以发挥系统效益。种植相对分散，缺乏统一的管理和有效技术支撑与引导，种植、管理方式较为粗放，林产品生产的组织化、标准化、规范化程度不够，苗木品种选择混乱，导致产量和质量参差不齐。与科研院所合作不够紧密，产学研结合不完整，科技成果转化率有待进一步提升；林业管理及服务部门促进林业发展措施较为欠缺，指导林农群众发展林业的专业技能和基本手段十分有限，再加上水平、时间、条件等因素制约，高科技人才、多元化人才及专业技术人员极度缺乏。国有林场抚育经营管理技术有待加强，即使用材林也具有生态功能，在坡度较大地段的用材林不应该进行割灌抚育；经济林经营管理水平较低，绿色、有机生产体系不健全，优质经济林产品比例偏低。

3）经济发展不平衡

脱贫前，秦巴山脉范围内分布的贫困人口占比高，以陕南为例，2018 年秦巴山脉陕南片区贫困人口占陕西省贫困人口的 50% 以上（雷会霞等，2020）。虽然目前已实现了全面脱贫，但是域内社会经济整体滞后，受大山阻隔、相对封闭、交通落后等条件限制，林业资源的巨大潜力还没有充分开发，尚未走出"大资源、小产业、低效益"的困境，林业产业还不能成为群众致富的主导产业。截至 2014 年，秦巴山脉农村居民人均收入 9183 元，低于所属的五省一市农村居民人均收入 11 314 元，也低于全国农村居民人均收入。区域内经济发展不平衡，地区间发展差异大，河南、湖北、重庆、四川、陕西和甘肃秦巴片区的农村居民人均收入分别是秦巴山脉和五省一市平均值的 1.13 和 0.91、1.14 和 0.92、1.00 和 0.81、1.00 和 0.81、1.06 和 0.87、0.68 和 0.55 倍。秦巴山脉甘肃片区农村居民人均收入 6269.44 元，低于秦巴山脉的平均值，是片区中最低的；秦巴山脉重庆片区农村居民人均收入 9216.15 元，基本接近秦巴山脉的平均值；秦巴山脉四川片区农村居民人均收入与秦巴山脉相同；秦巴山脉河南、湖北和陕西片区的农村居民人均收入高于秦巴山脉，其中，秦巴山脉湖北片区的农村居民人均收入在秦巴山脉中最高。区域内教育、科技、医疗、养老等社会事业和公共服务低于全国平均水平，城乡发展不平衡，除了城乡要素配置不平衡、城乡公共服务不平衡以及城乡基础设施建设不平衡外，最为直接的表现就是城乡居民收入分配不平衡，如果长期得不到改善，收入差距不合理扩大，一方面会使一部分低收入者生存成为问题，加剧城乡矛盾，直接影响社会稳定；另一方面会进一步造成生产要素向部分较发达地区集中，不利于资源的有效配置，影响共享发展成果目标的实现（孟祥林，2005）。区域内反映发展质量的效益效率指标、经济结构指标、创新能力指标不高，城镇化率低于全国平均水平，区域城镇化发展水平以低于 30% 和介于 30%～50% 最为常见，根据纳瑟姆曲线对城镇化过程的表述，城镇化率在 30%～70% 的区县，其未来的经济发展需求与区域生态安全保护存在较大矛盾。经济的发展与资源、环境的矛盾日益尖锐，高投入、高消耗、高污染、低效益的经济增长方式意味着高增长的背后是比其他地区高得多的资源消耗和污染物排放，可能造成巨大的生态环境威胁。故转变传统经济模式、协调城镇发展与保障生态安全是地区未来发展应考虑的核心问题（暴元，2008）。

虽然近年来政府支持秦巴山脉林业产业的发展，对林业产业也给予一定的补助，但缺乏整体系统的规划。另外，资金投入也远远不能满足林业产业发展的需要，再加上缺少融资渠道，大部分投资成本由生产者承担，回报周期又比较漫长，投资收益低，使农民发展林业产业的积极性严重受阻，制约了林业产业的进一步发展（郑炎成和鲁德银，2004）。比如，西乡县确定发展核桃产业，但由于未被确定为省级核桃基地县，加之县级财力薄弱，无力从县财政资金中专项安排核桃产业发展扶持经费，产业发展经费压力过大。

3. 秦巴山脉林业产业发展的机遇

1）生态文明建设指导思想

2013 年 9 月，在哈萨克斯坦纳扎尔巴耶夫大学回答学生提问时，习近平总书记就"绿水青山就是金山银山"作出深入阐述，"我们既要绿水青山，也要金山银山。宁要绿水青山，不要金山银山，而且绿水青山就是金山银山。"①"绿水青山就是金山银山"的发展理念使得建设美丽中国日益成为时代主题，这表明，既具有生态功能又具有社会效益的林业产业将迎来新的战略机遇。另外，国家也出台了一些关于林业发展的政策，为林业产业的发展提供了很多实质性的帮助，也为当地农民利用特有生态优势，促进林业产业的发展提供了便利条件。例如，自 1999 年开始，为了恢复和改善生态环境，国家斥巨资实施了退耕还林工程。该工程在四川、甘肃和陕西三省先行试点，随后逐步推广到全国。

2）林产品市场需求多元化

随着人民生活水平的提高，人民群众的健康需求日益增强，森林食品和生物制药等新兴产业不断涌现，吸引大量社会投资，秦巴山脉林业产业发展优势更加凸显，使林业产业成为朝阳行业和绿色产业；随着老龄化人口的增多，人们对自然养生的重视程度也日益提高，森林旅游已成为首选，而秦巴山脉具有发展森林生态旅游的优势条件，可以满足社会对于林业发展的期待，也可以带动其他产业向纵深发展，从而增加农民收入。

3）森林旅游业蓬勃发展

随着经济的快速发展，人们对生态旅游、森林康养等的需求越来越迫切，以回归自然为特征的森林旅游逐渐成为人们消费的热点。秦巴山脉第三产业尤其是生态旅游业发展势头旺盛，2016 年拥有 1 处世界自然遗产、1 个世界地质公园、40 个国家自然保护区、61 个国家森林公园、12 个国家地质公园、11 个国家湿地公园、7 个国家级风景名胜区、5 个国家水利风景区（张凡等，2016），蕴藏丰富的人文资源和独特的旅游资源，这些都为当地森林旅游业的发展创造了很好的条件。

---

①《鉴往知来——跟着总书记走进绿水青山》，http://www.qstheory.cn/zdwz/2020-03/31/c_1125791213.htm [2020-03-31]。

4. 秦巴山脉林业产业发展的挑战

1）生态环境问题

秦巴山脉受大山阻隔，相对封闭，地形复杂，洪涝、干旱、山体滑坡、泥石流等自然灾害多发，是我国六大泥石流高发区之一。由于人口增长和经济发展的需要，人们过度采伐，毁林开荒，加快了对资源的利用速度，环境承载能力降低，如在矿产资源的开发利用中存在着粗放式开发、采富弃贫、回收率低、资源浪费严重等现象，导致生态环境破坏与环境污染问题日趋严重；另外，秦巴山脉工矿企业和乡镇企业的增加在促进山区经济发展的同时，也对山区的环境造成了严重的污染，土壤、水、大气、农作物污染十分严重，有的甚至加剧了自然灾害的发生频率，这些都会对林业产业的发展起到一定的制约作用。同时，病虫害对林业产业的发展也构成了一定程度上的威胁。

一是松材线虫病。顾名思义，就是松材线虫引起的松树萎蔫病，对松树的生长有巨大的破坏作用。松材线虫属于外来入侵物种，进入我们国家后扩散非常快，据 2020 年国家林业和草原局秋季普查结果，全国共有县级疫区 726 个、乡镇级疫点 5479 个，发生面积 2714 万亩，给我国林业生态安全和经济社会发展带来了巨大威胁。对于松材线虫病的防治，尽管林业部门作出了很多努力，但其还是成为我们国家最危险的林业灾害之一。松材线虫病可以导致松树死亡，对松林自然景观和环境都有很大的影响和破坏，经济损失和生态损失严重，如何防治松材线虫病成为林业一项非常重要的课题，对它进行研究就显得尤为重要。

2000 年，陕西省汉中市镇巴县共检测发现松材线虫病疫木面积达 7339 亩，病死和濒死松树 7 万多株[①]。为了把松材线虫病疫木当中未孵化出来的松褐天牛杀死，阻断它的传播链，阻断它危害其他健康松树，林业部门采取如下措施：一是集中人力砍伐染病的松材线虫病疫木；二是挂设诱捕器，减少传播危害概率。疫情发生后，镇巴县林业部门高度重视，立足早防早治，抽调 35 名技术骨干，分 3 个工作组、16 个作业面，每天组织几百名劳力奋战在深山，与松材线虫病打起了攻坚战。为了加大除治力度，加强森林防火安全，镇巴县林业部门还专门采购了一批伐木器材和消防设备，在空旷地带进行疫木焚烧，火源熄灭后再组织人员撤离，确保松材线虫病疫情防控和森林防火安全两不误。

二是华山松大小蠹。华山松大小蠹是陕西地区华山松的主要虫害之一，被称为"华山松的癌症"。近年来，受气候异常影响，陕西地区华山松大小蠹虫害频繁暴发，其散播速度快、传播范围广等特点威胁了华山松资源的利用，给当地林业

---

① 《镇巴松材线虫病疫木面积达 7000 多亩！》，https://mp.weixin.qq.com/s/a6aQqSME_Hpq0oBrRDhpjg [2020-03-25]。

造成了巨大的损失。防治华山松大小蠹虫害刻不容缓，急需采取相应的防治措施。华山松大小蠹的危害主要有以下几个方面：第一，损害华山松树脂道结构。华山松大小蠹可以与多种微生物（真菌）形成共生关系，使得二者联系极其密切，存在稳定性和依赖性。一方面，华山松大小蠹依靠这些真菌破坏华山松的抗虫性，以便在木体中生存、繁殖；另一方面，共生真菌以蠹虫为传播媒介，实现其对松木的入侵和繁殖。研究表明，华山松大小蠹对松木的危害主要在树干的 2/3 以下。蠹虫和共生真菌侵入健康松树的木质部组织之后，共生真菌的菌丝首先在华山松的树脂道内发育，杀死宿主树木细胞和泌脂细胞，导致华山松树脂道堵塞，进而破坏树木的抗性系统，最终使宿主松木停止合成抗菌的树脂酸和酚类物质。随着蠹虫和真菌的繁殖数量越来越多，对宿主松木的侵害程度也就愈加剧烈，最终导致华山松横、纵向树脂道的防御系统全面崩溃、树体完全坏死。第二，抵御过氧化物酶，当华山松受到虫害时会使体内的氧化物酶的活性增强，这是华山松自我保护的防御机制。过氧化酶主要通过松木体内的过氧化酶体合成，对过氧化氢、氧化酚类和胺类等物质具有催化作用，以防止这些物质的毒性。研究表明，华山松大小蠹幼虫消化系统的中肠、后肠具有过氧化酶酶活性反应，而前肠却没有反应。而在饥饿状态下的华山松大小蠹消化系统的前肠、中肠和后肠均没有过氧化酶酶活性反应，这说明华山松大小蠹的消化系统在食物的引诱下可以抵御过氧化酶体的伤害，蠹虫和共生真菌以独到的方法突破华山松的层层防线，掠夺其营养物质为自己的生命提供能量。第三，一些其他危害。华山松树脂道被蠹虫和共生真菌破坏后，树脂挥发的成分具有引诱华山松大小蠹的作用，其可以利用萜烯类树脂合成所需的化学物质。蠹虫和共生真菌的大量繁殖导致萜烯类树脂被大量消耗，从而使华山松迅速衰败。衰败树体对华山松大小蠹的引诱率可以达到 100%，健康树体的引诱率为 85%，因此造成了树体遭虫害—消耗萜烯类树脂—虫害加剧的恶性循环。

　　2）基础设施建设问题

　　秦巴山脉基础设施建设和基本公共服务设施不足。虽然秦巴山脉的交通网四通八达，但交通基础条件差，旅游基础设施简陋，配套设施和接待服务不能满足游客需求，导致很多优质的旅游资源无力开发。加之秦巴山脉经济发展水平不高，跨区域及区域层面的生态补偿分担机制尚未成熟。在该区域内仍然存在大量条件较差的立地，造林和管护难度大，加上人工成本、苗木成本等逐年上升，营造林所需投入越来越高，缺少吸引专业性林业技术、营销推广以及管理等方面人才的优势和条件，当地外出务工人员多，高水平的人才少，导致留不住相应人才，且难以吸引外来人员，不利于林业产业建设。从长远来看，这些都限制了林业产业的发展。

5.1.3　实证分析数据来源

通过问卷调查法收集数据，以科研人员、科技推广人员和高校老师为调查对象，随机调查了解他们对秦巴山脉林业产业发展的优势、劣势、机遇和挑战各要素重要程度的看法，以期在专家问卷调查的基础上运用主成分分析法，找出对秦巴山脉林业产业发展有较大影响的要素，促进当地林业产业高质量发展。此次一共发放了 45 份调查问卷，回收有效问卷为 40 份，问卷回收率为 88.89%。问卷设计采用利克特 5 级量表法，请专家对优势、劣势、机遇和挑战各要素的重要程度打分，1~5 分，分值越高，重要程度就越高。

1. 实证分析过程

1）指标体系构建

通过查阅林业产业相关文献，并结合秦巴山脉林业产业实际发展情况，筛选出以上 10 个对林业产业发展有影响的因素，确定优势、劣势、机遇和挑战并构建相应的指标体系，如表 5-1 所示。

表 5-1　秦巴山脉林业产业发展 SWOT 分析各要素指标体系

因素层	要素指标层	代码
优势 S	资源优势	S_1
	区位优势	S_2
劣势 W	集约化程度低	W_1
	林业产业结构不合理	W_2
	经济发展不平衡	W_3
机遇 O	生态文明建设指导思想	O_1
	林产品市场需求多元化	O_2
	森林旅游业蓬勃发展	O_3
挑战 T	生态环境问题	T_1
	基础设施建设问题	T_2

2）主成分分析法适用性检验

本章利用 SPSS 进行分析，数据的检验结果如表 5-2 所示。通过 KMO 与 Bartlett 的球形度检验可以发现，KMO 的值为 0.619，大于 0.5；Bartlett 球形度检验的显著性水平为 0.000，小于 0.05，数据结果表明可以运用主成分分析法。

表 5-2　KMO 和 Bartlett 的检验

取样足够度的 KMO 度量		0.619
Bartlett 的球形度检验	近似卡方	106.490
	df	45
	Sig.	0.000

3）主成分提取

通过 SPSS 运行的结果如表 5-3 所示，根据特征值大于 1 的原则，共提取 4 个主成分，总累积贡献率为 71.149%，说明提取的 4 个主成分包含了调查问卷数据的大部分信息。其中提取的第一个主成分特征值为 3.244，解释了 10 个原始变量信息的 32.437%，记为 F_1，命名为综合要素一；第二个主成分特征值为 1.684，解释了原始变量信息的 16.843%，记为 F_2，命名为综合要素二；第三个主成分特征值为 1.156，解释了原始变量信息的 11.558%，记为 F_3，命名为综合要素三；第四个主成分特征值为 1.031，解释了原始变量信息的 10.310%，记为 F_4，命名为综合要素四。

表 5-3　特征值、贡献率和累积贡献率

成分	初始特征值			提取载荷平方和		
	特征值	贡献率	累积贡献率	特征值	贡献率	累积贡献率
1	3.244	32.437%	32.437%	3.244	32.437%	32.437%
2	1.684	16.843%	49.280%	1.684	16.843%	49.280%
3	1.156	11.558%	60.839%	1.156	11.558%	60.839%
4	1.031	10.310%	71.149%	1.031	10.310%	71.149%
5	0.805	8.050%	79.199%			
6	0.692	6.922%	86.120%			
7	0.477	4.768%	90.888%			
8	0.420	4.203%	95.092%			
9	0.279	2.792%	97.884%			
10	0.212	2.116%	100%			

4）构建主成分得分模型

主成分是原始 10 个指标的线性组合，各指标的权数为对应的主成分特征向量，表示的是各单项指标对主成分的影响程度。因此，在 SPSS 运行所得到的成分矩阵（表 5-4）的基础上，通过计算可得出如下主成分得分模型：

$$F_1 = 0.135S_1 + 0.113S_2 + 0.275W_1 + 0.251W_2 + 0.321W_3 + 0.400O_1 + 0.371O_2$$
$$+ 0.328O_3 + 0.417T_1 + 0.385T_2$$

$$F_2 = 0.305S_1 + 0.247S_2 - 0.472W_1 - 0.456W_2 - 0.339W_3 + 0.314O_1 + 0.386O_2$$
$$+ 0.172O_3 + 0.040T_1 - 0.149T_2$$

$$F_3 = -0.535S_1 + 0.232S_2 + 0.056W_1 + 0.204W_2 - 0.047W_3 - 0.030O_1 + 0.177O_2$$
$$+ 0.605O_3 - 0.267T_1 - 0.379T_2$$

$$F_4 = 0.311S_1 + 0.828S_2 + 0.161W_1 - 0.065W_2 + 0.218W_3 - 0.294O_1 - 0.205O_2$$
$$- 0.008O_3 - 0.103T_1 + 0.015T_2$$

结合各要素的累积贡献率，可得出主成分综合得分模型：

$$F = 0.324F_1 + 0.168F_2 + 0.116F_3 + 0.103F_4$$

表 5-4   成分矩阵

指标	成分			
	1	2	3	4
S_1	0.244	0.396	−0.575	0.316
S_2	0.204	0.320	0.249	0.841
W_1	0.496	−0.613	0.060	0.163
W_2	0.452	−0.592	0.219	−0.066
W_3	0.578	−0.440	−0.051	0.221
O_1	0.720	0.407	−0.032	−0.299
O_2	0.668	0.501	0.190	−0.208
O_3	0.591	0.223	0.650	−0.008
T_1	0.751	0.052	−0.287	−0.105
T_2	0.693	−0.194	−0.408	0.015

2. 实证分析结果

通过前面的分析可以看出，对秦巴山脉林业产业发展影响最大的是综合要素一，贡献率为32.4%，其中各系数由大到小依次为 T_1，O_1，T_2，O_2，O_3，W_3，W_1，W_2，S_1，S_2。生态环境问题和生态文明建设指导思想指标最高，表明必须高度重视生态环境问题，把绿色环保放在首位来推动开展各项工作。对秦巴山脉林业产业发展影响排在第二位的是综合要素二，贡献率为 16.8%，各系数由大到小依次为 W_1，W_2，O_2，W_3，O_1，S_1，S_2，O_3，T_2，T_1。集约化程度低和林业产业结构不合理指标的影响最高，表明实施集约经营，提高龙头企业的品牌效应仍是区域林业产业发展的主要方向。对秦巴山脉林业产业发展影响排在第三位的是综合要素三，贡献率为 11.6%，各系数由大到小依次为 O_3，S_1，T_2，T_1，S_2，W_2，O_2，W_1，W_3，O_1。森林旅游业蓬勃发展和资源优势指标影响最高，表明要抓住森林旅游业蓬勃发展这一机遇，打造出秦巴山脉特色化、不可复制化的旅游路线。对秦巴山脉林业产业发展影响排在第四位的是综合要素四，贡献率为 10.3%，各系数由大到小依次为 S_2，S_1，O_1，W_3，O_2，W_1，T_1，W_2，T_2，O_3。区位优势和资源优势指标的影响最高，表明要充分发挥秦巴山脉独特的资源优势，发展优势产业，完善林业绿色循环产业体系。

5.2　国外林业发展经验借鉴

21 世纪以来，面对全球气候变化、生态环境恶化、能源资源安全、粮食安全、重大自然灾害和世界金融危机等问题的严峻挑战，促进绿色经济发展、实现绿色转型已成为国际社会的共同使命。林业在保护气候、涵养水源、净化空气、增加土壤肥力、满足林产品供给、发展绿色经济、促进绿色增长以及推动人类文明进步中，发挥着重要作用，尤其是在气候变化、荒漠化、生物多样性锐减等生态危机加剧的形势下，世界各国越来越重视林业发展问题。根据《2020 年全球森林资源评估》，2020 年全球森林面积 40.6 亿 hm^2，占陆地面积（不含内陆水域）的 31%，人均森林面积 0.52 hm^2。总体来看，世界森林资源呈现如下特征：世界各国森林面积分布不均衡，全球一半以上（54%）的森林集中分布在俄罗斯、巴西、加拿大、美国、中国 5 个国家。多数国家的森林以公有林（指林地所有权，包括国有和集体）为主，全球 73% 的森林是公有林，22% 的森林是私有林。世界各国森林每公顷蓄积差距大，多数国家森林不足全球平均水平。全球 93% 的森林是天然再生林，人工林占 7%。2020 年大约有 33.99 亿 hm^2 的森林主要用于水土保持，4.24 亿 hm^2 的森林主要被用于生物多样性保护，全球约 11.5 亿 hm^2 的森林主要用于生产木材和非木材森林产品，超过 1.86 亿 hm^2 的森林提供休闲、旅游、教育及宗教场所等社会服务。每年近 4% 的森林受到林火、有害生物（包括病虫害）以及干旱、风雪、冰雹和洪水等灾害的影响。各国森林资源演变趋势呈森林面积总体持续下降，但减少的速度变缓的趋势；全球人工林面积增速加快，其中年均增加面积较多的国家有中国、俄罗斯、美国、越南、印度、印度尼西亚、智利和澳大利亚；全球原生林面积迅速减少；森林由木材生产向多功能利用转变。

秦巴山脉林业发展的大环境、大背景没有变，林业发展要紧扣国内社会主要矛盾，学习国外的先进经验，发挥特色优势，做大做强林业产业，依托科学技术，走循环经济之路，实现可持续发展。现代林业起源于德国，在 19 世纪后期和 20 世纪初期，德国的林业理论逐渐在全世界普及。随着世界经济的重心，特别是基于自然资源利用的传统经济由欧洲转向美国，在德国林业思想影响下，美国逐渐成为林业理论与技术的中心。北欧各国在优良的环境条件下，受德国林业可持续经营理论与技术的影响成为世界人工林经营的先进国家，为欧洲提供了大量木材产品。加拿大受美国森林经营和林业管理影响，东亚各国包括日本和韩国均受到美国、德国林业管理思想的影响。因此，本书通过总结德国、美国以及北欧的芬兰和瑞典林业发展经验，力求提出适合秦巴山脉林业发展的建议和方法。

5.2.1　德国

德国的森林经营管理理论和实践有 200 多年历史，在各种理论的交锋和现实的需求中演变和发展。无论是过去以木材利用为中心的"法正林"理论，还是目前世界上公认的以培育多功能森林为目标的近自然育林理念，都产生于德国，给西方乃至全世界提供了宝贵的成功经验，"照亮"世界林业发展之路。

1. 德国森林资源概况

德国位于欧洲中部，领土面积 35.8 万 km²，北邻丹麦，西部与荷兰、比利时、卢森堡和法国接壤，南邻瑞士和奥地利，东部与捷克和波兰接壤；西北部为温带海洋性气候，往东部和南部逐渐过渡成温带大陆性气候，气温适中，变化不大；年降水量 500～1000 mm，适宜的温度和丰富的降水给德国森林提供了优渥的生长条件（沈照仁，2004）。森林资源主要呈现以下特征：一是森林分布均匀，林分质量高。由于德国十分重视森林的可持续经营，积极推行森林的近自然经营，因此森林质量高，森林群落结构复杂，生物多样性丰富，林分健康稳定，生态功能十分显著。德国第三次全国森林清查结果显示，德国的森林面积为 1140 万 hm²，与第二次清查结果基本持平。人均森林面积约为 0.13 hm²；森林覆盖率为 32%。1965～2005 年，德国净增森林面积 400 万 hm²，新增林多为稳定的针阔混交林，树种搭配合理，生长状况良好（中国林学会编辑部，2007）。二是森林蓄积量高，位列欧洲各国前列。2002～2012 年，德国木材蓄积量增长了 7%，达到 37 亿 m³，平均每公顷木材蓄积量为 336 m³。蓄积量最高的巴伐利亚州，森林蓄积每公顷超过 400 m³，创世界纪录。通过科学的森林经营，德国森林平均年龄为 77 年，采伐的树木以 80 年生以上的大径材为主。德国森林蓄积量为 326 m³/hm²，年产出木材 4.8 m³/hm²，年平均生长量为 11 m³/hm²（吴水荣等，2015），且德国对采伐量控制严格，德国联邦森林法规定森林采伐量要低于生长量。德国的林业在环境政策中被列在最优先的地位是与其森林资源量相关的，1/4 的森林被划入自然公园，1/3 的森林被划入景观保护区。2017 年，德国共有 16 个森林公园，包括著名的阿默尔湖、博登湖等在内。三是德国的原始林树种以阔叶树为主，主要有山毛榉和栎树。针叶树种主要是冷杉、云杉和松树。在 18 世纪末到 19 世纪的造林运动中，德国大部分地区的天然林被改变为针叶树人工林，致使天然林几乎全部消失。20 世纪后期，德国逐步在针叶林中引入阔叶树种，从树种组成看，62%为针叶树，38%为阔叶树。从林相上看，混交林占 73%；非常近自然林占 35%，近自然林占 41%，两者合计占森林总面积的 76%，人工林仅占 24%（蔡登谷，2008）。

2. 德国林业发展经验

1）德国林业经营理论与方针

1713 年，卡洛维茨鉴于德国出现的第一次"木材危机"，原始林被采伐利用，提出了人工造林思想，因而被德国人奉为"森林永续利用理论"的创始人。这个时期的永续原则，目的是追求最高木材产量的持续性和稳定性，将木材的采伐量（需求）与良好生产条件下森林所能提供的数量（供给）相匹配，同时兼顾到后人对森林资源的利用。

1826 年，德国洪德斯哈根提出了"法正林"概念，随之"法正林"森林经营理论被提出，并一度成为林业先进国家作为衡量森林经营管理水平的标杆尺度。"法正林"是指在一个森林经营单位内，经过造林、经营和采伐设计，各个不同龄级林分所占面积完全相等，呈法正排列，生长量相等，年木材收获量相等，从而实现森林资源的长期平衡利用（张志达和李世东，1999）。

由于"法正林"理论以经营为中心，忽略了森林的其他功能。1898 年，德国林学家盖耶尔提出了近自然育林理论，自提出以来，该理论一直在进行研究并不断升温，并作为新的林业政策和经营方针（占君慧等，2015）。近自然育林理论首先要求根据当地的原始森林群落组成来选择树种，认为只有乡土树种才能保证建成的森林群落与外部环境达到最为和谐的统一，才有最强的生命力和稳定性；培育过程必须遵循并充分利用森林发生发展的内在规律；培育成的"近自然林"是健康、稳定、多样的混交林，既具有集约经营人工林生长迅速的优点，又具有天然林稳定、持续发挥多种效益的性能。近自然育林理论的主要技术体系是目标树作业体系。该作业体系的基本原则是选择林分中优质、高价值乡土树种作为目标树，重点培育，尽量利用和促进森林的天然更新，在维持森林良好自然生态的前提下，培育大径级和高价值林木；从幼林开始就选择目标树，整个经营过程重点围绕选定的目标树进行单株抚育，内容包括目标树种周围的除草、割灌、人工修枝和疏伐等，直到完成经营目标。主要措施是重视森林资源、自然保护区的建设与管理，德国大部分具有地带性特色的森林都规划建设森林公园或自然保护区，且森林公园是在自然保护区的基础上建立起来的，保护区分为核心区、缓冲区和过渡区三种；重视森林经营的远景规划，德国对森林的培育目标和方向普遍强调森林的自然化，希望用自然的方法培育出混合型的、多层次的、多样性的森林，为此区域森林管理局对管理范围内的每一块林地都相应建立了林地立地远景规划图，并通过政府资助引导各级林业经营者实施政府提出的远景规划；政府大力资助各级森林经营者，重视森林生态公众教育。近自然育林理论是森林可持续经营的手段和过程，是森林多功能利用（生产木材、保护环境、提供休憩场所）的具体方法和体现，瑞士、匈牙利、波兰、挪威、奥地利、法国等国家都不同程度地采用了这个理论（赵海兰和刘珉，2019）。

2）德国林业的经营管理体制

对森林资源，德国已建立了一套完善的管理体系。现行的林业管理机构分为五个层级，各级森林管理机构均属垂直隶属关系，与地方政府行政隶属无关，从而避免森林管理体制中的地方政府干预（董智勇和司洪生，1996）。一是联邦级，机构设置于德国联邦食品和农业部，林业为农业下属司，主要行使林业政策、立法和改进林业经营管理职责以及进行全国森林资源调查，同时负责与欧盟委员会进行协调和沟通以及参与国际林业政策对话等。二是州林业管理局，设置于各州的农业部，主要负责监督全州森林经营管理的合法性、管理全州的国有森林以及指导全州的私有林和社团林的经营。三是区域森林管理局，在州以下分区域设立森林管理局，主要职责为经营管理区域内国有林并以森林经营的榜样示范，审批私有林经营的申报文件，为私有林主提供免费咨询。森林管理局通常设立有管理服务、森林企业、对外关系、援助等部门。四是分区域森林管理科，在区域以下分片区设立森林管理科，具体负责该片区的森林经营。五是林场，德国森林经营的基层单位，每个林场管理 1000～2000 hm^2 森林，地方自治体有义务制订和监督地方政府所有林的经营计划，但实际上自治体经常委托州林业管理局制订经营、采伐和销售计划（李茗等，2013）。

此外，德国国有林管理改革的核心内容是政企分离，即政府林业行政管理机构为职能机构，不直接经营国有林，而是由相应的企业性机构进行经营，接受职能机构的监督。其主要特点是：在德国联邦政府实行分散决策的原则，联邦制赋予州政府很强的独立性，州政府林业行政管理机构实行政企分离；林业行政管理部门只履行国有林行政管理职能，而企业负责经营，走市场化道路；国有林实行预算制资金管理，由联邦政府和州政府分别投资，收支两条线，盈亏均由国家承担。

3）德国林业的法律法规

德国林业法律法规体系完善，公共财政支持保护体系健全。德国主要的林业政策法规有：《自然保护法》，由欧共体制定；《德意志联邦共和国保持森林和发展林业法》，由联邦于 1975 年制定，1984 年进行了修改；《联邦种苗法》，以法律形式规范了林木种苗的引进、生产和销售；对于林业的其他经营管理，如狩猎活动、外来物种引种、森林采伐等都有相应的规定，如《联邦狩猎法》《自然保护和景观改造法》《采伐更新条例》等。德国的林业政策阶段性特点明显，如在 20 世纪 90 年代，随着"近自然育林"的经营模式更加明朗，林业政策相应有所调整，德国制定了对推进"近自然育林"或营造混交林的活动实行发放补助金政策，政策实施的结果是栽种阔叶树和实行天然更新的比例显著增加。此外，德国对林业生产经营实行了系统完善的国家公共财政支持保护政策，如对森林保护的支持，对造林和种苗培育进行补助及对森林经营进行补助等。这些法律法规都为林业可持续发展提供了保障。

3. 启示

德国森林经营的核心目标是培育多功能森林和高价值用材，经济效益是重点，兼顾生态效益与社会效益。对秦巴山脉林业发展的启示主要体现在四个方面：一是像德国的近自然育林理论一样，林业建设要有一个明确的指导思想，在指导思想下编制科学且操作性强的规划。二是要以法律措施为保障，可以根据当地林业不同的发展阶段和各地的具体情况制定相应的森林法实施细则。三是要以经济措施为引导，逐步建立起完善的林业公共财政支持保护体系，包括造林、抚育、保护、管理投入补贴制度，森林生态效益补偿制度，森林保险、林业金融、财税支持制度等。四是要以科学技术为依托，通过科学经营精准提升森林质量，促使生产力提高，实行科学合理的经营管理，可因地因树目标经营，采取合理方式进行一定程度的人工促进天然林更新。

5.2.2　美国

美国是一个林业发达的国家，加之开发历史较短，积累了丰富的森林管理经验。美国林业的发展大致可分为六个阶段：美国 19 世纪中期以前为森林初期利用阶段，管理方法为森林资源皆伐；19 世纪中期至 20 世纪 20 年代初，美国内战之后，经济高速发展，因第一次世界大战爆发，森林资源被大规模开发，以备军需物资消耗增加，该阶段美国林业处于森林破坏阶段，管理方法为森林资源开发利润最大化，并无法律约束；20 世纪 20 年代至 60 年代，因第二次世界大战爆发，国家全面干预金融财政、工业、农业等领域，而第二次世界大战后期，国有林的木材供应成为林区的主要活动，美国林业不断演变成边治理边破坏，林业管理以环境保护与林木资源的快速供应为主；20 世纪 60 年代至 80 年代，美国资本主义迅猛发展，工业发展带来的环境问题逐渐显现，引起了环保人士的密切关注，管理方法逐渐追求森林多目标利用，以实现森林资源利用程度的最大化；20 世纪 80 年代至 90 年代美国林业进入了以生态利用为主兼顾产业利用阶段，美国对国有林实施森林生态系统管理，美国林业向可持续发展转变；21 世纪至今，美国林业发展进入可持续利用阶段，管理方法为农林复合生态系统管理。这恰恰印证了全球较为一致的林业发展过程，一个由滥伐森林到有计划进行森林经营的转变，未来的发展也会向使森林经营思想沿着满足越来越多的不同利益群体的需求方向演变（李富，2007）。

20 世纪 80 年代初，针对全球保护环境的浪潮，美国提出了"新林业"理论，它强调森林经营在突出环境保护价值的同时，发展多功能、集约化林业，重视森林经济效益、生态效益和社会效益的综合发挥，强调林业多功能兼顾，建立合理的森林形态和森林结构（赵海兰，2017）。进入 20 世纪 90 年代以来，根据 1992 年联合国环境与发展大会提出的森林资源和林地可持续经营要求，美国国有森林已全面禁伐，森林发展模式转变为以环境保护和娱乐游憩为主的生态、森林旅游和长期研究用林，采用"依法治林、产学研结合、政府支持和永续性利用"的森林经营模式。美国在面临生态环境问题时首先进行的环节就是用法律手段来管理资源，以法律形式明确规定其在开发、利用与保护等方面的具体规范且内容详细具体，为其科学发展提供了法律依据。20 世纪初至 1992 年的发展中，美国的森林面积仅减少了 13%左右，1992 年至 2019 年，美国的森林覆盖率维持在 33.9%左右，森林蓄积量位居世界第四。美国森林面积稳定和木材产量的提高还得益于对科学技术的投入以及由此带来的科学技术进步。虽然美国的社会制度和经济发展水平都与秦巴山脉不同，但先进的林业发展政策、对高新技术实际应用的重视程度，以及科研、教学和生产推广紧密结合等方面的做法都值得我们研究、学习和借鉴。

1. 美国森林资源概况

美国主体部分位于北美洲中部，总面积为 937.3 万 km²，是世界上国土面积第四的国家，其中森林面积达 303 万 km²，占其国土面积的 33.1%（黄平，2012）。美国国土纬度跨度大，森林种类丰富，美国本土主要地处亚热带和温带，主要森林为亚热带常绿阔叶林和温带落叶阔叶林；地处高纬度的阿拉斯加地区，主要分布亚寒带针叶林。美国的森林大部分属于自然生长和更新的次生林，天然次生林占 67%，原始林占 25%，人工林仅占 8%。美国私有林面积为 1.72 亿 hm²，占全国森林总面积的 57%；公有林面积为 1.32 亿 hm²，占全国森林总面积的 43%，76% 的公有林集中在西北太平洋沿岸和洛基山脉，主要为联邦政府所有；东部公有林则主要为州及县政府所有；大多数保护林为公有林，而大部分生产林为私有林；

绝大部分国有林由林务局管理，多为天然林，保护良好，生产性采伐很少（李小勇等，2017）。

2. 美国林业发展经验

1）美国林业立法实践

美国的林业法制体系比较健全，林业管理首先是依法治林。美国依法治林的历史可分为四个阶段：一是初始保护阶段（19 世纪末至 20 世纪 20 年代末），即自然资源开始受到关注时期。1891 年，美国国会颁布了《森林保护区法》，标志着美国的森林保护和资源管理工作开始走上了法治的轨道，后期相继出台了：《建制法》，为森林保护区管理（后来把森林保护区改称国有林）提供了法律依据；《雷斯法案》主要通过立法保护野生动植物，禁止非法获得、加工、运输和买卖野生动物、鱼类和植物的贸易，后经几次修订，增加了打击木材非法采伐；《威克斯法》正式授权林务局负责森林防火工作，授权美国林务局和各州政府在森林防火方面加强合作，以使森林免遭林火危害，同时授权恢复东部的联邦林地，使得数百万英亩[①]的林地得到了保护和恢复；《克拉克–麦克纳利法》，赋予美国林务局管理资金调配权，用于各州开展消防工作，制定消防标准和消防设施标准，加强森林防火合作。1920～1930 年，美国开始全国性的税收改革，森林土地税更加合理并促进了森林保护（赵铁珍等，2011）。二是工程保护实施阶段（20 世纪 30 年代初至 50 年代末），美国启动了防护林工程项目，起草了《美国林业联邦计划》，该计划建议对联邦林业系统内土地制订一个详细计划，报告包括数百个项目，都需要金钱和人力完成；颁布了《森林病虫害防治法》，规定联邦对各州林业机构给予技术和经济支持，以控制林区病虫害的暴发与蔓延。1947 年颁布了《联邦杀虫剂、杀真菌剂和灭鼠剂法案》，旨在授权联邦政府控制杀虫剂的销售和使用，要求使用杀虫剂须获许可，任何在美使用的杀虫剂都需到环境保护署注册登记。三是依法保护阶段（20 世纪 60 年代初至 80 年代末），开始关注自然资源保护。1960 年，《森林多种利用及永续生产条例》的通过，标志着美国的森林经营理念由生产木材为主，向经济、生态、社会多效益利用的转变；1969 年通过了《国家环境保护法》，1974 年通过了《森林和草地可再生资源计划法》，1976 年签署了《国有林经营法》，1978 年通过了《协助林业援助法》。另外，这一阶段美国还制定了许多资源和环境保护相关法律，如《荒野法》《国家环境政策法》《濒危物种保护法》《城市森林法》《森林生态系统与大气污染研究法》等。其中，《国有林经营法》要求国有森林的木材采伐量不得超过年平均生长量，维持国有森林的多种用途，国有林业计划的制订必须有多部门多学科专家的参与，比较具有参考借鉴意义。其规定：①由农业部长聘

---

① 1 英亩（acre）= 0.404 686 hm²。

请一批科学家组成科学家委员会，对林区科学规划建言献策。②美国林务局必须根据《土地和资源管理计划》管理国家森林，要求定期提交《环境影响报告》；每个国有林区都要作出长期经营规划，规划周期为 10～15 年，须紧密结合公众参与和顾问委员会咨询以及各种自然资源、运输系统、木材销售、森林更新、国家对学校和修路的补助以及病害发生率的报告等，综合制定（谷瑶等，2016）。③公众参与修改规划、重新定义永续利用和皆伐、对皆伐作出限制，规定了采伐特许权的最高期限，必须以竞标的方式销售木材等。④保护和增加动植物多样性，至少要达到天然林中期的水平。四是以森林生态系统健康为目标的现代森林系统保护阶段（20 世纪 90 年代至今）。1992 年，美国国会通过了《森林生态系统健康与恢复法》，并于 1993 年开始实施森林保健计划，启动西北林业计划。进入 21 世纪，美国通过加强科学研究、立法、公众教育以及国际合作等途径，进一步加强了森林资源保护工作，以应对气候变化、能源短缺等热点问题所带来的挑战。例如，2008 年出台了《食物、环境保育及能源法》，更新并加强授权美国林务局在私有林保护、社区林业、公共领地保护、文化遗产保护、森林恢复、森林保护区建设、林业生物质能源建设等方面的作用。于 2008 年 5 月 22 日正式生效的《雷斯法案修正案》，全面禁止进口、销售或买卖非法采伐的木材和林产品。2009 年，奥巴马政府颁布了《美国经济恢复和再投资法案》，联邦政府依据该法案资助了 512 个项目，开展林内可燃危险物清理、森林环境保护、灾后恢复重建等活动，同时创造就业机会和恢复私有、州有及国有林，其中有近 170 个项目致力于减少森林火灾，以保障森林健康。其中美国西北林业计划和我国正在实施的天然林资源保护工程有很大的相似性，其做法和经验具有一定的借鉴意义（占君慧等，2015）。该计划由政府资助，以天然林保护为目标，包括位于加利福尼亚州北部、俄勒冈州和华盛顿州的 980 万 hm^2 的国有林地，根据不同目的（如用于保护北方斑点猫头鹰的栖息地、木材的采伐和销售等），将计划林地划分为原始林保护区、适应性经营区、原始林经营区、河流保护区、行政禁伐区、立法禁伐区和木材采伐区等七种类型，是一项大型林业生态工程（张煜星等，2005）。

美国在对 1994 年农业部进行机构改革的同时，对全美林业体系也进行了一些改革，改革重点是提高工作效率，改革的措施是加强国家林业体系及队伍建设，发挥大区服务站的管理与协调职能，采用服务型的工作方法，做好林区计划、环境评估和财政计划几个方面的服务等。目前，美国从中央到地方已形成一套组织健全、体制稳定的林业管理体系。国有林系统实行联邦林务局、大林区、林管区和营林区四级管理。统管全国林业事务的行政单位是联邦政府农业部林务局，林务局的主要任务是负责全国的国有林管理、林业科学研究、政策法规制定、人员培训及使用、木材生产、指导州和私有林经营等业务。全美国划分成北部林区、洛基山林区、西南林区、山际林区、西北太平洋沿岸林区、西南太平洋沿岸林区、南部林区、东部林区、阿拉斯加林区等九个国有林大区，每个林区设一个林业试验站或研究所，负责森林经营和科研管理工作。大林区下设林管区，每个林管区内设一个主管，负责该区的森林经营管理工作，并承担下属营林区相互协调、预算分配和技术服务提供等任务。林管区下设营林区，营林区是林业系统最基层的单位，主要承担森林经营、森林保护、造林更新、林道建设、森林植被和动物栖息地的管理等任务（黄坤，2012）。

2）美国林业科学研究

美国林业科学研究课题大多针对林业实际工作中最需要解决的问题而设立，科研人员到林业生产第一线了解生产实践中迫切需要解决的问题，经过研究获得一定成果，通过技术推广手段将科研成果传达到私有林林主，返回到生产第一线指导实践活动。美国的这种林业科研做法注重研究与开发、科研成果和技术推广的紧密结合，既有利于科研工作的不断深入，又有利于生产实践的不断发展，形成良性循环（张大华等，1999）。

美国林务局结合国家林业发展战略，将生物质和生物能源、气候变化、纳米先进木材技术、流域管理和恢复、城市自然资源管理、森林清查与监测以及森林干扰确定为林业研究优先领域，并围绕其实施了七大战略：入侵物种研究计划，清查、监测和分析计划，户外游憩研究计划，资源管理和利用研究计划，水、空气和土壤研究计划，荒地野火和可燃物研究计划，以及野生动植物和鱼类研究计划（王燕琴，2020）。其中，森林干扰研究是研究活动最为集中的研究领域，以气候变化、病虫害等为重点方向；生物能源及生物质产品近年来成为研究热点。此外，美国充分认识到高新技术在未来世界科技发展中的重要地位和巨大潜力，十分重视高新技术在生产上的实际应用，给予重点资助。

美国林业科研系统由联邦系统、高等院校系统和森工企业系统三个部分组成。联邦系统重点开展国际性和全国性的科研项目，由国家重点扶持，经费来自国会拨款。高等院校系统开展的林业科研活动，除围绕所在地区的实际问题进行外，更侧重于根据用户需求提供有偿服务，经费来源有政府部门的正常拨款、各州和私营企业的拨款，其中企业投资是主要渠道。森工企业系统重点解决生产过程中的实际问题，一切由市场和生产实践加以检验，科研经费是其生产成本的一部分（陈洁等，2020）。

美国林业科研预算方面，由国家确定林业科研项目、编制研究经费预算，由林务局每五年进行一次规划，经费由联邦政府财政下拨（陈少强和贾颖，2014）。在联邦政府每年下拨的林业研究经费中，10%用于合作研究，包括国际合作、与大学及私人企业合作；具体的研究项目实行首席专家负责制，由首席专家负责研究经费，负责选择研究人员，形成形式松散、运行高效的研究课题组，不存在任何编制和人事问题（程军国等，2018）。

3. 启示

尽管美国没有一部单独的森林法，但在系统管理森林方面都是依法护林、治林、管林。秦巴山脉一些地方性政策缺少针对性，可操作性不强，只是照搬其他法律规范做一般性的阐述和理论性的提倡，并不能适应当地林业发展建设实际。因此，要健全法律法规，凭借法律条例等相关正式文件保护森林，发展林业，并注重公示、审议、修改等环节的工作，听取各方专家、利益相关方的意见，根据各林区实际情况，不断调整、完善，同时必须注重政策等的实施监督和监测。

林业的发展既要靠政策、投入、机制，还要靠科技。投资不足是制约秦巴山脉林业科研发展的瓶颈，使得当地林业科研在与其他科研竞争中处于劣势地位。因此，应借鉴美国林业科研资金筹措渠道方式，鼓励地方政府、森工企业、非营利组织与个人等为林业科研投入资金，确保林业科研活动不因资金短缺而陷入困境。要组织林业科研人员、企业、科技主管部门等部门基于秦巴山脉林业发展的最突出问题，提炼出林业科研优先领域和方向，集中资金、人才各类资源，争取在基础研究方面有所突破。要重视对引进技术的消化、吸收和再创新，通过吸收外资和自主创新的有机结合，用高新技术与先进适用技术改造我国的传统林业产业。尊重跨部门、跨学科的合作和协调，加强林业科技管理，加强林业科技推广体系建设和成果转化人才队伍建设，提升林业科技成果的成熟性、实用性和适用性。

5.2.3 芬兰和瑞典

芬兰和瑞典不仅是先进的工业国，而且是世界闻名的"森林王国"。在长期的林业生产活动中，芬兰和瑞典结合本国实际，在林业可持续发展方面不断进行探索和实践，制定了许多行之有效的林业政策和措施，其森林经营管理方式和体制也独具特色。其林业产业发达，是木材和其他林产品生产的重要国家，两国在经济发展中对森林工业的依赖度很高，还十分重视森林的多功能利用，充分发挥森林在休闲旅游、自然观光、果品采摘、狩猎、驯鹿养殖等方面的多种功能，实现了森林利用和环境保护的双赢。芬兰和瑞典林业经营技术与管理经验对秦巴山脉林业发展具有重要的借鉴意义。

1. 芬兰和瑞典森林资源概况

芬兰位于欧洲北部，与瑞典、挪威、俄罗斯接壤，南临芬兰湾，西濒波的尼亚湾。2023 年，芬兰国土总面积 33.8 万 km²，总人口 558.4 万，是欧洲第七大国，被誉为"千岛之国"和"千湖之国"。大部分国土位于北纬 60°～70°，属高寒地区与亚寒带大陆性气候，但受大西洋暖流的影响，最北端也有森林覆盖。芬兰雨水充沛，冬天潮湿，夏天适中，适合森林的生长，芬兰森林覆盖率达 80%，面积约 2282 万 hm^2，人均 4.2 hm^2，居欧洲第一位，世界第二位，木材蓄积量 21.89 亿 m^3[①]。在芬兰，森林一直是最重要的自然资源，在经济、社会和生态等多方面都占据着十分重要的地位。在经济方面：2015 年原生林为 23 万 hm^2，占林地面积的 1%；其他天然再生林为 1521.2 万 hm^2，占 68.5%；人工林为 677.5 万 hm^2，占 30.5%。2015 年，芬兰森林立木蓄积量为 23.2 亿 m^3，与 1990 年对比增加了约 4.4 亿 m^3，与 20 世纪 70 年代相比增长了近 60%；针叶林立木蓄积量为 18.51 亿 m^3，阔叶林为 4.69 亿 m^3；单位面积森林蓄积量为 104 m^3/hm^2。在树种组成中，50% 是松树，30% 是云杉，其余 20% 属于阔叶树种。2021 年芬兰林业产值超过 180 亿欧元，林业出口收入约占芬兰出口收入的 17%，为 14 万人提供了就业机会（史琛明等，2022）。芬兰是林产品出口大国。2013 年，林产品出口值为 112 亿欧元，大约占出口总值的 1/5，林业产业是芬兰的支柱产业之一。在社会方面：仅林业部门直接提供的就业岗位就达 69 000 个，而整个林业产业链为芬兰提供的就业机会达 20 万个（赴芬兰森林可持续经营考察团等，2015）。同时，高度发达的林业和丰富的森林资源还为芬兰人民提供了丰富的游憩场所，并承担起了保护芬兰生态环境等多种社会功能。在生态方面：森林占芬兰除水域外国土面积的 73%，为芬兰的水源涵养、生物多样性保护发挥了重要作用（赴芬兰森林可持续经营考察团等，2015）。同时，森林生物质储量为 15.93 Gt，碳储量为 5.97 Gt，生产林和多用途林面积为 1885.1 万 hm^2（赴芬兰森林可持续经营考察团等，2015）。

瑞典位于北欧斯堪的纳维亚半岛东南部，总面积约 45 万 km^2，截至 2022 年人口近 1049 万。瑞典地理位置虽然偏北，但受大西洋墨西哥暖流的影响，气候比较温和。除北部和高山外，气温较同纬度区域高出 10 ℃左右，南部平均气温 7～8 ℃，生长季为 240 天，年平均降水量 550 mm，年降水量差异较大，西南部达 1000～1200 mm，而东北部仅 300～500 mm，50% 的降水量为冬季降雪。森林是瑞典最重要的自然资源，截至 2020 年森林覆盖率达 69%。2005 年国家林业局赴芬兰、瑞典林业经营管理考察报告数据显示，瑞典森林以针叶林为主，约占森林总面积的 84%，主要为挪威云杉和欧洲赤松；阔叶林约占森林总面积的 16%。瑞典森林蓄积量高达 30 亿 m^3，比 20 世纪 20 年代增长了 50% 以上（国家林业局赴芬兰、瑞典林业经营管理考察团，2005）。瑞典已成为欧洲木材储量最丰富的国家。在瑞典

---

① 《芬兰国家概况（2024 年）》，https://fi.mofcom.gov.cn/flgk/gqjj/art/2024/art_1b6f531c312446f38b5324f093aaef4f.html[2024-04-02]。

的森林面积中，瑞典森林面积占土地面积的 55%，根据 2012 年统计数据，75%的森林面积为个人所有，南部为 78%（任文子等，2019）。森林工业是瑞典国民经济的三大支柱产业之一，在世界上处于领先地位。目前，瑞典森林工业已形成全方位、多品种、高度自动化、高度一体化的产业体系，主要林产品包括锯材、纸浆和纸张、胶合板、纤维板、刨花板等，这些产品除了满足国内需求外，50%以上用于出口，林业产业是出口创汇最多的产业。此外，林业还为社会提供了大量的就业机会、生产资料和生活用品，给瑞典及其他欧洲人民提供了良好的旅游环境（韩明臣和李智勇，2011）。

2. 芬兰和瑞典林业发展经验

1）林业及林业产业政策

芬兰、瑞典两国始终坚持依法治林，基本哲学是传给子孙后代的森林至少要和继承的一样（沈照仁，2004）。早在 1886 年，芬兰政府就开始制定《森林法》；1903 年，瑞典也制定了历史上第一部《森林法》，以法律形式强调林业在未来发展中的重要作用以及森林资源对生态环境的保护作用，后通过对《森林法》的修订、补充和完善，形成了一套完整的法律法规体系，对森林资源的开发利用和经营管理作出了翔实细致的法律规定。不论是公有林还是私有林，大到森林的经营规划，小到采伐更新，都有明确的法律法规和规章制度（鲁法典和庄作峰，1999）。芬兰、瑞典《森林法》体现的限量采伐、及时更新、永续利用，已成为人民的自觉行为。其核心内容主要有：森林不得随意砍伐，必须获得批准；砍伐后必须及时更新，不得改作他用；全国森林的砍伐量不得超过生长量；森林必须得到很好的管理并要有长远的规划；实施生产与保持生态平衡并重的方针。此外，芬兰和瑞典森林资源实行垂直管理，管理层级之间职能明确、分工清楚，各层级内部机构设置简单明了、各司其职。林业部门只执行议会制定的林业政策，不受当地政府的干预，地方政府也不管理林业事务，权责清晰，运转高效。

芬兰、瑞典以私有制为主的林业产权体系长期不变，安全稳定，是两国林业产业政策的一大特点。林地所有权可继承并受到国家法律保护和财政扶持，充分调动了林地所有者经营森林的积极性。对地处高纬度，气候寒冷，林木年生长量很小的芬兰、瑞典，如果没有一个稳定的产权体系作保障，森林资源近百年来获得如此迅速恢复和发展是不可能的，林业也不可能成为影响两国国民经济的重要支柱产业。

2）森林工业

芬兰、瑞典政府一直把林业当作国民经济的重要支柱来抓，以充分、合理利用森林为目标发展多样化的加工工业。芬兰虽是一个小国，但在森林工业方面却是名副其实的"巨人"，如芬兰为了应对气候变化，减少对化石燃料的依赖，依托其丰富的林木资源，积极发展林木生物质能源产业，关注产业链式的林木生物质能源发展，受到国际社会的广泛关注。其主要做法如下：一是致力于全方位地制定各项政策、法规、标准，包括林业政策、能源政策、税收政策、农业政策等，并以此引导和保障林木生物质能源产业健康有序地发展。二是注重发展从森林源头到产品，再到终端用户的产业链。根据徐晓倩和刘光哲（2016）的研究，芬兰可以用于制造生物质能源产品的林业资源主要为固体生物质，即木材（人工速生林、天然林和采伐废弃物），通过燃烧、气化、裂解等手段，将原料转化为多种能源形式，如热量、可燃气体、生物油等，通过企业、公司为市场的终端用户提供交通运输所需的燃料，实现供暖、供电，甚至热电联产等。然后将加工后的副产品以及废弃物（如燃烧后的灰烬）统一收集起来，再次利用，最终实现生物质能源的最佳利用模式（方勤敏，2002）。

芬兰林业产业集群的演进与成长也成为世界林业发展的典范。芬兰"林业集群"是木材、机械和专有技术的联合，其由林业、森工、机械设备制造公司、森工需要的化学品生产、自动化、包装、印刷企业、能源设备、咨询公司以及相应的科研教育机构等组成，以木材加工为基础，产品包括锯材、纸和纸浆。根据王兆君和张占贞（2013）的研究，在芬兰的林业集群演进与成长的过程中，科技创新、资源禀赋、企业网络联系、政府作用、合作组织与服务机构、健全的法律法规是其成功的要素。科技创新是林业产业集聚形成和发展的内在动因，芬兰在林业机械中广泛应用电子技术、自动化技术和信息技术，在21世纪初芬兰就实现了采伐机械和纸浆造纸机械的信息化与自动化，如计算机过程控制、GIS（geographic information system，地理信息系统）和CPS（cyber physical system，信息物理系统）技术的应用、激光测量以及从森林到产品全程数据采集和处理，实现经营管理的最优化。资源禀赋是林业产业集群形成与发展的物质基础，林业属于资源型产业，林业产业集群发展必须立足于区域资源比较优势。企业网络联系是集群发展的内源动力，集群内企业通过轮轴式或网状式网络联系，使知识和技术在集群内企业间得以扩散，不断推动集群创新发展（徐晓倩和刘光哲，2016）。芬兰是轮轴式林业产业集群模式，其中大集团就像车的发动机一样，在整个集群中起着支撑运转的主要作用，而集群内的中小企业就像一个个零部件，将自己的生产经营与发展巧妙地融入大集团的生产经营中，为大企业提供服务。政府作用是林业产业集群发展的外在推力，芬兰政府一直强调林业在国民经济中的重要性，把林业作为国家发展战略的支柱和优先发展的产业。合作组织与服务机构是林业产业集群发展的重要支撑，芬兰林业建立在小规模家庭林场基础上，在芬兰有超过60万个家庭林场，占全国森林面积的62%。家庭林场有着悠久历史，其经营规模一般

在 $25 \sim 50 \text{ hm}^2$，总面积占当地森林面积的 $60\% \sim 70\%$（胡耀升和何铭涛，2019）。健全的法律法规是林业产业集群发展的制度保证，芬兰通过制定政策、法律法规促进了森林生产力与森工生产力的互动。

森林工业的飞速发展极大地带动了芬兰、瑞典营林业的发展，森林工业对原木和原材料的需求成为营林业发展的强大动力。两国森林由衰退转变为兴旺正是得益于森林工业的发展（战剑锋，1998）。森林工业所创造的财富为营林业的发展提供了稳定的资金来源，而政府对营林业的补贴是十分有限的。瑞典《森林法》规定，生产者应留出足够资金用于森林的更新，工业部门所支付的木材价格必须包括造林费用和森林管理所需的其他费用。森林工业的持续稳定发展也离不开为其提供原料的营林业的发展（葛宇航和陆诗雷，1997）。芬兰、瑞典十分重视营林业发展，切实重视木材后续资源的培植。为保持林产品在全世界的竞争优势，两国注重种苗生产和选择，以高成本培育高质量的林木。再利用优质木材生产高附加值的林产品，林业企业在可持续的基础上对生产过程进行优化，不断改进生产技术，使生产成本与木材价值保持在合理的水平上。在瑞典和芬兰，作为原材料基地的营林业和工业资本的发展形成相互依存、相互结合的关系（张周忙等，2007）。

相对于林业补贴来说，政府更强调经营者的能力建设。比如在瑞典，各级林业管理机构均设立林业技术推广部门和人员，负责不同层次的林业咨询服务和技术培训工作，国家每年划拨一定额度的林业科技推广专项经费，并将林业事业费的 8% 作为科技推广费。同时，林业科研机构、林业院校和林主协会也发挥各自优势，为经营者提供林业科技信息，开展技术咨询服务。近几年，瑞典开展了一次大规模的森林生态和环境培训活动，参加人数达 10 万人，大大提高了瑞典森林经营者合理经营森林的能力。

3. 启示

芬兰、瑞典林业可持续经营妥善地解决了森林保护和利用的矛盾，强调可持续经营森林模式，确保森林的生产力和永续性。芬兰、瑞典的成功经验表明，通过长期努力和政策保障，实现林业可持续发展是现实可行的。政府的科学管理是芬兰、瑞典林业取得成功的重要因素，要加强秦巴山脉林业法治建设，加大行政执法力度，让法律法规成为林业可持续发展、森林科学经营利用的首选利器。严格遵循森林培育、生长、生产的自然规律，高度重视林木种苗管理，优选和推广良种壮苗；重视主伐及森林更新，实行科学的抚育间伐。借鉴芬兰、瑞典以森林工业高速发展有力带动国家林业整体发展水平提高的成功经验，采取有力措施积极发展森林工业和林业产业，尤其是大力鼓励开发具有高附加值的林产品。中国的情况同瑞典和芬兰不一样，林地为国家所有，而森林的主要组成部分是国有林，因此，森林的经营和利用主要依靠国家。在国家财力有限的条件下，林业很难取得长期、稳定的发展，即使在发达国家也难以做到这点。鼓励私有林业的发展不失为弥补中国公有制林业不足的可行办法，对照我国国情，深化林权制度改革，积极探索适合我国非公有制林业的发展模式，采取有效的政策促进私有林业的发展，使私有林业在我国林业可持续发展中发挥其应有的作用。提升素质是森林资源永续利用的长远之计。既要努力培养一支具有现代森林经营理念和掌握先进科学技术的队伍，又要坚持不懈抓好林业普法宣传和法治教育工作，提高公民的个人素质和科学素养，养成依法办事、依规行事的意识和习惯。

5.2.4　日本

日本是亚洲东部太平洋上的一个岛国，国土面积约 37.8 万 km^2。其地形复杂，山高坡陡，地质脆弱，极易发生水土流失。境内多火山，地震频繁，加之台风侵袭和年均 1800 mm 的集中降水，为海啸、山洪暴发、崩塌滑坡、泥石流等自然灾害的发生提供了条件。自古以来，日本自然灾害的频繁发生，给人们的生活带来了巨大的危害。治水已经成为日本民生安定的根本所在，而治水的根本又在于治山，所以日本流传了这样的说法："要治国，必须治山；要治山，必须营林。"因此日本政府将治国治山作为了基本国策之一，历代政府对于森林资源的保护都非常重视。

1. 日本森林资源概况

日本气候温暖，降水量大，适于森林生长。根据联合国粮食及农业组织（Food and Agriculture Organization of the United Nations，FAO）2020 年发布的《全球森林资源评估》，截至 2017 年，日本的森林面积为 2493.5 万 hm^2，占国土总面积的 68.40%。和 2015 年的 68.41%相比，数值保持稳定。日本的森林主要分为针叶林和阔叶林。根据 2017 年的数据，针叶林占森林总面积的 50%，阔叶林占 44%，其他类型的森林占 6%。其中，日本柏和日本扁柏是主要的针叶树。2017 年，日本森林的总蓄积量为 52.31 亿 m^3。其中，天然更新林的蓄积量为 19.26 亿 m^3，人工林的蓄积量为 33.05 亿 m^3。截至 2017 年，日本的国有林由日本农林水产省林野厅管理，占森林总面积的 30.4%；公共所有林由地方政府或地方公共团体拥有，占森林总面积的 11.9%；私有林由个人或企业拥有，占森林总面积的 57.7%（FAO，2020）。日本森林资源的特点可以概括为：森林覆盖率高，但人均森林面积低（国土面积小且人口众多）。日本与我国一样，属于人均森林资源贫乏的国家之一。

日本之所以特别重视林业，原因在于日本是一个自然灾害频发的国家，林业的生态作用对日本的自然灾害的预防和减弱，有着重要的、不可替代的作用，正是基于这样的认识，日本的森林覆盖率连续多年都位居世界前列。

2. 日本林业发展经验

1）日本林业立法实践

日本受德国影响，是较早制定森林法的国家之一。日本的林业立法可以分为三个时期：1897～1963 年以《森林法》为基轴时期、1964～2000 年《森林法》与《林业基本法》并存时期、2001 年以后《森林法》和《森林·林业基本法》并存时期。

以《森林法》为基轴的时期：日本于 1875 年（明治八年）开始制定森林法，历时 7 年，于 1882 年（明治十五年）出台，但由于地主阶级的强烈反对而流产。后又经过反复推敲、论证，重新起草，终于在 1897 年公布，1898 年正式实施，这是日本第一部《森林法》。第一部《森林法》旨在确保国土的保护功能，并加强对森林的监督管理。该法于 1907 年进行了修订（第二部《森林法》），第二部《森林法》从消极地保护和规范森林资源转而采取积极政策振兴林业，增加了对土地的使用和征用相关内容、创设了森林组合制度。1911 年和 1939 年，又对《森林法》进行了部分修改，涉及的内容包括主管大臣拥有保安林方面的部分职权可以委托地方行政长官行使以及要求拥有 50 hm^2 以上的森林所有者在经营中必须编制经营方案，由森林组合负责执行。第三部《森林法》是在 1951 年制定，这部《森林法》被认为是现行《森林法》的原型，但它仍然是对第二部《森林法》的修改。修改的内容主要涉及营林的扶持与监督、保安设施、森林组合及森林组合联合会，其中最大的亮点是引入了森林计划制度。在森林计划制度中，包含了三个计划：农林大臣制订的"森林基本计划"、都道府县知事制订的"森林区域经营计划"和"森林区域实施计划"。同时，民有林被区分为普通林和保安林，采取不同的采伐许可制度。

《森林法》与《林业基本法》并存时期：在《森林法》实施的同时，1964 年日本又制定了《林业基本法》，《林业基本法》是以促进林业的产业发展和林业经营者社会经济地位的提高为目的，其所关注的是林业产业的发展问题。它与《森林法》的关系相对独立，各有侧重，又相互支撑。《森林法》主要着眼于"林"，即森林资源的建设和保护，具有资源法的基本属性；而《林业基本法》则侧重于"业"，即作为基础产业的发展，具有产业法的基本属性。但两者之间又互相支撑，如在《林业基本法》中有这样的条文"政府必须制订森林资源的基本计划"，而《森林法》中的森林计划的制订所依据的就是《林业基本法》的规定，因此也可以将

《森林法》看作是《林业基本法》的下位法。在《林业基本法》制定后，1968 年对《森林法》又进行了一次重要修订，设立了森林经营计划制度，对森林计划制度进行了完善。而 1974 年再次对《森林法》进行了修改，修改的要点主要有以下三个部分：重视提高森林的多种功能，并把对森林的多种功能进行评价作为森林计划的一个重要环节，要提出有利于维持和提高其功能的森林培育的方向；设立区域共同森林经营计划制度；增加林地开发许可制度。

《森林法》和《森林·林业基本法》并存时期：由于木材价格下降，林主经营积极性也随之下降，出现了前所未有的问题，为此林野厅于 2000 年 12 月向国会提交了林业基本法改革方案，最终在 2001 年第 151 次国会上通过，更名为《森林·林业基本法》。该法与《林业基本法》的核心区别就是从以林业生产为中心向持续发挥森林多种功能转变。《林业基本法》是以"林业的稳定发展"和"林业经营者地位的提高"为目的，而《森林·林业基本法》的目的在于要通过林业的健康发展和保障林产品的供给及利用，促进森林的多种效益的持续发挥，强调林业作为公共事业的职能，进一步强化了国家对林业的政策支持，标志着日本林业发展理念的根本转变，即由以木材生产为主，转向了生态、产业、文化等多种功能并重的发展方向，因此《森林·林业基本法》具有了产业法和公共事业推进法的双重属性，与此相关联，《森林法》也于 2006 年进行了修订，并于 2008 年 12 月 1 日正式实施。新修订的《森林法》仍属于资源法的范畴。

2）日本的森林经营与资源管理

日本对公有林和私有林的经营与管理，主要是通过各级政府的行政机构进行的，对国有林则是由中央政府建立垂直的机构直接进行管理。第二次世界大战后，日本进入全面复建时期，后又进入经济快速增长期，经济社会发展对木材需求迅速增加，国有林作为日本木材的重要生产基地发挥着重要作用，国家于 1961 年制订了"木材增产计划"，扩大国有林森林采伐量，致使森林采伐量远远超过了森林增长量。以后，随着国内民众对木材需求结构的变化，受进口木材大幅度增加以及国内森林资源数量减少的制约，国内森林采伐开始下降。特别是进入 20 世纪 80 年代，由于经济快速发展，人民生活水平不断提高，国民对森林功能需求也发生了重要变化，为此，日本曾多次对全国开展森林作用的民意调查，调查显示，对森林改善生态环境的需求，如防止全球变暖、防止自然灾害、增强水源涵养、净化空气、保护野生动植物等，成为民众的主要需求，而木材生产和提供林产品成为次要需求。在这种情况下，日本森林经营的战略取向转变为以生态建设为主。日本森林经营的重要转变是从传统的以木材生产为主转向森林的多功能性发挥。其办法是：第一实行森林的分类经营。日本的国有林多分布在高山远山、江河源头，生态地位十分重要。为此，对国有林区重新进行森林功能区划，在区划中，大幅度增加了生态公益林比重，其比重从占国有林的 50% 增加到 91%，而用材林则从占国有林的 50% 调减到 9%。第二调整森林采伐方式。从皆伐改为有利于森林生态功能保护的低强度择伐，同时，增加有利于促进森林发育的间伐。

日本对国有林实行由中央垂直管理的体制。日本林野厅是国有林最高管理机关，林野厅下设国有林野部负责国有林管理的具体工作。根据日本林野厅于 2023 年发布的《国家森林经营和管理基本计划实施情况》，截至 2023 年，日本全国设置有 7 个森林管理局，森林管理局之下，按流域设立 98 个森林管理署，在森林管理署之下设立若干个森林管理所，森林管理所是国有林区森林经营和资源管理的最基层单位，每个森林管理所配有森林官，从事具体的工作。截至 2023 年，日本国土总面积为 3780 万 hm^2，森林面积为 2502 万 hm^2，约占国土面积的 66%。林野厅管辖的国有林面积为 758 万 hm^2，约占森林面积的 30%。2023 年度的森林管理的目标包括重视公益功能的管理与经营、促进森林再生和林业发展、稳定供应林产品、促进森林的多样化利用。

3. 启示

一是明确重点国有林区森林经营的目标。重点国有林区的森林经营应该以现代林业思想为指导，在坚持林业发展以生态建设为主的原则下，要把实现森林生态功能、经济功能和社会功能最大化，并保持三大功能和谐统一及可持续作为森林经营的最终目标。二是明确重点国有林区，即国有林的概念和权属关系。随着重点林区管辖权的转移，森林的权属也随之转移，为了加强中央政府对上述林区的调控，中央政府除了直接发放林权证和对森林采伐实行严格控制外，还通过各种渠道加大对上述林区的投入，形成了森林经营和林区发展的多头管理体制，实际上，重点林区国有林权属定位是不清的。三是重新界定重点国有林区，即国有林范围，明确森林的权属和管辖权。为了适应市场经济发展的新变化、生态文明建设的新需要，推进现代林业建设的新形势，必须重新界定国有林范围。

5.3   秦巴山脉林业发展新模式探索

林业经济是我国国民经济的重要组成部分，林业经济的发展在一定程度上促进了我国国民经济增长和社会进步。但从当前来看，我国林业发展过程中所面临的主要问题是如何利用林业资源实现林业生态保护，实现林业的可持续发展。由于传统林业发展的模式较为单一，难以满足现阶段林业可持续发展的需求，需要从单一的生产模式转为多功能的林业发展模式，且林业经济发展对多方面系统发展都具有一定的影响，因此需要对多功能林业发展模式进行深入研究与探讨，在促进林业经济发展的同时，实现生态保护。

　　秦巴山脉林业发展新模式的构建，需从以下几个方面进行探索：一是树立科学发展观。实现林业产业可持续发展，需要林业部门坚持现代林业发展观，现代林业是指以可持续发展理论为指导，以科技进步为动力，适应社会主义市场经济要求，实现林业资源、环境和产业协调发展，经济、环境与社会效益高度统一的林业。林业产业化经营就是要通过产业组织模式的重构，实现我国林业向现代林业过渡的目标。林业产业化经营无论是从多产业链的构建，还是从高科技、现代管理方式等的运用，都能够提高林业的综合素质，建立起高产优质高效的林业生产体系，实现林业可持续发展，从而促进我国林业由传统林业走向现代林业。二是开发与保护并重。林业资源属于可再生资源，但在社会进步与发展的过程中，人们无节制地乱砍滥伐，林业生产的速度远远低于林业资源消耗的速度，从而导致林业在生产和发展过程中出现严重的供不应求的状态，从而制约了多个行业的发展。因此，在林业发展过程中需要同时注重开发与保护，坚持走可持续发展的道路，从而实现生态经济、林业经济、社会经济的协调发展。在多功能林业模式的发展过程中，要坚持以可持续发展的观念作为主导，林业资源的发展不仅需要满足人们及社会发展的物质需求，还要为后人留下充足的资源。林业发展过程中需要与当地实际发展情况结合，林业部门需要对当地生态环境、林业资源、气候环境等因素进行全面掌握，在实现社会稳定发展的同时，促进林业多功能发展。多功能林业发展模式与传统林业不同，多功能林业发展更加注重生态环境保护与保育工作，实现林业与区域的协调发展，做好生态环境的保护与协调。三是坚持协调发展的基本理念。多功能林业发展模式需要始终坚持与社会、经济、政治、文化及生态环境的多方面协调发展，追求利益最大化的同时，需要遵循生态环境发展规律。林业部门需要树立文明发展理念，不断提高自身的综合素质，对当地人文环境、社会环境、政治经济因素等对多功能林业发展的影响指标进行全面调查与统计，确保林业发展与社会经济、文化、政治、生态的协调发展及可持续发展。不仅如此，林业部门还要结合该区域的地理要素和生态环境，因地制宜地制定该区域的林业发展模式，并加强对农民的生态环境保护宣传教育工作，提高农民可持续发展的思想意识，从而为子孙后代的发展提供物质基础和资源保障，促进多功能林业的健康发展与可持续发展。

第6章

秦巴山脉林业绿色循环发展战略

6.1 总 体 要 求

6.1.1 指导思想

以习近平新时代中国特色社会主义思想为指导，全面贯彻党的十八大、十九大和二十大精神，结合"十四五"规划内容，紧紧围绕生态文明建设，遵循习近平生态文明思想，积极践行绿水青山就是金山银山理念，妥善处理好人与自然的关系，探索以生态优先、绿色发展为导向的高质量发展新路子，突出生态优先、绿色发展的理念，加快弥补生态环境资源领域的短板，提高森林质量效益、充分发挥森林多种功能、实现森林可持续经营、满足人民良好生态需求，全面推动发展方式的进一步转型，结合秦巴山脉森林植被和生态环境的实际情况，尊重林业自然规律和经济规律，切实加大政策引导力度，分类经营，分区施策，创新政策和管理机制，完善科技支撑体系，强化基础保障，加快推进林业现代化建设，全面优化产业链条，大幅提升市场竞争力、资源综合效益，推动绿色发展，构建生态文明发展新范式（刘炳天等，2020）。

6.1.2 基本原则

1. 生态优先，绿色发展

坚持走生态优先、绿色发展之路，促进资源永续利用。将保护森林生态系统质量和稳定性作为发展林业和林业产业的重要前提，严格保护生态环境，协同推进生态保护与绿色富民产业发展，促进"产业生态化、生态产业化"。坚持以节约优先、保护优先、自然恢复为主的方针，着力解决突出环境问题，以加强生态建设为基础，以有效防范生态环境风险为底线，系统推进自然生态保护修复、环境污染综合治理、资源节约集约利用，形成生态优先的林业发展战略。加强森林经营，建设结构合理、功能齐全、持续高效的林业生态防护体系。保护和培育相结合，造林和抚育两手抓，重点加强森林抚育，努力减少森林抚育历史欠账，加快推进新造林抚育管护，优化森林结构，发挥森林的多种功能和多重效益，推动区域林业产业绿色发展、永续发展。

2. 全面规划，突出重点

与国家重大战略规划和林业发展规划、行业相关专项规划等相协调，统筹各地自然资源和经济社会发展对林业的要求，科学规划，先急后缓，先易后难，规模化稳步推进。全面考量秦巴山脉林业发展自身特点，把增强生态产品提供能力作为首要任务，着力提高优质林产品质量，把保障区域内森林、草原、湿地等生态用地面积不减少作为战略重点，对国土绿化、森林城市建设、森林质量提升、森林及湿地资源保护、绿色富民产业等内容进行全面规划，构筑绿色生态安全屏障。

3. 合理布局，分区施策

秦巴山脉自然条件差异较大，生态保护水平不一，应充分考虑区域自然地理特征、资源环境条件、森林植被分布以及经济社会发展水平等因素，针对各地区森林经营突出问题，遵循森林生长演替的自然规律，分区布局，因地制宜，科学制定针对各地区的森林保护措施和发展策略（孙志燕和施成杰，2020）。大力调整和优化树种结构、林分结构、林种结构、林业产业结构，构建功能稳定、树种丰富、结构复杂、生物多样、稳定高效的森林生态系统。

4. 深化改革，创新驱动

坚持科技引领，加快产业提档升级。围绕补齐发展短板，加快生产创新、组织创新、产品创新和推广应用，促进相关产业由分散布局向集聚发展、由规模扩张向质量提升、由要素驱动向创新驱动转变。实施国土绿化提速行动，把植树造林提到战略和全局高度，弘扬焦裕禄精神，树立更高标准，创新体制机制，全社会一起动手，建设绿色家园。坚持市场主导，提高产品竞争能力。充分发掘各地资源禀赋和比较优势，规范产品标准，不断提高市场竞争力。培育新型经营主体，鼓励多元化社会资本参与森林经营，广泛调动全社会发展林业的主动性和创造性。挖掘利用本地创新资源的核心优势，加大对最新林业科技成果的推广应用力度，推动科技和经济紧密结合、创新成果和产业发展紧密对接，推动产业整体迈向中高端水平，不断提高发展质量和效益。

6.1.3　战略目标

围绕全面建设社会主义现代化国家以及建设美丽中国的总体要求，秦巴山脉绿色发展工程可延续至 2030 年，以提高林业对社会经济发展贡献率，实现秦巴山脉生态环境保护与地区社会经济发展双赢的战略目标。

立足秦巴山脉区域农业产业发展现状，充分发挥区域独特资源优势，努力挖掘能够代表区域资源条件、人文内涵、民族特色的优势产业，以科技进步来保障特色农产品质量，加快推进秦巴山脉林业绿色循环产业体系建设，做大做强特色产业。

6.1.4　战略重点

1. 生态保护优先

加强森林资源保护，优化林种树种结构，提升森林质量，发挥森林水源涵养、调节气候、改善环境、维护生物多样性和提供林产品等多种功能；加强林业基础设施建设，应用先进适用的科技手段，科学规划、因地制宜，优化林种、树种结构，提高森林覆盖率和森林蓄积量，提升森林病虫害防治意识，提高森林生态环境保护能力；坚持造林与管护并重，编制森林经营方案，构建森林环境管理新模式，加大林业资源管护力度，形成森林生态保护良性循环机制；提高公众森林生态保护意识，形成全民参与森林生态保护新格局。

2. 生态产业化

做好生态增收工作，健全生态补偿制度。按照"谁保护、谁受偿""谁贡献大、谁多得"的原则，权、责、利相一致，综合补偿与分类补偿相结合，构建政府转移支付、区域横向补偿和市场交易相互补充的生态补偿制度，逐步提高生态补偿标准。对因保护生态环境而影响经济社会发展的重点生态功能区、环境脆弱区要逐步加大转移支付力度，提高生态环境保护者和建设者的受益水平（唐学军和陈晓霞，2019）。不断完善生态保护效果与补偿资金挂钩的激励约束机制，使得提供公共生态产品的生态功能区基本公共服务和人均收入接近或达到全国平均水平。

3. 产业生态化

依托秦巴山脉区域良好生态优势，发展特色经济林，培育壮大林业产业，在延链、补链、强链上狠下功夫。按照"生态优先、因地制宜"的要求，重点发展核桃、板栗、花椒等优势经济林和山区特色经济林；围绕"绿色""有机"特色，科学、合理、适度、有序地发展林业产业，以各地自然资源禀赋、生态区位优势为基础，大力发展林下种养殖及相关产业，提高优质生态林产品供给能力，促进产业集聚的形成和特色发展，如在中低山和丘陵地区重点发展林下中药材、食用菌、珍禽养殖等，并建立漆树、杜仲等特色树种繁育基地，促进特色生态产业发展，实现以短养长、长短协调的良性循环。

6.2　秦巴山脉林业具体绿色发展战略建议

秦巴山脉生态区位十分重要，但是区域森林覆盖率较低，森林资源总量不足，分布不均，林分质量普遍较差，林地生产力较低，资源与产业发展不相称，保护和发展矛盾突出，林业产业技术和管理落后，人才队伍缺乏，科技含量低，现有的政策不能完全适应该地区林业发展的需求。为了充分发挥该区域良好的生态和丰富的资源优势，保护和提高该区域的森林生态功能，需要在营造林和森林管护方面加大力度，增加投入，提高森林质量，转变和创新发展方式，调整产业结构，大力发展特色经济林、林下经济和中药材，建设产业基地，并带动种苗等相关产业发展，提高农民收入，政府也应该制定政策扶持林业产业发展（刘旭等，2020）。鉴于此，提出如下建议。

6.2.1　提高森林质量，推动林业高质量发展

鉴于该区域森林生产力明显低于全国平均水平，建议从多方面入手，全面提高森林质量。首先要明确区域发展定位，认真贯彻落实国家森林分类经营制度，尽快制订该区域森林经营规划和经营质量提升的实施方案，明确目标任务、责任分工和时间要求，确保各项政策措施落到实处，收到成效，将上级规划和要求与自身优势和特色相结合。将森林经营方法具体落实到每一个经营主体，并将如何经营森林具体细化至各个山头地块。以各个地区自然条件、地理位置及经营目的为依据，对森林进行科学经营。当地县级政府部门也应当提供一定的配套资金，为经营主体造林育林与管林等提供一定的支持，当地相关部门应当严格监管资金的使用情况，使资金使用效果得到最大程度的发挥。

优化生物防治技术，在种植植被方面可以采用混合林的模式，提高树木抵抗病虫害侵袭的能力，优化树木质量，保证林业经济效益最大化。采用高科技监测系统，加大森林病虫害监测工作力度，国家相关部门要重视森林病虫害防治，加大资金投入。支持新技术的研发和推广，引进相关先进技术仪器，将技术手段和防御措施相结合，为森林病虫害防治工作奠定基础。

加强天然次生林的抚育，特别是以栎类为主的萌芽林，需要通过人工平茬或去劣留优，提高林木质量，加速林分生长。按照"流域设计、综合经营、自然优化、集中作业"的思路进行整体设计，突出森林经营的全面性和整体性，采取"宜造则造、宜抚则抚、宜改则改、宜封则封、宜留则留"的灵活作业方式，使不同林分类型、不同立地条件的森林都得到科学经营、合理培育，森林生态系统的多

重效益协同实现，将培育与保护相结合。另外，要遵循天然林的发展规律，采用人工方式对天然林进行更新，对林层结构进行优化，以增强森林生态功能、维护森林生态系统的稳定性。

坚持质量第一、效益优先，大力提高新造林质量，推进森林结构优化调整。加强栎类等树种优良品质的选育和繁育，加大实生林分比例，严格林木检疫制度，加强栎树枯萎病等病虫害检疫，确保森林健康水平。深入研究各类树种的特征优势，因地制宜开展植树造林，不断满足生态林、经济林、景观林、防护林、固沙林等多种功能需求。在间伐补植、修复改培中，注重提高常绿树种、针叶树种比例；在立地条件较好的地方大力发展经济林，更好地发挥林业经济、生态和社会服务文化功能，加强低效残次林的改造，以提高其经济和生态效益；在立地条件较差、坡度较陡的地段残次林应以封育保护为主，避免人为干扰。对郁闭度过大的中幼龄林，采取透光伐、疏伐、生长伐等方式进行抚育，调整林分结构；对遭受森林火灾、林业有害生物等自然灾害的林分，采用卫生伐方式进行抚育；对近年来新成林的有林地，采用割灌、修枝、定株、松土除草等方式进行抚育。

建立起严格的管理制度和保护方法，并有效执行下去，使得森林资源得以尽快恢复，维持森林的木材资源储备作用。划定林地保护红线。林地是秦巴山脉区域生态环境安全的最基本保障。严守林地生态红线是构建秦巴山脉生态安全战略格局的基本底线，也是该区域实现永续发展的基本保障线。通过划定林地生态红线，督促地方政府树立保护生态的责任意识，科学决策、依法行政，同时引导人口、经济合理布局，使区域发展与资源环境承载能力相适应。

以森林培育为手段，加强森林经营：对进入过熟状态防护林（近5%的面积和20%的蓄积），进行林龄结构调整，以达到最大最优防护功能状态。

调整树种组成，形成以栎类为主的硬阔叶树和马尾松等针叶树的混交林，建立我国最大的栎类树种资源培育、加工林业产业发展和科技研发基地。

切实发挥科技的支撑引领作用。加大校（院）地、校（院）企合作力度，着力构建以县（市）与大专院校、科研院所和企业产学研联盟为主体的科技创新体系，组建企业、院所联合研发团队，着力突破缺技术、缺人才、缺研发瓶颈，引进推广新技术、新工艺，为林业产业做大做强提供新动能。林业主管部门定期选派林业科技专家深入县、乡、村、组，现场指导传授林业科技知识，重点培训特色经济林栽培、病虫害防治、栽植管理技术等林业实用技术，助力产业发展。强化林业关键技术攻关、应用与示范，加快林业科技成果转化，促进林业科学技术普及，建立满足林业生态建设需求的技术推广体系。各地要抓好试点示范，善于发现、认真总结、广泛宣传发展山林经济的先进典型，及时推广好经验、好做法，充分发挥典型引领、示范带动的作用，推动山林经济全面发展。

6.2.2　完善生态补偿政策

1. 明确生态补偿利益相关者

秦巴山脉生态补偿过程所涉及的利益相关者，可以分为三种类型：核心利益相关者、次要利益相关者和边缘利益相关者。核心利益相关者包括保护区范围内的土地利用者、企业、居民，以及受益地区的单位、居民。退耕还林、还草的农民失去了土地，耕种的农民要降低化肥农药的使用，企业按照不同级别要求而被迫停产、搬迁、转产或加大环保设施的投入，居民要按照环境保护要求来改变以往的生活习惯，他们是生态补偿中的利益受损者。受益地区的单位、居民得到了资源，他们是生态补偿的受益者。次要利益相关者主要是资源地的地方政府职能部门。中央和地方各级政府职能部门是生态补偿政策的决策者和管理者，能够决定当地生态补偿的模式、对象、标准和方式。尤其是资源地的政府职能部门，负责保护区生态环境的恢复、治理和保护。边缘利益相关者可以通过宣传、倡议等方式影响和推动生态补偿政策的制定和实施，包括公众、媒体、环保公益组织等非政府组织（non-governmental organization，NGO）。他们没有直接利益关系，但对生态补偿政策的制定和实施起到反馈与宣传作用。

2. 制定生态补偿标准

制定生态补偿标准常用的方法是核算法和博弈–协商法。参照生态价值评估结果确定补偿额度是核算法中的一种方法。在实际操作中要得到各利益相关者的一致认同，需要进行综合考虑。可以综合生态足迹、机会成本、相关监测、支付意愿等其他方法来形成生态补偿的标准。

3. 建立区际横向补偿机制

建立开发企业及受益地区对资源地的生态环境补偿机制，对其开征生态环境建设补偿费、水土保持补偿费等，用于"示范区"环境污染治理、水土流失治理、生态环境修复、人畜饮水保护、生态移民安置和农村基础设施改善等，承担资源补偿和环境整治等方面的责任和义务。

4. 完善生态补偿政策，充分发挥林业对当地居民可持续生计的直接和间接促进作用

一方面，要加强对居民生态保护行为的技术性指导，保障居民生态保护的效果。秦巴国家重点生态功能区居民由于自身知识结构和技能的限制，可能付出较多的劳动但得到的成果较少，因此有必要对其进行技能培训，由政府部门和非政府组织共同努力，加大对相关林业技术的选择和培训，提高区域内居民技能水平，保障其收入和可持续生计水平的提高。

另一方面，要加大对生态补偿政策效果的检查，对生态补偿政策实施效果的监督检查是一种必要的中间监管或者事后监管方式，对激励和约束当地居民的生态保护行为具有重要的影响，政府应采用定期和不定期相结合的方式对居民的生态保护成效进行检查，防范生态补偿政策效果退化。

6.2.3　构筑高效林业产业体系，推进绿色富民产业发展

围绕实施乡村振兴战略，充分发挥森林产品品种丰富、可再生、绿色无污染的优势，以政策引导、示范引领、龙头带动为抓手，发展特色产业，扶持新兴产业，提升传统产业，打造产业品牌，优化产业结构，壮大产业化集群，构建现代林业产业体系、生产体系和经营体系，促进林业一二三产业融合发展（雷会霞等，2020），做强以森林资源培育为主的第一产业，做优以林产品精深加工为主的第二产业，做大以森林生态旅游为主的第三产业，加快推进林业产业绿色化、优质化、特色化、品牌化发展，通过发展林业产业促进低收入群体增收（宋敏和姚思琪，2019）。

1. 特色经济林果产业

1）加强产业调整，优化产业结构

相关部门要做好科学合理的统筹规划和引导管理工作。要对不合理的产业进行调整，不断优化产业结构。在进行种植生产前，需要对市场进行充分的调研，以市场需求为种植导向。要根据具体的情况进行种植，因地制宜，每一个区域的种植要有重点，切忌盲目跟风。果农要种植什么，相关部门不能进行强制的要求，对不同的果树特征进行科学的研究，根据其具备的特征科学合理地选择种植区域，对适合当地种植的果树可以进行大面积引进栽种培育，使传统的粗放式经营朝着科学化、集约化的方向发展，尽可能提高果农的经济效益。

2）调整、优化树种结构

在发展区域特色林果业时，需要充分地与当地的气候环境、土壤情况、水分等各方面的自然环境进行有效结合，对市场各种水果的需求量进行科学合理的统计分析研究，加大科学技术的投入，大力培育更多的优良品种，在进行特色林果园基地建设时，可以动员更多的林农参与其中。除此之外，还需要对当地现有的优良品种进行保存扩种，对国外的优良品种积极地引进栽种培育，加强林果业朝着规模化、科学化、品质化的方向发展。

3）加大科学技术的投入，改变管理模式

在林果业的发展中，改变原来的管理模式，传统果园的管理模式是放养式、粗放式的管理。为了提高果园的经济效益，需要与时俱进，建立科学合理的管理

模式，提高产品的质量。还需要对所使用的化肥进行探究，对果树进行科学的整形修剪，提高后期的加工技术，提高产品的档次。除此之外，还需要建立起一套人才引进制度，大力发挥人才优势，加大科研力度，提高林果产品的质量。

2. 森林旅游产业

1）挖掘资源优势，开展特色旅游

以保护优先为原则，统筹协调发展，实现经济、文化及生态的稳定发展，合理配置资源。陕西牛背梁国家森林公园森林资源较多，在开发中应扬长避短，充分挖掘现有资源，开展特色旅游项目。同时，该公园面积广阔，景色优美，应推出休闲与观光相结合的多层次旅游活动，依据大众游客不同心理需求的差异，设计出新的旅游项目和产品。可在原有人文旅游资源的基础上，适当修缮或创造一些历史古迹和特色景观，使资源结构多元化。

2）加强景区内基础设施建设

修建游览道路，创造优质的生态旅游环境；推进优质红色旅游讲解服务队伍建设，提供景点讲解、露营地选址、标识牌等服务项目，建立智能化服务系统，提升游客的旅游体验感；将当地民俗文化融入吃喝玩乐中，形成特色。

加强道路交通设施建设和升级，在提升县域境内主干道质量的同时，改善连接生态旅游区的交通支线，针对季节影响的问题，可以开通季节性县区内景区公路客运专线。

提升县域境内网络信号覆盖率。宁陕县境内森林覆盖面积广，生态旅游景区多在人烟稀少的山区腹地，确保景区网络信号覆盖既便于信息传播，也有利于提升游客满意度。

3）加大宣传力度，提升景区知名度

宣传是游客了解景区的主要途径。因此，要借助网络平台，采取多种宣传方式，如利用电子传播媒介进行宣传。另外，可以在旅游目的地或邻近地区举办旅游活动，大力宣传旅游产品，使游客更广泛地了解森林公园；还可以利用森林公园的照片制作明信片，或邀请旅游博主进行免费体验，借助博主的知名度在各大平台发布游记，以此吸引更多游客旅游观光。

3. 林产品加工业

在经济林建设上，要积极保护和开发名、特、优、新经济林品种，发展优质、高产、高效经济林产业，加强优质核桃、苹果、枇杷、花椒、石榴、猕猴桃等生产基地建设；重点扶持经济林产品加工企业，升级加工生产线，扩大生产规模，提高产品质量，创国际名牌，大幅度提高产品竞争力；加强果品贮藏库建设，提高经济林产品的附加值，延长产品链条，提升产品口感和丰富度。

加快建设商品林基地，实现产业化生产。在不破坏生态环境的前提下，建设一些专供商业采割用的商品林。选择或分配合适的林地，选择适当的品种，采用先进适用的定向培育技术，保证其稳产高产、优质高效，结合后续产业，实行集约化经营。商品林基地以珍贵用材林基地、工业原料林基地、经济林基地、竹林基地、用材林中幼林抚育和花卉基地建设为主。

在用材林基地建设上，要以市场需求为导向，充分发挥林地生产力，加强人工林科学管理；在工业原料林和速生丰产林基地建设上，扩大人工商品林规模。

4. 林下经济

积极发展林下种养殖及相关产业。充分利用林下空间，深入挖掘鸡、牛、猪、兔、蜂等优良地方种质资源潜力，将林下养殖统筹纳入畜禽良种培育推广、动物防疫、加工流通和绿色循环发展体系，促进林禽、林畜、林蜂等林下养殖业向规模化、标准化方向发展，更好满足多元化畜禽产品市场需求。在保障森林生态系统质量前提下，紧密结合市场需求，积极探索林果、林药、林菌、林苗、林花等多种森林复合经营模式，有序发展林下种植业。统筹推进林下产品采集、经营加工、森林游憩、森林康养等多种森林资源利用方式，推动产业规范发展。全面提高优质生态产品供给能力，加快形成各具特色的、可持续的绿色产业体系。

1）生态优先，合理开发

在保证生态优先的前提下，明确不同阶段林下经济的发展目标，通过产业转型、产业融合等方式将林下经济发展与生态建设有机结合，建立林下资源保护利用机制，通过合理开展林下采集和深加工、种养殖和林下旅游等复合模式发展林下经济，对采用复合经营模式的林户引导其提前申报，通过农业、环保、水利部门进行前期审查与评估，确保粪便和污水达标排放，防止面源污染。适宜、适度发展林下经济，减少生产性毁林行为，增强林户生态环境保护意识，促进生态系统健康发展。

2）坚持特色发展，突出生态特色，发挥区域优势

各地方政府和林区应该设立林下经济工作小组等专门的领导机构，依据当地的自然资源禀赋、生态承载能力、市场需求和农户家庭状况等因素开展调研，在充分掌握本林区整体状况的基础上，创新机制，对农户所从事的林下经济发展项目、模式和规模进行合理规划和指导，从分散走向集约、个体走向规模、作坊走向品牌，尽可能减少农户为追求短期经济利益而采取的可能导致环境问题的行为，避免林下经济发展项目的同质化和盲目性，在尊重市场规律的前提下实现林下经济的稳步、持续增长。

3）尊重生态规律，规范林下经济运行

林下经济的发展必须以尊重和维护当地的生态规律为基础，主动打造和引导林下经济与生态环境的良性互动。高密度养殖，动物会过度践踏和啃食，损伤林木根系和林下植被；种植过密会影响林地土壤结构和含水量；过多的动物排泄物得不到及时吸收和清理，会导致有害微生物传播和水源污染，严重破坏生态环境。因此，地方政府和林区应通过创新完善集体林权改革制度，规范补助发放与管护责任等措施的实施，提高农户育林护林、保护生态的意识，依据林地树种和面积科学地选择适合种养的品种，规划合理的种养密度。养殖小型家禽可以散养，也可考虑实行轮换场地饲养，大牲畜实行圈养，以减轻其对生态环境的伤害。最终实现林下经济的科学化发展和生态环境的系统化提升。

4）培育林下经济产业体系，提升林下经济产业科技水平

林下经济作为一个系统的产业体系，体现为种植业、畜牧业、旅游业和服务业等不同产业的有机融合及其与当地生态系统的良性循环。因此，地方政府和林区应该更加注重从种植、深加工、饲养、采摘到旅游、体验、文化等一系列产业体系的打造，注重林下经济产品的品牌效应和规模优势。科学利用并严格保护森林资源，发展集森林景观、林家乐、林下采摘和中西医为一体的森林休闲、森林康养等新兴的林下旅游模式。以政府组织为媒介积极整合资源，包括人力、资金、土地等方面的优质力量，扩大林下经济发展的集约化优势。打造龙头企业，推进示范基地建设，积极引进包括良种选育、林产品储藏、森林防火和病虫害防治等先进科学技术。

5. 林业产业化集群

培育大中型高科技龙头企业，推动产品加工增值链、资源循环利用链、质量全程控制链有机融合，打造一批"全链条、全循环、高质量、高效益"的现代林业产业集群。调整优化林业第一产业、第二产业、第三产业的结构，促进第一产业、第二产业、第三产业在更高水平上协同发展。促进第一产业集约化发展，加速淘汰第二产业落后的工艺和设备，大力发展森林康养等第三产业新经济增长点，推进区域林业现代化建设。大力培育大中型高科技林业产业龙头企业，优化非木质林产品和特色优质林果产业布局，打造一批精深加工产业化集群，依托特色林产品基地，建设特色林业产业示范园区，推进林业产业化、集群化发展。

6. 完善林业产业服务体系

加快健全林业产业和林产品标准体系，逐步建立林产品产前、产中、产后的全系列标准规范，把无公害、绿色标准的推广与优质林产品基地、现代林业标准化科技示范园建设紧密结合，建立健全林产品质量检测认证体系和林业产业信用

体系，制定林业产业和市场准入负面清单，积极完善产销监管链和生态产品服务认证机制。淘汰落后产能，进一步优化产业结构。加强林业产业和林产品市场监测预警工作。加快实施林业品牌发展战略，建立森林标志性产品体系。建设林产品电子商务交易平台，鼓励发展森林产品连锁超市、新型电商企业和仓储物流业。

6.2.4　发挥区域资源优势，推进生态文明教育

生态文明建设是关系人民福祉、关乎民族未来的长远大计，生态文化是生态文明建设的核心，生态文明建设要靠生态文化支撑和引领。森林公园生态文化教育体系的构建对生态文明建设具有重要理论意义和实践意义。

生态文化教育是全民教育。一些较早开展森林教育的国家，对各年龄阶段、各社会群体的环境教育需求进行了分类，并设计相应服务。比如，韩国把森林能给人一生提供的服务进行了细分，发展出针对幼儿、学龄儿童、青少年、成人和老人的全方位的森林体验和教育服务。又比如我国武陵山国家森林公园开设的活动和课程，主要项目有：森林康养知识大讲堂，开展免费康养知识讲座；国际帐篷节，提供免费场地供游客集中帐篷露营；中小学生森林科普活动，普及中小学生森林科普知识；森林游憩活动，开放森林步道、森林吊床、种植森林、云湖垂钓、游船、花海供游客游憩、垂钓、休闲、赏花。

森林拥有丰富的动植物资源和独特的生态优势，是陆地生态系统中生物量最大、分布最广的生态系统，多集中于山区、半山区，保存有许多地质、地貌遗迹、天象和水文资源。在森林中存在许多人类文化活动的痕迹，蕴含大量人文资源，如道教通常将道观建立在森林之中，许多民族生活在森林之间或者森林附近，许多文学家、艺术家以森林为主题展开创作等。具体生态文化教育建议措施如表 6-1 所示。

表 6-1　生态文化教育建议措施

内容层次	类目	举例
感性认知	基础感知和情感唤起	森林体验活动：感受森林的美；呼吸森林公园中的新鲜空气；观察森林生物等
理性认知	生态文化知识教育	生态知识：森林的类型；森林生态系统的组成；森林的演替进程；动物的迁徙规律；森林植物的生长节律；森林与气候；森林净化空气的原理。 森林生态文化：生态意识；生态哲学；环境美学；生态艺术；生态旅游。 知识教育：关注身边的环境问题；水污染的原因；森林灾害的原因等
态度	道德责任感	理解人与森林相互依存的关系；理解保护森林
	理念	环境的意义：愿意为森林保护作出努力；尊重
	价值观	一切生命形式：尊重文化的多样性等

续表

内容层次	类目	举例
实践	技能知识	森林保护与恢复的方法；空气监测的方法；保护生物的办法；对生物实施救助的技能等
	行动策略	可以从多方利益诉求视角思考问题；试图解决身边的环境问题；可以就环境问题与他人进行讨论；主动参与到环境问题的决策中

针对秦巴山脉生态文化教育推进工作，应努力提高对秦巴山脉的重要性的认识，可从以下几个方面进行努力：一是切实认识到秦巴山脉生态系统综合管理的必要性、重要性和紧迫性。要从保障国家和区域生态安全、资源安全、环境安全的角度，从加快推进生态文明建设、建成美丽中国的角度，从全面建成小康社会、实现全体人民共同富裕的角度，从应对气候变化、防止极端气候及其不良影响的角度，从保护生物多样性、增强生态系统服务功能的角度，从传承秦巴文化、建立和谐社会的角度，充分认识到秦巴山脉的重要性，认识到其生态系统保护和管理的必要性与紧迫性。二是切实认识到秦巴山脉是中国的，也是世界的。秦巴山脉的生态系统综合管理，既要立足于当地的基础和需要，也要立足于国家发展的需要，甚至要考虑区域及全球应对气候变化和保护生物多样性的需要，努力打造具有全国意义的健康山地生态系统。三是切实认识到秦巴山脉既要为造福当代人负责，也要为后代人福祉负责，功在当代，利在千秋。人们对秦巴山脉的认识是不断深化的。秦巴山脉是人类经久不衰的宝贵自然财富和自然资产，既要造福于当代人，更要永续造福于世世代代。为此，要树立永续发展的理念，要有风险和不确定性意识，对于风险性或不确定性较大的方面持慎重态度。

6.2.5　加强生态系统保护，构建以国家公园为主体的自然保护地体系

1. 完善秦巴山脉生态系统综合管理的信息工具

生态系统是复杂巨系统，其综合管理必须建立在可靠的信息支撑基础上，然而秦巴山脉生态系统综合管理的信息基础并不可靠。为此，迫切需要为秦巴山脉提供生态系统综合管理的信息工具。

1）资源基础信息

资源基础信息重点包括水、土地、森林、草场、农田、能源、矿产等自然资源的数量、质量、占用、使用、权属等方面的基础信息。重点建立健全统一的秦巴山脉自然资源台账，推进秦巴山脉自然资源负债表的编制；加强秦巴山脉不动产统一登记，建立健全统一的秦巴山脉自然资源资产产权信息系统；建立秦巴山脉矿产资源统一权属登记系统。

2）环境质量信息

环境质量信息重点包括水环境质量、空气质量、土壤污染等环境质量基础信息；扎实推进秦巴山脉环境信息共享，建立公开的环境信息平台——秦巴山脉环境信息系统；开展秦巴山脉环境质量调查、普查与评价；建立秦巴山脉环境污染源动态监测体系；进行秦巴山脉环境风险评估。

3）生态系统信息

生态系统信息重点包括农田生态、森林生态、草地生态，以及湿地、河流生态系统的动态信息。建立秦巴山脉生态监测系统，开展野生生物资源调查、普查，建立重点野生动物监测系统，进行秦巴山脉生态脆弱性评估与区划，开展秦巴山脉生态服务价值评估等。

4）空间边界信息

空间边界信息重点包括城镇边界、基本农田边界、各类保护地（包括国家公园、森林公园等）边界，以及各类空间规划边界的信息，特别是加强管控边界的动态、实时监控，以及对采矿、取水口、河流断面等的实时监控。

5）社会经济信息

社会经济信息重点包括秦巴山脉的人口、经济等信息，加强对人口、经济活动的监测、调控。

2. 建设以国家公园为主体的自然保护地体系

我国在党的十八届三中全会上首次提出建立国家公园体制，2015 年，国家发展和改革委员会等十三部委发布了《建立国家公园体制试点方案》，确定了国家公园体制建设的 9 个试点区，明确了"统一、规范、高效"的制度建设方向和"保护为主，全民公益性优先"的国家公园本质特征；2017 年，中央全面深化改革领导小组第三十七次会议审议通过《建立国家公园体制总体方案》，明确建立国家公园体制。党的十九大报告中提出"建立以国家公园为主体的自然保护地体系"[①]，国家公园体制建设已全面进入实践探索阶段，成为我国生态文明建设中体制改革的重要举措之一。为进一步落实党的十九大提出的生态文明建设任务，2019 年出台《关于建立以国家公园为主体的自然保护地体系的指导意见》，提出"到 2020 年，提出国家公园及各类自然保护地总体布局和发展规划，完成国家公园体制试点，设立一批国家公园，完成自然保护地勘界立标并与生态保护红线衔接，制定自然保护地内建设项目负面清单，构建统一的自然保护地分类分级管理体制。到 2025 年，健全国家公园体制，完成自然保护地整合归并优化，完善自然保护地体系的法律

---

① 《习近平：决胜全面建成小康社会　夺取新时代中国特色社会主义伟大胜利——在中国共产党第十九次全国代表大会上的报告》，https://www.gov.cn/zhuanti/2017-10/27/content_5234876.htm[2017-10-27]。

法规、管理和监督制度，提升自然生态空间承载力，初步建成以国家公园为主体的自然保护地体系。到 2035 年，显著提高自然保护地管理效能和生态产品供给能力，自然保护地规模和管理达到世界先进水平，全面建成中国特色自然保护地体系。自然保护地占陆域国土面积 18%以上"①。截至 2021 年，我国共设立了 10 个国家公园体制试点。我国的国家公园与 IUCN（International Union for Conservation of Nature，世界自然保护联盟）的概念界定基本一致，强调其在自然保护地体系中的主体地位，但生态保护更为严格，并指引全国自然保护地体系的重塑，更是国家生态安全格局构建的重中之重。为了优化秦巴山脉的生态空间格局，保障我国中央生态屏障的生物多样性与水源涵养等生态功能供给，建议在秦巴山脉建立以国家公园为主体的自然保护地体系（周语夏等，2020）。

1）秦巴山脉国家公园的建设原则

按照生态保护管理体制，建立"归属清晰、责权明确、监管有效"新要求，借助秦巴山脉国家公园的建立，落实主体功能区划，借助多规合一，创新生态保护管理体制机制，建立资金保障长效机制，有序扩大社会参与。国家将统一进行重要自然资源资产管理与国土空间用途管制，着力对秦巴山脉自然保护区进行优化重组，增强其连通性、协调性和完整性。坚持生态保护与民生改善相结合，推动该地区形成绿色发展方式和生活方式。

2）秦巴山脉国家公园的建设目的

在生态文明体制建设的指导下，深入探讨和借鉴国外经验，结合秦巴山脉生态保护和利用的实际情况，形成"统一、规范、高效"的国家公园体制，全面提升秦巴山脉的自然保护能力，推动大熊猫、金丝猴、朱鹮、羚牛等生物多样性保护，解决该区域水资源、水环境、水生态问题，保障水源涵养等生态功能。

3）在秦巴山脉建立以国家公园为主体的自然保护地体系

根据《建立国家公园体制总体方案》，参考《中国三江源国家公园体制试点方案》和《东北虎豹国家公园体制试点方案》，重点结合《大熊猫国家公园体制试点方案》，进一步在秦巴山脉建立以大熊猫、朱鹮、金丝猴和羚牛等野生动物为主要保护对象，以南水北调水源保护为保护重点的国家公园，同时妥善处理好与已经获得批准的大熊猫国家公园的关系。分析秦巴山脉虎、豹、大熊猫、金丝猴、羚牛、林麝、朱鹮、金雕、大鲵、勺鸡、黑熊等主要珍稀野生动物的适宜生态环境条件，包括其分布现状、适宜海拔、坡度、坡向、植被类型来划定秦巴山脉的核心动物栖息廊道范围，整合完善秦巴山脉自然保护地体系层级，提升区域生态化

---

① 《中共中央办公厅 国务院办公厅印发〈关于建立以国家公园为主体的自然保护地体系的指导意见〉》，https://www.gov.cn/zhengce/2019-06-26/content_5403497.htm[2019-06-26]。

水平。通过对该区域生物多样性富集区域、重要生态功能区、生态敏感点、极小种群、特有种、重要自然遗迹、重要人文遗迹等的现有空间分布等进行科学评估和论证，结合现有自然保护地保护成效，建议整合伏牛山、宝天曼、南阳恐龙蛋化石群、熊耳山、西峡大鲵等国家级或省级自然保护区，西峡伏牛山、宝天曼、汝阳恐龙、尧山等国家级地质公园，白云山、龙峪湾、寺山等国家森林公园以及石人山风景名胜区，建立伏牛山国家公园；整合扩大现有大熊猫国家公园的陕西片区，新增其为秦岭国家公园，大熊猫国家公园则主要包括现甘肃及四川片区。通过对秦巴山脉自然保护地进行整合优化，达到自然保护地空间分布更均衡、保护自然生态系统更具有完整性和连续性的目的，解决现有自然保护地在重要珍稀物种及水源地保护空缺方面的问题，巩固秦巴山脉生态保护屏障，保障水源涵养等生态功能有效供给。

第 7 章

森林可持续经营成功经验与示范

7.1 秦巴山脉森林可持续经营

秦巴山脉林地面积大，森林覆盖率高，植被种类丰富，区域内已基本灭荒，新造林建设空间不足，基础建设缺乏条件；林龄结构以中、幼林为主，近成熟林比例小，平均每公顷森林蓄积量仅有 50～60 m³，与发达国家森林蓄积量平均水平相差巨大；区域内地形复杂、海拔落差大、土壤瘠薄，经济林发展水平较低。秦巴山脉各省区市为促进森林可持续经营进行了积极探索，并取得一定成果。河南省伏牛山五马寺林场华山松抚育间伐，促进保留木的径向生长；四川省盆地丘陵区马尾松人工林的间伐抚育，对土壤碳密度产生显著正向影响；湖北省郧阳山区郁闭杏园间伐后，冠幅、新梢数量、新梢长度、百叶重、百叶厚度等都有明显增加；秦岭西部甘肃省小陇山林区抚育间伐，有效改善林分结构并提高森林稳定性。因此，秦巴山脉未来林业的发展要以"提质增效、林分改造和林改培"为重点。西北农林科技大学火地塘试验林场在森林可持续经营方面开展了大量基础研究工作，系统性探究了森林结构不良、生产力和服务功能低下等问题的解决方案，所取得的成果改变了传统的森林经营观念和模式。

7.2 西北农林科技大学火地塘试验林场概况

西北农林科技大学火地塘试验林场地处秦岭南坡，位于陕西省宁陕县境内，总面积 2037 hm²，以天然次生林为主。林场植物种类丰富，林分类型多样，是秦巴山脉植被水平地带性（北亚热带到寒温带）的缩影，是在小区域内多类型生态系统综合研究的理想场所，也是进行林业科学技术示范和推广的重要平台。

7.2.1 自然概况

1. 气候代表性

西北农林科技大学火地塘试验林场不仅具有北亚热带山地气候特征，也有暖温带、温带山地气候的特点。四季分明，湿润多雨，气候温和。年平均温度 8～10 ℃，绝对最高温度 28.6 ℃，绝对最低温度–9.5 ℃。年降水量 900～1200 mm，年蒸发量 800～950 mm，湿润系数 1.022。年日照时数 1100～1300 h，生长期 6 个月，无霜期 170 天。气候条件与秦巴山脉气候条件相似，水平过渡性和垂直分异性明显。

2. 地形地貌代表性

林场地形复杂，包括山地地貌、夷平面和沟谷地貌三种类型，山势东高西低，坡度在 20°～50°，海拔 1420～2474 m。平河梁既属林场海拔最高区域，也为秦岭主梁一级支脉，其地质构造属于秦岭山脉的一部分，具有秦巴山地地形地貌共有特征。

3. 土壤类型代表性

林场土壤类型主要有山地黄棕壤、山地棕壤和山地暗棕壤三大土类，其垂直地带分布较为明显。山地黄棕壤主要分布在海拔 1400 m 以下，山地棕壤分布在海拔 1400～2300 m，山地暗棕壤分布在海拔 2400 m 以上。除此之外，林场还分布着特殊地形条件的隐域草甸土和沼泽土，与秦巴山脉整体土壤条件相似。

4. 森林植被代表性

火地塘试验林场是秦岭林区生物多样性最为丰富、最具典型和代表性的区域之一，在我国乃至世界生物多样性保护中具有重要的地位和作用。林区植被垂直分布带类型多样，海拔由高到低，依次分布着亚高山针叶林带（巴山冷杉林亚带）、小叶林带（桦木林带）、中山针阔混交林带（包括松桦林亚带和松栎林亚带）和低山阔叶混交林带。森林植物种类繁多，组成复杂，拥有秦巴山脉所有的植被型组，并包括了秦巴山脉主要林分类型。

综上所述，西北农林科技大学火地塘试验林场的气候、土壤、地貌和植被等条件与秦巴山脉的状况极为类似，是秦巴山脉森林生态系统的缩影。因此，了解林场的研究与试验示范内容，有助于把握整个秦巴山脉的状况，试验成果具有在整个秦巴山脉乃至世界范围内复制的可能。

7.2.2 森林资源变化

根据《火地塘试验林场森林资源规划设计调查报告 2020》，1990 年火地塘试验林场的林木蓄积量为 15.10 万 m³，2004 年林木蓄积量为 23.91 万 m³，比 1990 年增加了 8.80 万 m³，总增长率高达 58.24%，年平均增长率为 3.89%；2019 年林场林木蓄积量为 39.40 万 m³，比 2004 年增加了 15.48 万 m³，总增长率为 64.72%，年平均增长率达到 4.32%，远高于 3.0% 的同期陕西森林年平均增长率。2019 年，火地塘试验林场单位面积林木蓄积为 182.30 m³，远高于我国森林平均蓄积的 95.00 m³ 和陕西省森林平均蓄积的 67.76 m³。较高的单位面积蓄积量和增长率，不仅反映了当地较为优越的水热环境条件，更反映了林场在森林资源管理与森林经营方面付出的巨大努力。

7.2.3 生物多样性

林场动植物种类丰富，区系成分复杂，国家和地方珍稀保护生物种类繁多。据调查和统计，林场森林植被共有 4 个植被型组，8 个植被型，12 个植被亚型或群系组，29 个群系；国家重点保护植物 41 种，陕西省省级保护植物 14 种；国家重点保护脊椎动物 39 种，陕西省级重点保护脊椎动物 27 种[①]。

7.3 火地塘试验林场森林资源保护与利用

7.3.1 森林资源保护

按照国家林业和草原局及陕西省林业局有关规定，该林场结合林业生产实际，建立了森林资源管护和森林培育等各项工作管理制度。对位于山脊、岩石裸露或坡度 40° 及以上地段的森林采取封育措施，在不影响森林结构及森林稳定性或不致造成不良生态后果的前提下，进行保护性经营。尤其对位于坡度 40° 及以上坡面的各种起源和各种龄组林分，为了维持森林的稳定性，防止不良生态后果发生，对其进行严格保护；在藤本植物缠绕严重的情况下，可以进行割藤作业和抚育。

7.3.2 有害生物防治

积极进行林业有害生物检疫工作，严格执行林业有害生物检疫制度，对进入林区的造林苗木和种子，要切实做好检疫及消毒，防止新的林业有害生物侵入。重点开展了松材线虫的检疫和预防侵入工作，一旦发现，及时消灭，坚决杜绝松材线虫的侵入和蔓延。对于华山松大小蠹，及时开展卫生伐，清理病腐木，并对

---

① 资料来源：2019 年西北农林科技大学火地塘试验林场森林资源连续清查报告（内部资料）。

伐桩进行化学处理，改善森林卫生状况，提高了林分的抗逆性。

开展林业有害生物普查，进行有害生物危险性评估和林业有害生物检疫。根据普查和评估结果，制定林业有害生物预防和防治预案，按照"预防为主，综合治理"的方针，努力做好林业有害生物防治工作。按照管护需要，定期进行管护人员业务培训，及时洞悉有害生物发生规律以便更新防治技术，不断提高森林管护人员的综合业务能力。

7.3.3　林下经济

林场充分依托秦岭林区资源和学校的技术优势，组织相关专家，利用森林抚育剩余物，进行木耳、香菇、平菇、双孢菇等大型食用真菌人工培育示范；利用林下植物资源，进行中药材，如猪苓、银柴胡、黄精、百合、薯蓣、黄芪和党参种植示范；利用林下野菜植物资源，进行蕨菜和芥菜种植示范；利用丰富有花蜜源植物资源，进行蜜蜂养殖示范。通过技术培训、示范引领，带动了邻近地区林农致富，在林业振兴区域经济方面发挥了重要作用。

7.3.4　森林康养

林场森林旅游资源丰富，既有复杂的地貌和变幻莫测的天象景观，也有丰富多彩的动植物和植被景观。此外，林场所处位置交通方便，210 国道贯通林场全区，基础设施完善，生态环境优越。

作为西北农林科技大学教学实习、科学研究和林业科学技术推广基地，林场充分利用其优越的森林旅游资源、良好生态环境和基础设施条件，发展森林旅游。在师生教学实习结束后的空档期，开展中小学夏令营、生态文明和森林文化教育活动，以增加林场经济收入，增强造血能力。且当前国家和各省区市给予了森林康养高度的关注和强有力的政策支持，营造了良好的政策环境。因此，火地塘试验林场是人们进行森林康养、森林体验、生态文明和森林教育的理想场所。

7.4　森林经营措施类型

7.4.1　公益林保护经营

对于中山带上段急坡薄层土立地类型、中山带下段急坡薄层土立地类型的林分，以及坡度 40°及以上坡面的林分，因所处地段立地条件较差，坡度较陡，生态环境较为脆弱,若进行其他森林经营活动,可能降低林分的稳定性,引起严重水土流失,甚至会导致其他不良生态后果的发生,因此对其应进行保护经营。

对于公益林保护型林分采用割藤-疏灌作业措施。为了取得良好的营林效果,降低被割藤蔓萌蘖能力,作业时间应在春夏交替阶段进行。在营林作业过程中,应清除缠绕目标树种的藤蔓,清除抑制林下天然更新幼苗幼树生长的灌木,对于不影响天然更新幼苗幼树生长的灌木要予以保留;应注意对珍稀濒危植物的保护;若条件允许,应清除遭受华山松大小蠹危害的染病木和枯立木;对被清理的染病木、枯立木应截短归堆,并用磷化铝熏蒸。

7.4.2 人工促进天然更新

对于中山带上段平缓斜陡坡薄层土立地类型、中山带下段平缓斜陡坡薄层土立地类型的林分,以及坡度 39°及以下坡面天然起源的各种近熟或成熟林分,因其林分生长势开始减弱,生产力降低,天然更新能力较差。为了保证森林生态系统的长期维持,培育后备资源,采用人工促进天然更新措施进行经营。

为了保证人工促进天然更新成功,砍灌和整地作业应在种子成熟前 9～10 月进行。在地形较为复杂、坡度较大地段,砍灌强度和整地规模宜小,尽量防止发生水土流失或其他不良生态问题。在砍灌除草时,应加强对珍稀物种的保护,特别是对太白杜鹃、山白树、美丽芍药、四萼猕猴桃、浪叶花椒、眉柳、山毛柳、庙台槭、鸡爪槭、陕西羽叶报春、白辛树、秦岭冷杉、水青树、连香树、香果树、水曲柳、铁线蕨、狗枣猕猴桃及兰科植物应予以保留。

对于立地条件相对较好,水热条件优越,灌木和杂草生长旺盛,覆盖度较大,林下枯落物层较厚,严重影响林木种子与土壤的接触机会,抑制种子萌发和幼苗生长,不利于天然更新地段,采取穴状、块状破土整地和砍灌除草等人工促进天然更新措施。

为了促使母树的种子直接落到地面,保证天然更新成功,对灌木生长旺盛、覆盖度较大的林地进行砍灌作业。为了防止砍灌作业可能引起水土流失,避免不良生态问题的发生,砍灌方式采用块状砍灌(规格为 500 cm×500 cm,密度 225 块/hm^2)。为了防止幼苗发生吊死现象,应在林中空地和砍灌的地块内进行破土挖穴(规格为40 cm×40 cm×15 cm,密度 900 穴/hm^2)。对已经具有天然更新幼苗幼树的地段,若灌草生长旺盛、覆盖度较大,严重抑制幼苗幼树生长,应进行全面砍灌和除草,保证更新幼苗幼树健康生长。

在进行破土整地时,对已具有的幼苗幼树进行定向培育。砍除其周围的灌木和杂草,以扩大幼苗幼树的生长空间,改善其受光条件,降低幼苗幼树与灌木的竞争，促进幼苗幼树生长。对于主要目标树种和成林树种如红桦、华山松、云杉、冷杉、锐齿栎和油松等的幼苗幼树应进行重点培育。

7.4.3　抚育间伐

对于中山带上段平缓斜陡坡中厚层土立地类型、中山带下段平缓斜陡坡中厚层土立地类型的林分，以及坡度 39°及以下坡面的各种起源的中龄林分类型，因其林分密度较大，个体竞争激烈，林木生长空间不足，目标树种生长受非目标树种抑制情况严重，或遭受严重病虫危害，林内病死木较多，卫生条件较差。为了调整林分密度，改善林木生长条件，促进目标树种快速生长，对其通过抚育间伐措施进行经营。抚育间伐方式包括生长伐、疏伐和卫生伐三种。生长伐主要适用于天然中龄林分类型，疏伐主要适用于人工中龄林分类型，卫生伐主要适用于遭受自然灾害或病虫危害的中龄林分类型。

在进行生长伐作业时，首先应按照林木个体的生长状况、经济价值、培育前途以及生态作用，对林木个体进行分类或分级，依据林木分类或分级结果确定间伐对象，并进行抚育作业。其抚育内容为：①在针叶林中，清除缠绕优势木、亚优势木、中等木的藤蔓以及影响其生长的灌木及非目标树种林木个体，清除生长落后的被压木、濒死木和杆形不良的林木个体；②在阔叶林中，清除缠绕目标树、生态目标树、后备目标树的藤蔓以及抑制其生长的灌木和有害林木个体，清除各种干扰木和生长过密的部分伴生木，清除目标树种中生长不良、杆形较差的林木；③在针阔混交林中，清除缠绕优势木、亚优势木或目标树、生态目标树、后备目标树的藤蔓以及影响其生长的灌木，清除被压木、濒死木、病虫木和生长过密的伴生木或丛生林木中的不良萌条。

在进行疏伐作业时，同样应对林木进行分级，根据林木分级结果，确定间伐对象。其抚育内容为：①清除缠绕目标树种的藤蔓以及影响目标树生长的灌木；②清除生长落后的被压木、濒死木和杆形不良的林木个体。

对于遭受自然灾害或华山松大小蠹危害的林分采用卫生伐。

对于进行卫生伐的林分，其抚育内容为：①清除影响目标树种生长的高大草本植物、灌木、藤蔓；②清除遭受病虫危害的林木个体；③对因卫生伐所形成的林窗、林中空地进行割灌和补植。

为了获得良好抚育效果，避免灌木和伐桩萌蘖，抚育间伐应在春夏交替季节进行作业。对于不影响目标树种、林下更新幼苗幼树生长的灌木应予以保留；对于稀有树种，珍贵树种，珍稀保护树种、灌木、草本植物，应严加保护。在进行间伐作业时，应注意树倒方向，避免因间伐作业而对林下更新幼苗幼树造成损坏。

在对针叶林进行间伐时，林内的阔叶树应尽量予以保留。

间伐强度控制是决定森林抚育质量和效果的关键指标。对进行生长伐作业的林分，其株数间伐强度控制在 15% 以下，蓄积强度控制在 10% 以下。对于进行疏伐作业的林分，其株数间伐强度控制在 20% 以下，蓄积强度控制在 15% 以下。对进行卫生伐的林分，一般没有间伐强度控制，原则是应把林分内遭受病虫危害的林木一次性清除。

在进行卫生伐作业时，必然会产生大量的林中空地和林窗，为了维持森林连续覆盖，应及时对林中空地和林窗进行补植添优。

对于通过生长伐、疏伐所产生的抚育剩余物，有条件时应尽量运出加以利用，不能利用的抚育剩余物应适当截短就地散铺，以加速其自然分解，提高林地土壤肥力。对于卫生伐所产生的抚育剩余物，应将其截短归堆，并用塑料纸覆盖，内放磷化铝进行熏蒸处理，以杀灭虫源。

7.4.4　退化林修复

对于平河梁的人工落叶松林和卫生伐造成的疏林地，其林分结构较差，病虫危害、风倒严重，生产力和生态功能低下。为了提高森林质量和生产力，增强森林生态服务功能，根据《低效林改造技术规程》（LY/T 1690—2017）要求，结合林场需要改造林分的实际情况，通过林下造林，补植添优，进行退化林修复。

在对退化林进行修复时，应确保造林所需苗木顶芽饱满，根系完整，无病虫害和机械损伤。造林所用苗木，应随起随运随栽，组织流水作业，尽量缩短苗木根系暴露时间，如确需调运，应采取有效的保护措施，减少运输过程中苗木水分损失。苗木栽植时应采用保水剂、生根粉对苗木根系进行蘸浆处理，并应按照《造林技术规程》（GB/T 15776—2023）的技术标准和要求进行。进行苗木栽植时，确保所栽苗木端正，根系舒展，深浅适中，表土回填，分层踩实。退化林修复造林后，应及时进行幼林抚育管理，确保退化林修复成效。

在新造幼林经过一个生长季节后，应进行成活率调查。调查结果分别按成活率 85% 以上、41%～84% 和 40% 以下三级统计。成活率在 40% 以下的小班必须重新造林，成活率在 41%～84% 的小班，按设计密度、株行距、树种进行全面补植，补植苗龄应与幼林一致。

幼林抚育采用穴状方式，3 年 5 次，以 1—2—2 为序进行，幼林抚育主要内容是松土、除草、砍灌、培土等工序。松土除草要做到"三不伤、二净、一培土"：不伤幼树的根、皮和树梢；杂草除净、石块拣净；对幼苗根际培土，并将所除杂草覆盖到树根附近。松土深度适当，内浅外深，造林第一年浅，以后逐年加深。

7.5　试　验　示　范

7.5.1　针叶林

秦岭南坡中山地带既为周边地区供水，也是南水北调中线工程重要的水源地。调供水水量和水质受该地带森林影响极大。为确保森林健康发展，有必要对其进行科学合理的经营与管理。华山松林是秦岭林区主要林分之一，主要分布在海拔1600～2300 m的南坡中山地带。华山松林的水源涵养作用举足轻重。近年来，随着林龄的不断增加，林木分化现象逐渐加剧，并且林内环境条件逐渐恶化，因此对其进行间伐刻不容缓（孟庆旭等，2016）。

实验设计：在南坡中山地带选择代表性林区研究间伐及其强度对华山松林水源涵养功能的影响。试验样地设置在陕西省宁东林业局旬阳坝林场，地处陕西秦岭南坡中山地带中部。林分主要系20世纪60年代采伐更新后恢复起来的天然次生林，主要成林树种有华山松、油松、红桦、锐齿栎。

在旬阳坝林区，选择典型代表性的华山松林，根据自然地理条件和林分状况基本一致的原则，经踏勘于2011年4月至5月在坡面上设立5个20 m×30 m的样地，对其中4个样地分别进行间伐强度为5%、10%、15%、20%的间伐抚育，以促进优势木生长，伐后将剩余物均匀地散铺于地表，剩余1个样地不间伐，作为对照（0）样地。

指标测定：由于森林具有明显的层次结构，森林水源涵养功能包括三个方面——林冠截留功能、枯落物持水功能和土壤蓄水及渗透功能。以此为依据选择测定的指标包括降水指标（大气降雨量、林内穿透雨量）和影响森林水源涵养功能三个方面的八项指标：林冠截留功能——林冠截留量、树干茎流量；枯落物持水功能——枯落物储量及持水量；土壤蓄水及渗透功能——土壤容重、土壤持水量及渗透系数和地表径流量。降水和树干茎流的观测时段是2014年6月至9月；枯落物和土壤样品采集及测定的时间是2014年9月。

在林外空旷地上放置翻斗式自动记录雨量计，测定大气降雨量。在各样地地面上，按上、中、下坡随机布设6个自制雨量桶（为直径20 cm、高30 cm的塑料圆桶），桶口用薄壁漏斗（最大直径与圆桶直径一致，最小直径为2 cm）密封（直径较小的一端伸入桶内），以防止桶内水分蒸发。雨后及时测量桶中水深，可得到穿透雨量。

树干茎流的测定是在各样地内选择6株平均木。将中间剖开的聚乙烯管蛇形缠绕于树体周围1.5～2圈，用铁钉固定使管槽与水平面成30°的倾角，便于水分流下；管槽与树体间的缝隙用固体胶密封，管的下端接入塑料容器中。雨后将各塑料容器中收集的水量求平均，然后乘以样地内华山松株数得到样地茎流总量，再除以总林冠投影面积换算成树干茎流量。

通过实测得到的林外降雨、穿透雨和树干茎流量，根据水量平衡原理计算林冠截流量。

枯落物采样是在各样地内按上、中、下坡随机选取三个未经人为扰动的地表，分别布设 20 cm×20 cm 的小样方，在小样方内按枯落物分解状况分为未分解和半分解层，现场记录厚度，并分别取样。带回实验室，置于 85 ℃的烘箱中烘干至恒重，根据干重推算单位面积的蓄积量。枯落物持水量采用室内浸泡法测定。

土壤采样先选采集点，在每个样地内上、中、下坡各选取一个未经人为扰动的地表，再挖土壤剖面，分 A 层（0～20 cm）和 B 层（20～50 cm），并分别用环刀取原状土，每层 3 次重复，带回实验室测定土壤水文物理性质。参照国家林业行业标准《森林土壤水分–物理性质的测定》（LY/T 1215—1999）测定土壤容重和土壤持水量。土壤渗透能力采用定水头单环入渗法（室内温度为 20 ℃），具体参照国家标准《森林土壤渗滤率的测定》（LY/T 1218—1999）。由于秦岭林区很少有降雨强度大于土壤入渗能力的情况发生，再加上地上植物对降雨的截持，几乎没有地表径流产生，故视其为零。

实验结果：间伐可改善土壤物理性质，减小土壤容重，增大土壤持水能力和渗透能力，从而增强土壤水源涵养功能，其中以间伐 20%最为明显。间伐后，由于林分密度降低，森林环境显著改善，土壤腐殖质增加，林木根系生物量增加；土壤容重随着间伐强度的增加而减小；土壤持水能力和渗透能力随间伐强度的增加而增大。由于林内光照增强，温度升高，加速了微生物对枯落物的分解，枯落物储量和最大持水量随间伐强度的增加而减小；间伐可减小林冠截留率，增大树干茎流率和减弱枯落物持水能力，使得林冠层和枯落物层水源涵养功能下降，但影响均较小；间伐提高了华山松林水源涵养功能，但在各间伐强度间差异不大，其中以间伐 20%最优，15%次之。

7.5.2　阔叶林

1. 红桦林

红桦林不仅是秦岭山地森林垂直带谱主要构谱森林类型之一，而且是秦岭林区分布较为广泛的林分类型。自 2011 年我国林业进入二期天然林资源保护工程实施阶段后，我国林业生产的主要任务是全面实施森林抚育间伐工程，努力提高森林质量和挖掘森林的生态及社会服务功能潜力（殷博等，2019）。

实验设计：2012 年 3 月，在旬阳坝林场选择地形和林分条件等基本一致的中龄林设置样地。样地面积为 20 m×30 m，按照蓄积间伐强度 0（对照）、5%、10%、15%、20%、25%进行作业处理，4 个重复，共设样地 24 块。测定并记录每个样地的坐标、海拔、坡度等立地因子，以及树高、胸径、冠幅等立木因子，每木检尺的起测胸径为 5 cm。2016 年 9 月进行复测。

2016 年 9 月，在样地内按径阶分别选取 3～5 株标准木，采集枝、叶、皮、干（去皮）和根各 1 kg，测定湿重和干重。根据研究区已有的红桦生物量估算模型和样地调查数据，估算出红桦林乔木各器官生物量，并据此计算样地总生物量。每个样地内沿对角线设置灌木（2 m×2 m）、草本（1 m×1 m）和枯落物（1 m×1 m）调查样方各 5 个，将样方内灌木和草本连根挖出、枯落物全部收集，分别测定灌木、草本各器官鲜重及枯落物鲜重和干重，据此估算每个样地灌木和草本单位面积生物量及枯落物量。植物各器官样品粉碎过筛后，采用德国 Liquic TOC Ⅱ总有机碳分析仪测定含碳率。各植物器官单位面积生物量乘以含碳率即为其碳密度。

实验结果：抚育间伐能够有效改善林内生态环境条件，增加了林地有机物质输入量（间伐剩余物）促进有机质和枯落物的分解与碳释放。间伐强度显著影响秦岭南坡红桦林乔木层、灌木层和草本层的碳密度，表现为乔木层碳密度随着间伐强度的增大而降低，而灌木层、草本层碳密度表现出相反趋势。但当间伐强度＞15%时，红桦林乔木层、灌木层和草本层碳密度变化趋于缓和。因此，间伐能够影响红桦林总碳密度。当间伐强度＜15%时，总碳密度随间伐强度的增大而显著降低；当间伐强度 =15%时，间伐强度对总碳密度的影响不显著。

2. 锐齿栎退化林修复

20 世纪 50 年代秦岭林区不合理的采伐作业方式，使得现有锐齿栎中幼龄次生林多存在生产力低下和稳定性差的问题。因此，探寻秦岭林区锐齿栎退化林科学经营措施对提升森林生态功能具有重要意义（李杰茹等，2021）。

实验目的：以秦岭南坡陕西省宁东林业局沙沟林场锐齿栎林为研究对象，探讨抚育间伐对其林分胸径和蓄积的影响及其作用规律，为秦岭林区锐齿栎退化林的科学经营提供理论依据。

实验设计：2012 年 3 月至 4 月在沙沟林场选取立地条件和林分特点基本相同的地段，设置 12 块锐齿栎林研究固定样地，样地面积为 20 m×30 m；在样地立地和林分因子调查的基础上，按照蓄积间伐强度 0（对照）、5%、10%、15%、20%和 25%进行间伐处理，对照与处理样地设 2 次重复，并布设界桩和标志牌。2018 年 10 月，进行每木检尺，以 2 cm 为单位划分径阶，起测径阶为 4 cm；每个径阶分别选取 3～5 株标准木，在胸高处东西和南北 2 个方位利用生长锥分别获取木芯，测量木芯长度并编号，带回实验室。获取的木芯常温风干 2 周后进行测量分析，计算出样芯干湿长度比为 0.97。将木芯固定在特制木槽内，待晾干后用 200 目和 1000 目的砂纸进行打磨；利用 WinDENDRO 年轮分析仪测定年轮宽度。

实验结果：抚育间伐可以显著提高锐齿栎林分胸高断面积和蓄积量，其中间伐强度 5% 样地的林分胸高断面积和蓄积量及其增长量和增长率为最高。5%～10% 低间伐强度林分蓄积量可以在相对较短时间内恢复并超过未间伐林分蓄积量；间伐强度越大的林分，林分蓄积量恢复时间越长。5%～15% 中低强度间伐下林分胸高断面积和蓄积连年生长量可以在较短年限内高速增长，而 20%～25% 高间伐强度下林分胸高断面积和蓄积连年生长量则维持平稳增长，与未间伐样地变化趋势相近。研究发现，秦岭南坡锐齿栎退化林森林抚育作业应以 5% 间伐强度为宜。

7.5.3　针阔混交

实验目的：传统抚育作业后，抚育残余物全部留在林地，以减少木材收获后林地土壤养分的损失。但针叶树种的抚育残余物因富含木质素、纤维素等难分解的物质，在林地存留时间较长，会增加林火风险、阻碍林分天然更新。上层疏伐是抚育采伐的主要措施之一，通过移除居于上层林冠的优势木和亚优势木，降低林分密度，减弱保留木间的竞争，从而增强保留木的活力，提高大径材比例、林分质量与稳定性及其对水分、养分和光照等资源的利用效率（Hou et al., 2016）。

实验设计：以火地塘试验林场平均树龄 42 年，平均树高 9.20 m 的松栎混交林为研究对象，采用回归旋转组合设计，将疏伐强度与疏伐残余物移除强度作为控制因子，开展疏伐试验。根据《森林抚育规程》（GB/T 15781—2009）和《陕西省森林抚育规程》（2010 年），疏伐强度采用蓄积强度，设置疏伐强度上限为 25%，疏伐残余物移除强度上、下限分别为 100% 和 0。

实验过程：2012 年 8 月，调查并标记 13 个样地中胸径大于 10 cm 的样株。根据树干形质、树冠大小、活力和空间分布特征选择干扰树并进行疏伐。疏伐完成后，测定每个样地中疏伐残余物（大枝、小枝、针叶、阔叶）的鲜重。将样地内部分疏伐残余物移出林外，剩余部分均匀散铺在林地内，并在样地内按照对角线法均匀布设 5 个凋落物收集装置。疏伐作业和凋落物收集装置的布设于 2012 年 9 月 20 日完成。分别于 2013 年、2014 年 9 月 20 日至 28 日，监测保留木树高、胸径。2013 年、2014 年 12 月底，分别收集每个样地内的凋落物并测定鲜重和干重。

分析凋落物中水溶性、酸溶性、醇溶性和难溶性化合物含量，结合凋落物归还量、试验地年均温、年降水量等环境因子，采用 Yasso07 模型模拟抚育采伐后林地土壤二氧化碳释放通量。基于 2012 年、2013 年和 2014 年林木树高、胸径测定数据，运行已建立的生物量模型并结合林木器官含碳率计算林木碳储量。

实验结果：疏伐降低了林分郁闭度，改善了林内环境；增加样地中锐齿栎的成数，降低油松、华山松的成数使得林分树种组成更为合理；疏伐促进了保留木胸径的增长；与疏伐前相比，2013 年和 2014 年保留木净初级生产力分别降低 20.46 t·ha^{-1}·yr^{-1} 和 15.64 t ha^{-1}·yr^{-1}；2013 年林地土壤碳释放通量均低于 2014 年，表明疏伐对林地土壤碳释放具有滞后效应。疏伐残余物移除强度对森林生态系统碳收支的影响大于疏伐强度，低疏伐强度和高疏伐残余物移除强度有利于 NEP（net ecosystem productivity，净生态系统生产力）增加；当疏伐强度和疏伐残余物移除强度分别为 12.59% 和 66.62% 时，森林生态系统碳吸存量达到最大值 53.93 t·ha^{-1}·yr^{-1}。

7.6　森林经营取得的成果

在林业公益性行业科研专项项目"秦岭山地森林增汇理水技术体系研究""秦岭天然次生公益林抚育经营关键技术研究""秦巴山区栓皮栎林定向培育与高效利用技术模式研究""秦岭山地森林林地土壤碳管理技术"与地方项目"陕西省天然林保护工程效益监测研究与实施""陕西秦岭重点林区森林封育与抚育成效评价"的支持下，森林抚育关键技术与抚育成效监测定位研究在西北农林科技大学火地塘试验林场持续开展，先后制定出如下规范。

7.6.1　陕西秦岭林区森林抚育技术规范

根据陕西秦岭林区不同立地条件森林特征，对森林进行科学分类，建立了陕西秦岭林区森林经营分类体系。编写的《陕西秦岭林区森林抚育技术规范》通过专家组评审，并于 2014 年 12 月 10 日发布，2015 年 1 月 1 日在陕西秦岭林区实施。

7.6.2　栎类天然林近自然经营技术规范

根据栎类天然林的特点和经营目标编写了《栎类天然林近自然经营技术规范》，已发布并实施。

7.6.3　秦岭山地森林增汇理水经营技术

针对秦岭山地森林林分结构不合理、生产力低下和潜在生态服务功能未能得到最大限度挖掘的实际，通过机理性研究、技术研发和示范，构建森林碳汇估算模型，揭示休眠期林地碳释放机制，阐明主要森林类型的理水机制，提出秦岭山地森林增汇理水经营优化模式，编写出《森林增汇理水技术实施细则》。

7.6.4　陕西秦岭林区锐齿栎多代萌生低效林改造技术

根据陕西秦岭林区天然次生低效林存在的主要问题，划分了低效林类型，提出综合抚育、生长抚育、生态抚育和保育抚育等抚育方式、方法和技术指标体系；提出抚育间伐＋人工添优、抚育间伐＋人工促进天然更新、抚育间伐＋人工促进天然更新＋人工添优等低效林改培技术模式与相关技术指标体系。

7.7　森林经营技术示范推广

7.7.1　《陕西秦岭林区森林抚育技术规范》应用

经陕西省林业局批准，《陕西秦岭林区森林抚育技术规范》已在陕西秦岭林区广泛应用并已推广至巴山地区。截至 2018 年，该规范已推广应用面积 12 万 hm^2。据监测，应用该技术后，森林生产力提高了 12%，碳汇能力提高了 14%，理水效能提高了 10%。根据陕西省年森林抚育任务计划，从 2019 年起，本规范以每年 4.67 万 hm^2 的推广速度持续扩大。

7.7.2　秦岭山地森林增汇理水经营技术[①]应用

以往国内外森林碳汇的研究，多以森林资源清查资料为依据，缺乏林下灌草固碳作用以及枯立木、病腐木、林地土壤碳释放的有效数据，不能准确评估森林碳汇能力。林冠层、枯枝落叶层、林地土壤在净化和稳定水质方面的作用缺乏系统研究，致使森林生态系统水源涵养功能不明确，严重影响生态补偿标准的科学制定和生态补偿措施的实施。森林增汇和理水技术模式已于 2014～2016 年在陕西省太白林业局和陕西省汉西林业局"天然林保护工程–中幼龄林抚育项目"中推广应用 2.20 万 hm^2，新增产值 2235 万元。

7.7.3　栎类天然林近自然经营与低效林改造技术推广

栎类天然林近自然经营与低效林改造技术已在秦巴山脉陕西片区大面积推广，关键技术已在"育陕西百万亩绿色碳汇基地建设申报书"中应用，现已辐射至青海、新疆等省区。

---

① "秦岭山地森林增汇理水经营技术"为陕西省科学技术奖名称，此成果 2017 年获陕西省科学技术奖三等奖。

参 考 文 献

安童童，张玉钧，丛丽，等.2017.大熊猫国家公园陕西秦岭区生态旅游发展策略.河北林果研究，32（1）：87-92.

暴元.2008.中国区域经济发展不平衡的原因及对策.河南师范大学学报（哲学社会科学版），35（1）：178-180.

蔡登谷.2008.德国林业考察.世界林业研究，21（3）：79-80.

曹诗颂，王艳慧，段福洲，等.2016.中国贫困地区生态环境脆弱性与经济贫困的耦合关系——基于连片特困区714个贫困县的实证分析.应用生态学报，27（8）：2614-2622.

常建霞，李君轶，李振亭，等.2020.秦巴山区旅游资源分布与旅游经济耦合研究.陕西师范大学学报（自然科学版），48（1）：1-10.

陈洁，王登举，廖望，等.2020.美国林务局林业科研创新趋势和机制保障及启示.林业资源管理，（3）：122-126.

陈少强，贾颖.2014.林业财税政策的国际比较与借鉴.地方财政研究，（12）：74-80.

陈绪敖.2011.基于生态保护视角的秦巴山区林权制度改革探析.生态经济（学术版），（2）：293-295，303.

陈绪敖.2016.秦巴山区生态环境保护与产业精准扶贫互动发展研究.甘肃社会科学，（6）：184-190.

陈怡平，金学林，张行勇.2019-04-30.建立秦岭国家公园的战略意义.中国科学报，（7）.

程军国，付建全，曹芳萍，等.2018.美国林业产业投资基金运行模式与经验借鉴.世界林业研究，31（5）：77-80.

董战峰，秦克玉，刘婧雅.2022.国家重点生态功能区自然资源资产评估框架与方法研究.生态经济，38（3）：13-21.

董智勇，司洪生.1996.德国森林经营历史经验的借鉴.世界林业研究，9（4）：36-40.

段凯，秦宝雅.2020.商洛核桃产业发展现状.农业工程，10（5）：121-124.

方勤敏.2002.芬兰林业企业的发展与组织变革.世界林业研究，（5）：56-60.

方志.2014.新形势下中国林业人才发展的突出问题：基于对内蒙古红花尔基林业局基层的走访.林业经济问题，34（3）：285-288.

付元婷.2021-08-25.岚皋电商："五链"融合加力乡村振兴.安康日报，（008）.

赴芬兰森林可持续经营考察团，方怀龙，郝明.2015.赴芬兰森林可持续经营考察报告.林业经济，37（3）：119-122.

葛安新，王雅婷.2016.秦岭国家公园建设构想.陕西林业科技，（6）：56-62.

葛宇航，陆诗雷.1997.持续发展的瑞典林业.林业经济，（6）：64-69.

苟中金. 2018. 秦巴山区核桃产业发展现状及存在的主要问题. 农家参谋，（4）：106.

谷瑶，朱永杰，姜微. 2016. 美国林业发展历程及其管理思想综述. 西部林业科学，45（3）：137-141，160.

郭华，蒋远胜，邓良基，等. 2016. 浅析四川秦巴山区农林畜药业的绿色循环发展. 国土资源科技管理，33（2）：56-62.

郭萌，喻敏，王怡. 2020. 基于 AHP-SWOT 的秦巴山区文旅特色小镇发展分析：以洛南音乐小镇为例. 辽宁农业科学，（1）：35-39.

郭渠，李永华，孙佳，等. 2016. 秦巴山区的生态旅游气候资源：以重庆城口县为例. 山地学报，34（1）：54-62.

国家林业局赴芬兰、瑞典林业经营管理考察团. 2005. 芬兰、瑞典林业经营管理考察报告. 绿色中国，（7）：49-53.

韩明臣，李智勇. 2011. 瑞典人工林可持续管理现状. 世界农业，（5）：83-86.

侯立安，张林，李鸽，等. 2020. 秦巴山脉区域水资源经济可持续发展研究. 中国工程科学，22（1）：32-38.

胡佳岚，李双双. 2024. 1970—2020 年秦岭南北夏季昼晴夜雨强度变化趋势及其影响因素. 水土保持学报，38（1）：149-157.

胡耀升，何铭涛. 2019. 国外家庭林场发展现状及其经验启示. 林业经济，41（1）：122-128.

黄坤. 2012. 美国林业管理模式对我国林业发展的五大启示. 绿色中国，（16）：58-61.

黄平. 2012. 美国的力量变化：10 年来的一些轨迹（上）. 中国党政干部论坛，（4）：50-55.

黄宇. 2014. 生态文明视角下的林业可持续发展研究. 企业科技与发展，（1）：61-62.

霍雅琴. 2011. 陕甘宁边区特殊性地方政府述论. 西北大学学报(哲学社会科学版)，41(2)：134-140.

贾长安. 2010. 商洛核桃产业竞争力水平测定与分析. 江西农业学报，22（12）：212-214.

蒋德俊，陈燕，聂天南. 2011. 香根草代料栽培优质香菇的配方试验. 食药用菌，19（4）：33-35.

敬博，李同昇，温伯清，等. 2020. 基于地形因素的秦巴山区人口–经济空间格局及其影响机制研究. 地理科学，40（5）：793-803.

雷会霞，敬博，朱依平. 2020. 自然保护地体系下的秦巴山脉区域乡村振兴发展战略与模式研究. 中国工程科学，22（1）：96-110.

黎斌，苏印泉. 2003. 论秦巴山区野生药用植物多样性的保护性开发对策. 中国医学生物技术应用，（3）：65-69.

黎彦章，文双全，李静，等. 2018. 日本落叶松在汉中地区生长规律初步研究. 陕西林业科技，46（2）：31-34.

李春波. 2012. 林业低碳竞争力指标体系的构建及实证评价：以西南地区 5 省市为例. 安徽农业科学，40（12）：7207-7208，7211.

李富. 2007. 论美国林业科技创新及对我国的启示. 科技管理研究，（8）：98-100.

李嘉鹏，王军亮，穆丹. 2023. 关于重点生态功能区县域绿色低碳建设实施路径的探讨与思考——以陕西省留坝县为例. 建设科技，（8）：46-49.

李杰茹，党坤良，王先初，等. 2021. 抚育间伐对秦岭南坡锐齿栎天然次生林生长的影响. 西北林学院学报，36（1）：62-68.

李君轶，傅伯杰，孙九林，等. 2021. 新时期秦岭生态文明建设：存在问题与发展路径. 自然资源学报，36（10）：2449-2463.

李茗，陈绍志，叶兵. 2013. 德国林业管理体制和成效借鉴. 世界林业研究，26（3）：83-86.

李瑞. 2020. 林业经济发展中存在的问题与解决对策. 财经界，（22）：20-21.

李微，万志芳. 2013. 关于林业产业演进的理论探讨. 世界林业研究，26（4）：87-92.

李小勇，郑傲，罗媛媛，等. 2017. 美国密歇根州林业资源开发利用现状及启示. 世界林业研究，30（6）：78-82.

李媛媛，孙景妍，杨香云，等. 2024. 陕西省植被覆盖时空变异及其恢复潜力. 水土保持通报，44（1）：346-356.

梁中效. 2002. 历史时期秦巴山区自然环境的变迁. 中国历史地理论丛，（3）：40-48.

廖冰，廖文梅，金志农. 2014. 林业产业结构变动对林业经济增长影响的实证分析：以江西省为例. 新疆农垦经济，（4）：51-55.

林辉，罗海凌，林占熺. 2009. 香根草栽培平菇的研究. 基因组学与应用生物学，28（6）：1166-1168.

刘炯天. 2016. 秦巴山脉河南片区（伏牛山区）绿色循环发展战略研究. 中国工程科学，18（5）：80-91.

刘炯天，汤建伟，黄进勇，等. 2020. 秦巴山脉区域战略新兴与高成长绿色产业发展战略研究. 中国工程科学，22（1）：39-49.

刘龙龙，王颖，邓淑红. 2019. 全域旅游视角下秦巴山区旅游精准扶贫研究：以商洛市为例. 江西农业学报，31（2）：127-134.

刘珉，胡鞍钢. 2022. 人与自然和谐共生的现代化：中国林业绿色发展之路（1949—2060）. 海南大学学报（人文社会科学版），40（5）：70-79.

刘新玉，党坤良，马亦生. 2017. 陕西佛坪国家级自然保护区生物多样性与大熊猫栖息地研究. 杨凌：西北农林科技大学出版社.

刘旭，梅旭荣，杨世琦，等. 2020. 秦巴山脉区域农业经济绿色发展战略. 中国工程科学，22（1）：9-17.

刘旭，梅旭荣，杨正礼，等. 2016. 秦巴山脉农林畜药绿色循环发展战略研究. 中国工程科学，18（5）：24-30.

刘永耀，李从博. 2018. 秦巴山区发展林下中药材的前景、问题与对策研究. 农家参谋，（8）：119.

刘淳. 2015. 凤县花椒产业发展成效和策略. 陕西林业科技，（2）：55-57，62.

娄丽，付品，田小琴，等. 2022. 贵州光皮椟木苗木分级方法及标准的研究. 种子，41（6）：

122-126.

鲁法典,庄作峰.1999.瑞典林业可持续经营战略.林业科技通讯,（3）:33-34.

罗贤宇,吴兴强,黄登良.2024.乡村生态振兴视域下森林康养新业态发展的现实困境与纾解路径.环境保护,52（20）:43-47.

罗艳玲.2016.河南省生态旅游资源开发潜力评价及可持续发展策略.中国农业资源与区划,37（9）:40-47.

马鸿运,郑清芬.1991.论陕南秦巴山区主导产业的选择与开发.农业技术经济,（3）:19-25.

马耀峰,刘军胜.2016.创建秦岭中央国家公园的必要性与发展战略研究.遗产与保护研究,1（1）:101-105.

孟娟,胡斌.2012.秦巴山地漆树良种及其高效栽培技术.现代农业科技,（16）:191-192.

孟庆旭,张胜利,李侃,等.2016.秦岭华山松林间伐强度对其水源涵养功能的影响.西北林学院学报,31（2）:1-7,85.

孟祥林.2005.区域经济发展不平衡:一般分析与对策研究.经济体制改革,（2）:106-110.

明庆忠,李志飞,徐虹,等.2023.共同富裕目标下中国乡村旅游资源的理论认知与应用创新.自然资源学报,38（2）:286-304.

蒲娜,董国林,何利萍.2024.陕西西乡茶旅融合发展存在的问题与对策分析.茶业通报,46（2）:56-60.

蒲武军,王文君.2018.秦巴山区经济林产业发展对农民收入的影响:以陇南市为例.黑河学刊,（4）:17-19.

钱国禧,周士尊,孟海民.1991.对秦巴山区森林采伐更新方式的探讨.陕西林业科技,（1）:16-19.

乔秀娟,姜庆虎,徐耀粘,等.2021.湖北自然植被概况:植被研究历史、分布格局及其群落类型.中国科学:生命科学,51（3）:254-263.

乔亚玲,刘政鸿,郝文芳,等.2016.陕南秦巴山区药用植物群落物种多样性研究.植物科学学报,34（2）:200-210.

曲式曾,张文辉,李景侠.1990.陕南栎类资源现状调查.西北林学院学报,（1）:75-81.

任文子,王新杰,Alex Appiah Mensah.2019.瑞典南部Ostad区私有林多目标森林经营中期规划.北京林业大学学报,41（2）:97-105.

尚海洋.2014.河南省2006—2012年居民虚拟水消费计算与分析.资源开发与市场,30（10）:1217-1221.

申艳军,陈兴,彭建兵,等.2024.秦岭生态地质环境系统本底特征及研究体系初步构想.地球科学,49（6）:2103-2119.

沈照仁.2004.美国林业从北欧借鉴什么.世界林业动态,（3）:1-3.

史琛明,邢红,谢屹.2022.芬兰林业机械装备发展趋势及动因.世界林业研究,35（6）:101-106.

宋敏,姚思琪.2019.构筑秦巴山区先进的陕南绿色循环反贫困协同发展新高地 探索山区绿色精准扶贫新机制. 西安财经学院学报, 32（1）: 19-24.

宋祖顺. 2016. 秦巴山地漆树利用史. 中国生漆, 35（1）: 12-14, 23.

苏冰涛, 李松柏. 2013. 社会转型期"生态贫民"可持续生计问题和政策措施: 以陕西秦巴山区为例. 农业现代化研究, 34（1）: 15-18.

隋智. 2020. 生态林业建设存在的问题与对策. 种子科技, 38（10）: 91, 93.

孙志燕, 施戍杰. 2020. 以"区域协同"推动秦巴山区更高质量发展的对策建议. 中国工程科学, 22（1）: 25-31.

唐小平, 欧阳君祥. 2022. 森林经营方案发展综述. 林业资源管理,（S1）: 8-18.

唐学军, 陈晓霞. 2019. 生态文明视域下秦巴山区重点生态功能区建设与环境保护研究. 四川文理学院学报, 29（2）: 13-20.

田毅, 牛秋平. 2010. 集体林权制度改革为秦巴山区林农拓宽了致富之路. 新疆农业科学, 47（S2）: 166-167.

王飞, 李锐, 杨勤科, 等. 2009. 黄土高原水土保持政策演变. 中国水土保持科学, 7（1）: 103-107.

王恒, 王征兵, 朱玉春. 2020. 生态保护区农户致贫因素与精准扶贫路径选择研究: 基于秦巴山区的微观数据. 兰州学刊,（3）: 142-152.

王剑, 田阡. 2019. "重庆石柱黄连生产系统"的中国重要农业文化遗产特性研究. 遗产与保护研究, 4（1）: 44-52.

王燕琴. 2020. 国外林业科研机构都在关注什么. 中国林业产业,（7）: 75-80.

王兆君, 张占贞. 2013. 芬兰、意大利林业产业集群演进对山东省林业产业集群成长的启示. 经济问题探索,（3）: 97-100.

魏朔南, 陈振峰. 2004. 秦巴山的漆树资源及其可持续发展. 经济林研究,（3）: 68-73.

吴书悦, 刘海龙, 周语夏. 2020. 秦巴山脉区域河流自然风景价值保护初探. 中国工程科学, 22（1）: 80-85.

吴水荣, 海因里希·施皮克尔, 陈绍志, 等. 2015. 德国森林经营及其启示. 林业经济, 37（1）: 50-55.

吴左宾, 程功, 王丁冉, 等. 2020. 秦巴山脉区域城乡空间流域化发展策略. 中国工程科学, 22（1）: 56-63.

夏悦, 王国会, 沈禹颖, 等. 2021. 黄土高原草地植被的嬗变. 草业科学, 38（9）: 1869-1881.

向甲斌. 2017. 基于旬阳县林业经济发展的思考. 中国林副特产,（3）: 95-97.

向旭, 杨晓霞, 屈妮娜. 2018. 秦巴山脉重庆片区旅游竞争力评价与提升研究. 西南大学学报（社会科学版）, 44（1）: 49-61.

徐德龙, 李辉, 周媛, 等. 2016. 生态环境约束下秦巴山脉区域工业绿色发展策略. 中国工程科学, 18（5）: 68-73.

徐德龙, 刘旭, 周庆华. 2020. 秦巴山脉绿色循环发展战略研究（二期）. 中国工程科学, 22（1）: 1-8.

徐琳瑜，孙博文，王兵. 2020. 面向水源保护的秦巴山区生态补偿研究. 环境保护，48（19）：33-37.

徐晓倩，刘光哲. 2016. 芬兰基于产业链的林木生物能源发展概况以及对我国的启示. 开发研究，（5）：143-147.

薛有祝. 1994. 关于森林经营方案编制及其执行情况的调研报告. 林业资源管理，（4）：24-27.

杨海蛟. 2006. 河南林业发展现状与可持续发展战略研究. 河南农业大学学报，（5）：498-502.

殷博，董鹏飞，党坤良. 2019. 抚育间伐对红桦林生态系统碳密度的影响. 西北林学院学报，34（1）：105-112.

游玮，刘雅娟，王海鹰，等. 2009. 山阳县核桃产业发展模式及对策探讨. 陕西林业科技，（1）：90-93.

余付勤，张百平，王晶，等. 2021. 国外大尺度生态廊道保护进展与秦岭国家公园建设. 自然资源学报，36（10）：2478-2490.

余玉洋，李晶，周自翔，等. 2020. 基于多尺度秦巴山区生态系统服务权衡协同关系的表达. 生态学报，40（16）：5465-5477.

占君慧，朱永杰，谷瑶. 2015. 德国森林功能理论的演变与启示. 世界林业研究，28（5）：86-91.

战剑锋. 1998. 处于生态循环中的瑞典森林工业. 林业科技通讯，（9）：32-33.

张大华，梅秀英，施季森. 1999. 美国林业科技发展现状及其战略. 世界林业研究，（5）：61-65.

张凡，胡永红，段德罡. 2016. 秦巴文化旅游产业发展战略研究. 中国工程科学，18（5）：46-51.

张飞龙，陈振峰，张武桥，等. 2004. 秦巴山区漆树资源可持续发展及规模化管理模式研究. 中国生漆，（1）：1-27.

张慧霞，刘悦翠. 2006. 基于 GIS 的火地塘林场森林资源信息管理关键技术研究. 西北林学院学报，（2）：9-12，56.

张继成，田毅. 2005. 秦巴山区人工林经营措施探讨. 陕西林业，（2）：26.

张建民. 2002. 清代秦巴山区的经济林特产开发与经济发展. 武汉大学学报（人文科学版），（2）：172-179.

张姣姣，李东豪. 2016. 西乡绿茶与旅游产业融合模式研究. 农村经济与科技，27（16）：70，75.

张景群，康永祥，延利锋. 2008. 陕西秦巴山区旅游开发 SWOT 分析与发展战略研究. 生态经济（学术版），（1）：312-317.

张九东. 2014. 陕西省秦巴山区红豆杉生物量研究. 西安文理学院学报（自然科学版），17（2）：19-22.

张开慧，尚婧，景海斌.2017.凤县大红袍花椒产业发展存在的问题及对策.农业科技与信息，（10）：11，13.

张小卉，张建强，宁琨，等.2024.陕西省国家重点保护野生植物资源及保护现状.广西植物，44（11）：1989-1999.

张晓梅，张珑晶.2012.黑龙江省林业循环经济发展水平评价研究.林业经济问题，32（6）：477-481.

张译，熊曦.2020.绿色发展背景下中国林业生态效率评价及影响因素实证分析：基于DEA分析视角.中南林业科技大学学报，40（4）：149-158.

张玉强，李祥.2017.我国集中连片特困地区精准扶贫模式的比较研究：基于大别山区、武陵山区、秦巴山区的实践.湖北社会科学，（2）：46-56.

张煜星，胡培兴，何时珍.2005.美国的林业政策和制度.世界林业研究，（1）：65-67.

张志达，李世东.1999.德国生态林业的经营思想、主要措施及其启示.林业经济，（2）：62-71.

张周忙，彭有冬，杨平.2007.芬兰瑞典林业对我国林业建设的启示.中国林业，（1）：42-44.

赵海兰.2017.美国林业经济学家William F.Hyde访华概述.林业经济，39（4）：111-112.

赵海兰，刘珉.2019.德国林业发展思想与实践及其对我国的启示.林业经济，41（4）：123-128.

赵铁珍，柯水发，韩菲.2011.美国林业管理及林业资源保护政策演进分析和启示.林业资源管理，（3）：115-120.

赵义民，赵晓东.2014.河南林业发展区划方案.河南林业科技，34（1）：14-19.

赵玉杰，申燕祥.2020.潍坊市林业产业发展存在的问题及对策.现代农业科技，（11）：166-167.

郑东晖，后华，翟明普，等.2020.基于主成分分析法的秦巴山脉区域林业产业发展研究.中国工程科学，22（1）：120-126.

郑炎成，鲁德银.2004.县域经济发展不平衡对地区差距的解释力分析.财经研究，（7）：121-129.

郑玉，唐剑泉，罗梓涵，等.2021.秦岭地区蕨类植物新记录属——荚囊蕨属.西北植物学报，41（5）：892-893.

中国林学会编辑部.2007.《林业科学》特邀编委Klaus von Gadow教授来访中国林学会.林业科学，（12）：49.

周高新，张园园，王勇，等.2023.安康市食用菌产业发展现状及对策建议.食用菌，45（6）：69-73.

周庆华，牛俊蜻，申研.2020.秦巴山脉区域协同发展研究.中国工程科学，22（1）：18-24.

周语夏，刘海龙，赵智聪，等.2020.秦巴山脉国家公园与自然保护地空间体系研究.中国工程科学，22（1）：86-95.

朱泓宇，高世斌，张磊，等.2016.四川秦巴山区农林畜产业发展的地域差异.国土资源科技管理，33（2）：6-12.

邹婧汝，赵新全. 2015. 围栏禁牧与放牧对草地生态系统固碳能力的影响. 草业科学，32（11）：1748-1756.

FAO. 2020. Global forest resources assessment. https://openknowledge.fao.org/server/api/core/bitstreams/914854bc-6499-4ffe-bb6b-2a4a69d84502/content[2025-01-04].

Hou L，Li Z，Luo C L，et al. 2016. Optimization forest thinning measures for carbon budget in a mixed pine-oak stand of the Qingling Mountains，China：a case study. Forests，7（11）：272-287.